小論文の書き方

猪瀬直樹

文春新書
165

目次

本文イラスト 矢吹申彦

第一部　基礎編

小論文を書く

キーワードに反応せよ

とりあえずテレビ、新聞、雑誌で話題になっているニュースを例にとろう。

ハワイのホノルル沖でアメリカの原子力潜水艦グリーンビルが、愛媛県の宇和島水産高校の実習船えひめ丸と衝突して九人が行方不明になるという悲惨な事件が起きたばかりである。しばらくすると、原潜には十六人の民間人が体験航海に参加し、うち二人が浮上訓練の際に操舵席に座り浮上レバーを操作していたことが明らかになってきた。

冷戦が終わり軍事予算が削減され、原潜の数も減らされかけている。したがって米海軍はその存在を納税者にアピールするため民間人を招待した。ここまでは詳しく報じられた。この民間人らはどんな人びとなのか、という説明はほとんどされていなかった。仔細に読むとわずかに、戦艦ミズーリ保存会のメンバー、と報じる記事もある。

この戦艦ミズーリに反応できるか否かが勝負なのだ。

戦艦ミズーリという名称、どこかで聞いたことがないか。歴史的な知識がなければ、これがキーワードである、という認識に至らない。したがって先へ進めない。少なくとも高校を卒業していれば、戦艦ミズーリがどんな場面に登場したか、知っていなければいけない。日本史の教科書に、一九四五年（昭和20年）九月二日、戦艦ミズーリの甲板上で降伏文書に調印するマッカーサー連合国軍最高司令官と日本側全権の外相重光葵《しげみつまもる》と参謀総長梅津美治郎の写真が必ず載っているからである。そうであれば歴史的背景からこの事故の真相を見極めなければならない（本書163ページ参照）。

僕は、真珠湾奇襲から五十年後の一九九一年十二月八日、ハワイで行われた真珠湾奇襲五十周年の行事に出席した。ついでに近くの米軍基地内に係留されていた戦艦ミズーリを見学することにした。なぜなら五十周年を期して戦艦ミズーリは解体される、と発表されたからである。五階建てのビルに相当する位置の甲板までの階段を、僕は汗を拭きつつ登った。一九四五年夏の東京湾を想像しながら。重光葵全権は隻脚《せっきゃく》であった。ステッキを頼りに重い義足を引きずり、喘ぎ喘ぎ長い階段を登る姿が想像できた。甲板に辿り着いて、降伏文書への調印を前にした重光全権は、コップ一杯の水を所望するが冷たく拒否されたのである。このときマッカーサー連合国軍最高司令官はミズーリ艦上で調印するにあたり、一八五四年にペリー提督が幕府との間で日米和親条約を結んだ際の旗艦パウハタンのマストにはためいていた星条旗を飾っている。勝者のマッカーサーは日米両国の因縁の深さを、しかも米国優位のもとに、さりげなく示そうとしていたのである。

真珠湾奇襲によって開始された戦争によって、アメリカにはいまだに十二月七日（アメリカ時間）を「汚名の日（Day of Infamy）」としている。原潜グリーンビルに乗っていた民間人がミズーリ保存会の面々であったことで、十年前に解体されるはずだった戦艦ミズーリはいまも〝卑怯なジャップ〟の行為を忘れないための記念碑でありつづけているとわかった。

原潜グリーンビル側は当初、潜望鏡で確認したときにはえひめ丸はいなかった、と主張していたが、近くにいなかっただけのことで視認していたと判明する。故意に事故を起したのではないとしても、近くにいてもかまわない、どうせジャップの船なのだから、という気分がゲストの顔触れによって艦内に横溢《おういつ》していたと思う。

米軍の原潜と日本の実習船の衝突事故の背後には、半世紀前の戦争が刻印されていたのであり、癒されぬ感情が渦巻いていたのではないか。だがその事実はメディアからは浮かび上がって来ない。戦艦ミズーリ保存会の存在までは、なかなか日本人の想像力が及ばない。

メディアは偏向していると思え

欧米をグローバルスタンダードとする思考は戦争にも反映されている。たとえば湾岸戦争。あれはなぜ第五次中東戦争と呼ばれなかったのだろうか。

イラクがクウェートを侵略した九〇年八月二日、NYタイムズ紙はイラキ・インヴェージョン（イラクの侵攻）だったが翌三日にはガルフ・クライシス（湾岸危機）に、ジャパンタイムズ紙はミドル・イースト・クライシス（中東危機）を使用していた。

日本の各紙は、「中東危機」「ペルシャ湾危機」「中東紛争」などまちまちで、九月中旬あたりから「湾岸」に一本化されていく。その後、戦闘がはじまりガルフ・クライシスからガルフ・ウォーと切り替わるのに対応し、訳語も湾岸危機から湾岸戦争へと移行した。「湾岸」表記は、地理的なあるいは歴史的な背景を捨象した十把《じっぱ》一絡《ひとから》げ的な言い方だというのが日本人である僕の感じ方だった。

当事者のイラクはこの戦争を「(多国籍軍の)侵略に対する聖戦(ジハード)」と呼んでいた。クウェートへの侵略をアラブの大義の名ですり替えたのである。多国籍軍側も、決して第五次中東戦争とは名乗らなかった。もしそう呼べば、パレスチナ紛争が再浮上しイスラエルを巻き込むことになるからである。戦争の命名には単なる名称以上の、戦争に臨む際の世界観が象徴的に表現されている。

欧米の歴史観には、自分たちの世界以外は辺境であるとする潜在的な偏見が組み込まれている。サダム・フセインを残虐な独裁者ときめつける。そのとおりにちがいないが、彼は「湾岸」という曖昧な地域が生み出したのではなく、ヨーロッパとイスラム文化圏との長い歴史的葛藤の産物であることを忘れてはならない。異文化である非ヨーロッパの人びとの意思決定のありようは、彼らの文脈にそぐわないという点でバッシングの対象とされやすいのである。

こう言ったらよいかもしれない。世界は、あらかじめただそこにあるわけではない。言葉や映像によってつくられるのだ、と。

湾岸戦争の直前、クウェート人の十五歳の少女が泣きながら、連邦議会の人権委員会で証言する映像が全米に流された。

「私の名前はナイラ。クウェートから逃げてきました。見たんです。武装したイラク兵が病院に来て……、赤ちゃんを保育器から出して（声がうわずり、目頭を押さえ）、冷たい床のうえに置き去りにして死なせたんです。……（涙で鼻をすすりながら）。ショックでした」

残酷なイラク兵が未熟児を放置した事件（後に誤報と判明するが、その時点では取り返しがつかない）は、センセーショナルに伝えられ共有されたのである。未熟児虐殺は、開戦を間近に控えたアメリカの世論に決定的な影響を与えた。

真相が明らかになったのは湾岸戦争が終わってからである。ナイラは、ふつうのクウェート人の少女ではなく、クウェートの駐アメリカ大使の娘であること。しかも大使は王家の一員であること。ナイラの証言は、ヒル＆ノールトンというワシントン有数のPR会社によって仕組まれたものだった。クウェート側に立ってみれば、一刻も早くアメリカを筆頭とした多国籍軍の軍事介入を求めなければならない。経済封鎖では、原状復帰がいつになるかわからないからメディアを利用するしかなかったともいえる。

ナイラの証言には、巧みに感情に訴える要素が盛り込まれていた。

「未熟児として生まれた甥も、あの場所にいれば死んでいたはずです」

これはただの仮定にすぎない。だが「未熟児の悲劇」の物語は、いたいけな少女が「自分の甥」を持ち出すことで、いっそう臨場感をもたらしたのである。日本のトヨタや任天堂も顧客にしているヒル＆ノールトン社の前社長クレイド・フェラーは、こう語った。

「私はブッシュ大統領やレーガン大統領の選挙運動にも関わってきた。今回のキャンペーンも基本は同じです。クウェート側から話を持ち込まれたとき、すぐにホワイトハウスと連絡を取った。大統領の計画の手助けをしたかったのです」

大統領の計画——。もちろん開戦を急ぐことだった。上院は五票差で採択された。賛成した議員の六人までが保育器の話題に触れた。たとえばヘンリー・ハイド議員はこう演説した。

「いまこそ残忍な独裁者の侵略を食い止めるときです。彼の軍隊は妊婦を突き刺し、赤ん坊から保育器を奪いました」

ホワイトハウスとクウェートとPR会社の三位一体のプロパガンダはみごとに成功したが、この構図は、そのまま反日キャンペーンに向けられる可能性があるし、日本企業側のロビイ活動として利用されるかもしれない。

言論表現の自由が保障されている民主主義の先進国だからこそ、逆になにがほんとうのことなのか、見破りにくいのである。結局のところ僕たちは、事実を報道しているニュースに接しながら、ほんとうらしさに限りなく近づいていくしかない。

そのほんとうらしさのなかにも陥穽がある。ナイラの証言も具体的なディテールに〝らしさ〟があった。ディテールは一種の必要条件であろう。でも必ずしも十分条件ではないのだ。

かつてアメリカ議会に、〝マッカーシー旋風〟というものが吹き荒れた。

米ソ冷戦時代の幕開け、一九五〇年代初頭、ウィスコンシン州選出の上院議員ジョセフ・マッカーシーによって繰り広げられた〝赤狩り〟は、いまでもニュースとはなにか、考えさせる重要な材料にちがいない。この天才的なデマゴーグのためマスメディアは瞬時、凶器となって、多数のリベラリストを失職させ、あるいは自殺に追い込んだからである。

マッカーシー議員は手に持った書類を振りかざし、こんなふうに発言した。

「国務省内の人間で共産党員およびスパイ網の一味と指名された人間全部の氏名をあげるだけの時間はないが、私はここに二百五人の名前――国務長官に共産党員たることが知られていながら今なお勤務し、国務省の政策を立てている二百五人の名簿を持っている」

マッカーシーの発言を聞いた人びとは、「こういう正確な計算をした人はこの事実をつかむためにさぞかし骨を折ったであろう」と信じたのだ。彼は煽動家として、たいへんな才能の持ち主だった。決して「約二百人」「二百人ぐらい」とはいわない。確信を持って「二百五人」と〝正確〟に語った。根拠がないくせに、である。彼の手元の書類が、なにも記してないただの紙切れであったことなど、その時点でまったく気づかれなかった――。

ジャーナリズムは、彼を疑いながら、具体的な数字ゆえにその証言を率先して記事にして煽動に乗っかってしまったのである。

なにが真実か、世界はどこへ向かって行くのか、メディアが流す情報の洪水のなかで自分を確固とした場所につなぎとめておくことはむずかしい。とりあえず大声で語られる言葉には気をつけろ、である。なぜならば、それがプロパガンダの特質だから。付和雷同を強いるから。だからこう言おう。言葉を選び静かに語れ。

偽善的な自己に気づけ

時事的な話題の多くは、決まりきったコンテクストに収まりやすい。原潜と練習船の衝突事故は、犠牲者の多くが高校生であったため、いっそう悲劇的な色調を帯びて報じられた。たしかにこれほど悲しい出来事はない。父親、母親、親戚、友人、知人たち、被害者に連なる者の辛く切ない表情がテレビ画面からあふれ出て、他人でありながらわが身に即して見る者の同情を誘うのである。

しかし、他人である視聴者は、またつぎの悲劇へと移ろいゆく気まぐれな人びとでもあるのだ。ニュースは一週間ほどで、あるいは一瞬で、消費される。日もちが悪い点では生鮮食品によく似ている。

ニュース番組は日替わり定食のメニューのようで、政治家の汚職も銀行強盗もスポーツの話題も、そして悲劇の事故もみごとに並列化する。適度なカロリー、行き過ぎぬ程度の香辛料、植物蛋白や野菜も大事でコレステロールが増えすぎぬほうがよい、というふうに管理されているのである。誰が管理しているのだろうか。

テレビ局のディレクター？　そうではない。では政府が……？　そんな直接的なことはしまい。では広告を提供する会社や巨大広告代理店が？　それだけではない。

日々送られてくるニュースは、安眠のための物語として機能していないと否定できるだろうか。隔離された小部屋で、上着を脱ぎ捨てた無防備な格好で、それほど深刻にならずに戦争の現場を眺めている。逮捕された殺人犯のいかにも人相が悪くとられた写真を見つめながら、心の中で唾を吐きかける。絶対安全な場所でニュースという使い捨ての刺激を消費しているのである。怒り、悲しみ、蔑み……、薄いヴェールが被せられたそれらの物語を僕たちはたしかに愉しんでしまっている。

テレビのニュースを管理しているのは、だから、ふつうの暮らしをしているふつうの人びとである。

そしてまたテレビのニュース番組に裏切られるのも、ふつうの暮らしをしているふつうの人びとである。

マスメディアが垂れ流す膨大な情報のなかからこぼれ落ちたものを慎重に選ばなければいけない。情報が膨大であろうと、じっと見つめていると歪みや偏りの微かな輪郭が透けて視えてくる。

かつて旧ソ連に、こんな小話があった。目を皿のようにして一所懸命に新聞を読んでいる男に、別の男が訊ねた。なぜ、そんなに熱心に読んでいるんだい？　社会主義国の新聞は検閲された官報のようなものだから、おもしろいはずがない。すると男は答えた。なにが書いてないのか探しているんだよ……。

日本では政府当局は直接的な検閲をしないが、ふつうの人びとが無意識のうちに排除しているものがある。巨大メディアが、その排除の原則をさらに拡大してしまうことがあるだろう、と僕は考えている。ではどうしたらよいか。

届けられるニュースをまず、粗《あら》い目の篩《ふるい》にかけてみる。新聞のフロントページに載っている記事など、おうおうにして塩をかけるとするすると縮んでこぼれ落ちてしまうが、小さなベタ記事のなかにはなかなか頑固なやつもあって意外に引っ掛かったりする。

篩の粗い目とは、時間である。一瞬の出来事を長い時間、すなわち歴史の篩にかけて揺すってみる。固定観念から逃れるために。こんな見方だってある、あんなとらえ方だって見つけられる、そういう実験がうまくいけば固定観念から脱する術を発見できる。自分だけの感じ方があってもよい。

吉行淳之介の『戦中少数派の発言』には、そのあたりの機微がよく表現されている。

「昭和十六年十二月八日、私は（旧制）中学五年生であった。その日の休憩時間に事務室のラウドスピーカーが、真珠湾の大戦果を報告した。生徒たちは一斉に歓声をあげて、教室から飛び出していった。三階の教室の窓から見下ろしていると、スピーカーの前はみるみる黒山の人だかりとなった。私はその光景を暗然としてながめていた。あたりを見まわすと教室の中はガランとして、残っているのは私一人しかいない。そのときの孤独の気持と、同時に孤塁を守るといった自負の気持を、私はどうしても忘れることはできない」

吉行少年が、歓声をあげて飛び出さなかったのは、思想とかイデオロギーでなく単に生理的な反応にすぎない。自分を見失いそうになったときに自然にかかるブレーキのようなものは大切にしておきたい。

きれいごとで終わらない

自分独自の拠り所を意識的につかむには、「真相は藪の中」とする冷笑的な態度は捨て去らなければいけない。

芥川龍之介の短篇小説『藪の中』（黒澤明監督の名作「羅生門」は、この作品をヒントにしている）は日本人にありがちな心理的な妥協の産物である。『今昔物語』から題材を得ている『藪の中』は、同時にアムブロズ・ビアスの短篇『月に照らされた道』も下敷きにしている。『藪の中』は、七人の異なった七つの陳述から成り立っているが、初めの四つはいわばシチュエーションの設定であり、重要なのは後半の三つの陳述である。山科《やましな》の駅路から四、五町隔たった、人気のない藪のなかで若い男の死体が見つかった。致命傷は「胸もとの突き傷」で、まわりに凶器は見当たらない。これが第一の「検非違使《けびいし》に問はれたる木樵《きこ》りの物語」。同じく第二、第三、第四の証人の訊問で犯人と推定されるのが「多襄丸という名高い盗人」で、殺された男が「若狭の国府」に仕える二十六歳の侍、彼は十九歳の若妻をともなっていた、などが示される。

これによって読者は盗賊多襄丸が侍を殺し、その妻を犯したであろうと考える。「多襄丸の白状」はそれを裏付け、小説は完結するかのように展開する。ところが、このあと二重のどんでん返しがあり、「清水寺に来れる女の懺悔《ざんげ》」によると夫を殺したのは妻であり、さらに最後の「巫女の口を借りたる死霊の物語」では、夫が、自分の死は自ら手を下したもの、と語る。こうして三者三様の告白が〝事実〟として並列されるのみ。『藪の中』で芥川は、真実はそう簡単にわかるものではないし、事件にいたるまでの心もようは人それぞれに異なる、と言いたかったのだろう。だがひとつの事件に事実が三つあるわけではないのだから、この短篇は底が浅い、あるいは破綻していると言うしかない。

いっぽう『月に照らされた道』では、三人の立場から同じ事件を描きながら、具体的な事実はどの場合も一致するように構成されている。

最初の陳述は息子のもので、エール大学在学中に突然電報で母が「誰かに殺された」と呼び返される。父親は闇夜に帰宅すると、ひとりの男が家から逃げ去るのを認め、妻の寝室に入ると、妻の死骸につまずいたと語る。犯人はわからず、息子は大学を辞めて父親と暮らすが、父親は事件によって性格が一変し陰気になっていた。ある満月の晩、父親と二人で街から帰って家に近づくと、父親は前方になにかを見て怯《おび》え後ずさりをはじめ、姿をくらましてしまう。

第二の陳述は、記憶を喪失し、名前も変えて二十年、死の間際の父親の告白。妻を「愛しているが信用していなかった」彼は、もっとも卑俗なやりかたで妻の貞操を試すため、留守にすると断った夜の晩方に帰宅し裏口から入ろうとしたとき、ひとりの男が忍び出て姿を消すのを見る。追いかけたが取り逃がした。「怒りと嫉妬に狂って」妻の寝室に入り、妻を両手で絞め殺す。「いまひとつの夜の幻覚」は、自分が月に照らされた道に立っていると、物陰に自分と向き合う妻の亡霊をみた。恐怖に堪えかねて逃げた。

第三は、霊媒の口を借りた妻の陳述。妻には愛人がいたわけではなく、淋しい思いで留守番をしていると、ためらうような足音が階段を昇ってきたが、やがてそれが急いで降りていき、今度は家中にとどろくような大きな足音になり戻ってきた。恐怖に度を失っていた寝室の彼女は、いきなり闇の中から伸びた手で咽喉《のど》を締められ「この世に送られて」しまった。自分を殺したのが夫とは知らず、夫と息子を恋慕い家の内外を徘徊《はいかい》していた。ある満月の晩、探し求めている彼らに出逢い、喜び近づこうとしたら夫は恐怖の表情を見せ逃げ出した。

夫は事実誤認にもとづいて妻を殺してしまったのであり、妻としては何のために誰に殺されたのかわからずにいる、両者の陳述の食い違いによって読者が真相を知るのである。また妻が無実の罪で殺されながら、夫が犯人とは知らずに亡霊の身のまま愛しつづけている、その哀れさと恐ろしさが、読者に強く訴えるところである。『藪の中』は曖昧さをよしとする日本人好みの名作であって、『月に照らされた道』と比較されると欠陥が明白なのだ。

事件の記事も現象を分析したコラムも短篇小説もエッセイも、真相に近づくための努力がどれだけ詰まっているか、問われている。

メディアの現場ではとくに自己責任原理を貫徹しなければいけない。なぜなら一度でも文章を書いたことがあれば気づくはずだが、文章はつねに個人に属する。一字一句を個人である書き手が選びつつ筆を進めるのだ。したがって分担執筆はあっても集団の文章という存在は、未開社会でなく文明社会であればあり得ない。ところが日本の新聞は集団の文章という体裁をとりつくろってきた。これを客観報道と呼ぶ。客観報道はタテマエであって、情報は取捨選択されて一定のスペースに押し込められるのだから、なにを入れ、なにを省くか、そこには必ず判断が介入する。日本の新聞が漠然とした支持を得ているのは客観報道の虚偽性が読者に認識されていないからである。それでよいはずがない。だから新聞の文章は絶対に真似てはならない。

名人たちの方法

開高健の短いエッセイを纏《まと》めた『衣食足りて文学は忘れられた!? 文学論』に収められた極意をここで紹介しよう。簡にして要を得ている。

一、読め。
二、耳を立てろ。
三、眼をひらいたままで眠れ。
四、右足で一歩一歩歩きつつ左足で跳べ。
五、トラブルを歓迎しろ。
六、遊べ。

七、飲め。
八、抱け、抱かれろ。
九、森羅万象に多情多恨たれ。
補遺一つ　女に泣かされろ。

解説を加えると野暮になるが、あえていうと「読め」がいちばん先にある点、なによりも精彩を放っている。「読め」は、あたりまえのようだが、このあたりまえがもっとも軽視されているのが情報化社会の実態である。

つぎに八番目の「抱け、抱かれろ」。とくに「抱かれろ」。二つでひとつ。補遺の「泣かす」のではなく「泣かされろ」にも対応している。つねに立場を変えてみること。

開高健の九カ条は実用性を説いているのではない。覚悟はいいか、気合が入っているか、と問うているのである。作家や編集者だけでなく、卒論を書く学生も、企画書の準備で忙しい会社勤めのビジネスマンも、キャリアウーマンを目指す女性も、テンションを問われているのだ。

日本でゴルバチョフの人気が絶大だったころ、共産党政治局員候補を解任されたエリツィンが、人民代議員の肩書で来日した。急進派のリーダーとしての知名度はあったが、一年後にロシア大統領になるとは誰も予想していなかった。したがって新聞の扱いも小さかったし、日本政府の要人は相手にしなかった。だがエリツィンには覚悟があり、気合も入っている。だから率直になれる。積極的に日本の工場見学を希望した。日本式経営の秘密を自らの眼でとらえたかった。

ある近代的な工場の生産ラインの前で「わが社はかくのごとくロボットを導入して……」といかにも日本人にありがちな型通りの説明を行っていた案内係をさえぎって、突然、作業中の五十年配の労働者のところへ大股でつかつかと歩み寄り、訊ねた。

「あなたの悩みはなにか」

すると、いかにも人のよさそうな現場のおじさんは、体格のよい外国人がいきなり質問してきたことで困惑し、それから、はにかみながらこう答えた。

「あ、あのう、とくにこれといった悩みがないんですが……」

するとエリツィンは、食い下がった。

「そんなはずはない。誰だって悩みはあるはずだ」

労働者は、まだ困惑している。

「あのう、悩みっていいますと……」

「待遇はどうだ」

「悪くないです」

「ほんとうに悩みはないのか」

「そうですねえ。悩みっていえば、そうだなあ。強いていえば、あの、うちの娘は困ったもんでして、はあ、二十七歳にもなるのに、なかなか嫁に行ってくれんのです」

呆気にとられたのはエリツィンのほうだった。日本の現場労働者の最大の悩みは、娘がなかなか結婚したがらないことだなんて！　とても信じられない、ここはユートピアか、と。しかしこの労働者の照れ笑いの背後に少子高齢化の波がひたひたと押し寄せていたのである。

エリツィンが大統領に就任した年のインフレ率は一五〇〇パーセントで、ロシアは破産状態に陥っていた。大統領の任期を終えるころ、彼は儀式中に立っていることもできずによろけたりしていてアルコール中毒ではないか、と疑われた。だが日本人通訳によると、ゴルバチョフはそつがなく官僚的で少しも面白味がなかったのに対し、エリツィンはつねに自分の言葉で語る魅力的な人物だったという。

鳥の眼線で、虫の触角を

日本人は同質的な社会にいるために、個性というものに無頓着になりやすい。

ジョン・ガンサーというジャーナリストがいた。一九〇一年生まれでシカゴ・デイリー・ニューズの特派員としてヨーロッパ各地を巡った取材体験を生かして、一九三六年に『ヨーロッパの内幕』を出版し、一躍世界的な名声を得た。引きつづき『アジアの内幕』『ラテンアメリカの内幕』『アメリカの内幕』『アフリカの内幕』『ソヴィエトの内幕』などをシリーズ化していく。その過程でヒトラー、ムソリーニ、スターリン、トロツキー、チャーチル、ルーズヴェルト（FDR）など大物指導者の大半にインタヴューした。

戦後、『マッカーサーの謎』を書くため来日し、日本の昭和天皇との会見にも成功している。そのガンサーが、登場人物を描くにあたって、自叙伝『ガンサーの内幕』で、つぎのような質問項目を用意していたと述べている。

宗教に対する態度は？
セックスに対する態度は？
名声に対する態度は？
金銭に対する態度は？
動機、重要な決断の例。
愛玩動物の好き嫌い。
野心。
権力の源泉は何か？
主たる知的特質。
主たる道徳的特質、もしあれば欠陥。
とくに何を信じるか？
娯楽、趣味。
仕事の順序、そのやり方。
家族構成。

幼年時代、青年時代の影響。

出世のきっかけは？

読書、音楽、芸術などの趣味、もしあれば最も近い友人は誰か。部下に対する態度。

アダ名は？

飲食の好みは？

逸話は？

何に貢献したか？

暗殺の危険は？　護衛の方法は？

後継者は誰か？

極意を抽象的に語るのではなく、徹底的にマニュアル化しているところがアメリカ人らしくて実際的でもある。これらの質問事項は、じつはいちいち暗記して使うとはかぎらない。自分によく合うやり方で応用すればいいのだ。僕のつたない経験に即していうと、これらを列挙して訊ねても意味がなかった。むしろ質問事項は、好奇心が強くかつ内省的な人間がわが身を振り返る際に、ごく自然に気になるもので成り立っている。自分が自分にいつもつねにこれだけの質問を浴びせていればよい。自分に訊《たず》ねていなければ、人に訊ねる資格はない。

仕入をきちんとしておけば、書くのはたやすい。映像的なシーンを用意して、抽象的にならぬよう心掛けることが大切である。

第二部　実践編

何をどう書くか

①文化論及びエッセイ風に

NO. 1

野心と挫折、人間の真実を描く

怪しげな宗教団体の話題が尽きない。人ごとと思っていると、芸能人やスポーツ選手や文化人や政治家など有名人が、つぎつぎと入信していく。ほんとうに信じきっている人もあれば、雨宿りのために軒下を借りただけの人もいるのだろう。

忙しく立ち働いているうちに、ふとなにやらよるべない空虚感に襲われることがないではない。キリスト教やイスラム教のような生活を律する規範があれば救済のイメージもはっきりするが、日本人にはこれといったものがない。だが、ないといっていられるのか、と疑問が残る。

なぜなら、誰にも野心があるからだ。そして野心があれば必ず挫折もあるからだ。挫折からどう立ち直るのか。ひとりひとりみな異なる、癒され方も含めて。そこを描くのが人物論の第一歩である。

力道山とテレビの揺籃期　1993. 2. 18

渋谷・道玄坂の裏通りを歩いていて、あれっと振り返った。背中に空虚なものが張りついた感じがした。あるはずのものが消えている。かつてリキパレスと呼ばれ、堂々とあたりを睥睨《へいげい》していた建物が、解体され工事現場となっていたのだ。

力道山の死後、ビルは売却され、キャバレーなどが入ったありふれた雑居ビルのひとつに成り下がっていた。表通りにニョキニョキと群生するビジネスビルの陰で、キッチュでうら悲しい風情を保つ〝記念碑〟もなかなかよろしい、と思っていたのである。おおげさかもしれないが、僕はいっとき無常観に浸った。

＊

力道山といってもぴんとこない世代のほうが多い。盛んにテレビ開局四十周年をアピールしているNHKも、この異国生まれのプロレスラーにずいぶんと世話になった時期がある。テレビ事業が緒についた時期、彼がいなかったら普及のスピードもだいぶ遅れたはずである。

テレビの本放送が開始された一九五三年（昭和28年）から「ご成婚」の一九五九年までを、第一の開局、あるいは最初の開局期とすれば、衛星放送がはじまった一九八九年（平成1年）から約十年間を第二の開局期と位置づけることができよう。

最初の開局期の主役は、力道山と正田《しょうだ》美智子《みちこ》嬢であった。高い受像機が一般家庭に普及しはじめるまで約十年かかった。NHKと日本テレビの二つしかなかった在京キイ局も、途中でTBSが加わり、皇太子の結婚式直前にはフジテレビとNET（日本教育テレビ、後のテレビ朝日）とそろった。

今年は皇太子の結婚式とテレビ四十周年が重なるけれど、百万円を切ったハイビジョンが売れるわけではなさそうだ。

時代が変わったといえば、ハワイからきた青年チャド・ローエンが曙の四股名《しこな》で日本伝統の格闘技のチャンプになったことだ。四十年前は、元関脇の力道山がハワイへ行き〝西洋相撲〟（当時はそう呼んでいた）に挑戦していたのである。

将来を属望されていた力道山は二十五歳のとき、突然、刺身包丁で髷《まげ》を切り、廃業した。二《に》所ノ関《しよのせき》親方（後のNHKの相撲解説者玉ノ海梅吉）との不仲が取り沙汰されたが、真相は本人が固く口を閉ざして語らなかった。朝鮮半島からやってきた男（表向きは九州出身とされていた）に、相撲協会の体質が壁として立ちはだかったのかもしれない。

ぶらぶらしているときに駐留軍慰問のため来日したプロレスラーと知り合いになり、ハワイ行きを決意する。〝西洋相撲〟に新天地を求めた。ホノルルで日系人レスラー沖識名《おきしきな》の下で猛特訓を受けた。西海岸を転戦しながら技を研き、コネクションをつけた。

帰国すると興行師永田《ながた》貞雄《さだお》に、アメリカでのプロレス人気を熱っぽく説いた。向こうでプロモーターのジョー・マルコヴィッチから、ショービジネスとしてのプロレスを徹底的に叩き込まれ、成功への確信があった。日本プロレス協会の設立にこぎつけるのだがニュースにならなかった。そのころ白井義男《しらいよしお》が日本で初めてボクシングの世界チャンピオンに輝いた。肩書があればプロレスも認知されると考え、NWAチャンピオンの鉄人ルー・テーズに挑戦すべく、再度、旅立った。

もうひとつの目的もあった。旗揚げ興行のためアメリカから有力選手を招く手筈だった。往復の航空券からギャラの交渉まで独りでこなさなければならない。

ホノルルで力道山は、ルー・テーズへの挑戦資格決定リーグに出場し、勝ち抜いた。しかし、世界タイトル戦で敗れた。不敗の王者ルー・テーズに、バックドロップで後頭部をマットに叩きつけられ、脳震盪《のうしんとう》を起こして気絶した。

タイトルという土産は実現しなかったが、代わりにNWA世界タッグ・チャンピオンのシャープ兄弟が日本でのタイトルマッチに同意してくれた。帰国前、力道山は永田に「取組のことですが……」と手紙を書き、前座からメインイヴェントまで細かく指示している。

テレビは開局して一年が経過していた。NHKも日本テレビも、青息吐息だった。なにかが欠けているのだ。

プロレスなど誰も知らない。「二人が組となって一人がリングで試合をやり、疲れるとコーナーにいる控えのレスラーにタッチし、リレー式に試合をつづける。フォールは三秒間完全に相手の両肩をつけたときで……」と、好意的な紹介記事を書いたのは毎日新聞だけで他紙はほとんど無視した。アメリカでプロレスを観た体験をもつ、事情に明るい唯一の記者伊集院浩《いじゅういんひろし》がいたからだ。

幻視のヒーロー

二月十九日、国技館は不入りだった。ところが街頭テレビの前は異様な熱気につつまれていた。勤め帰りの男たちが、足を停めたのだ。ベンとマイクの兄弟はともに二メートル近い巨漢だった。力道山は柔道日本一の木村政彦《きむらまさひこ》と組んだ。シャープ兄弟は巧みな反則の連携で、百七十センチ弱の木村を攻めた。力道山はなかなか助っ人に出ない。計算済みだった。木村がグロッキーになったところに躍り出て空手チョップで敢然と立ち向かう。その勇姿に、群衆は波を打ち歓声は地鳴りとなって響いた。

二日目、国技館は街頭テレビに昂奮した客が押し寄せ立錐の余地のない混雑ぶりとなった。場内はシャープ兄弟への野次と怒号、力道山への声援であふれかえっていた。この白熊のような大男たちの仲間に、日本人はたった十年前こてんぱんに粉砕されたばかりだったから。

ルールが容易に無視され反則攻撃が繰り返されるたびに群衆は昂奮した。プロレスを、勝敗を争う格闘技、と信じているのである。いよいよ三日目、NWAタッグの世界タイトルが懸けられていた。有楽町の朝日新聞社前（現・マリオン）に置かれた一台のテレビの前には、二万人の群衆が集まった。

英雄は一夜にして誕生する……。力道山の人気は格言どおりに高まった。日本で最も有名な男になった。

僕は四年前、サンフランシスコで七十三歳のベン・シャープに会った。

「最初に日本に行ったとき、冬だというのにジムには暖房もない。シャワーすらない。ところが二度目、一九五六年だ。ハネダでタラップを降りたら大歓声じゃないか。〝なあマイク、いったいどうなっちゃってるんだい〟って顔を見合わせたものさ。パレードの終着地のシブヤには、なんとリキのタワーがでんと聳《そび》えているじゃないか」

モノクロの不鮮明な映像のなかを駆け抜けたヒーローだった。

じつに幻の如くであった。

テレビとプロレスが内包する「誇張」　1993. 2. 25

去る一月二十一日に梶原一騎《かじわらいっき》七回忌がホテルニューオータニで催された。『あしたのジョー』や『巨人の星』の原作者も忘れられかけている。

力道山について書いたところだが、NHKスペシャル（「奥ヒマラヤ禁断の王国・ムスタン」）の〝やらせ〟発覚で、黎明《れいめい》期のテレビについてさらに振り返っておきたくなった。併せて触れたい。

＊

僕の学生時代、太った顔にサングラスの梶原一騎の写真が目立ちはじめた。ジャンクカルチャーと偏見をもたれていた日本独特の画つきの物語、劇画の原作者は長者番付に名前が載るまでに出世し、たかだか三十歳でこの世界では大家として遇されはじめていたのである。

その後、『タイガーマスク』『愛と誠』『空手バカ一代』と、名声は揺るぎないものになったが、一九八三年（昭和58年）に銀座のクラブ（「数寄屋橋」）で講談社の編集者を殴打して暴行傷害容疑で逮捕されて以降、大病に冒されげっそり痩せ衰え、五十歳の若さで亡くなった。

七回忌はこぢんまりとした静かな会だった。故人をしのぶ追悼のあいさつに、『空手バカ一代』の主人公、ケンカ空手こと極真空手の大山倍達《おおやまますたつ》が立った。

大山は七十歳を過ぎたというのに鍛えられたハチ切れんばかりの筋肉で、上着がゴムのように突っ張っている。梶原は晩年、金銭上のトラブルや主導権をめぐって大山と喧嘩別れしていて顔も見ぬ間柄になっていたので、七回忌に大山が現れたのは、しこりが消えたという意味である。歳月がわだかまりを溶かしていた。

逮捕されてからの梶原を、大手の出版社は敬遠していた。その間、小さな版元から絶筆となる未完の自伝『男の星座』を出した。「とにかくこれが劇画原作者梶原一騎としての最後の作品」と冒頭で宣言して、すべて「赤裸々に描くつもりだ」と強調していた。死期を自覚していたのである。

『男の星座』は、見落とされている現代史の裏通りのための恰好のテキストであり、安岡《やすおか》章太郎《しょうたろう》の『僕の昭和史』のように一度は眼を通しておくとよい。

物語は一九五四年（昭和29年）十二月二十二日の蔵前国技館からはじまる。力道山と柔道日本一の木村政彦の決戦を、二階席から目撃していた都立芝商業に通う柔道少年が高森朝樹《たかもりあさき》（梶原一騎の本名）である。

高森少年にとって、世紀の決戦は、運命の日となった。

再び力道山の話をしなければならない。

シャープ兄弟を招聘《しょうへい》した最初のプロレス興行は大成功に終わった。中継したNHKも日本テレビも、〝西洋相撲〟の予想外の人気でテレビ放送の市民権を得た。

力道山がヒーローとして躍り出た同じ年、パリでは哲学者ロラン・バルトが、「レッスルする世界」をエスプリ誌に発表していた。

「レスリングのよさは、度を越えた見世物であることだ。そこには古代演劇がそうであったに違いないような誇張がある」

バルトが書いたように「誇張」への潜在的渇望は、極東の敗戦国にとっては自明だった。白人の巨漢シャープ兄弟が、昨日の敵「鬼畜米英」であってみれば、見世物は度を越えた象徴劇に高められる。

その場合、わが伝統の柔道がなぜ有効ではないのか。もう少しバルトを引こう。

「レスラーの役目は勝つことではなく彼に期待されている身振りを正確に果たすことだ。柔道は象徴的なものの秘密の分け前を持っているといわれる。能率においてさえ、控え目な、正確だが短く、明確に描かれるが量感のない線をもってする身振りが問題となるのだ。レスリングは反対に過度の、その意味の絶頂まで描き出す身振りを提起する」

木村のあと力道山とタッグを組むことになる遠藤幸吉《えんどうこうきち》は、力道山の空手チョップの「誇張」について、僕にこう語った。

「力道山の空手チョップは相撲の張り手を改良したもので、効果音を出すために掌に空気が入るようやや握り加減にしていた。音が聞こえなければ観客は威力を理解できません」

プロレスがテレビの時代をつくったとしたら、視聴者もまた、出発点においてすでに、わかりやすい「誇張」の共犯者に仕立てられていたのだ。

テレビに敗退した柔道

「木村の前に木村なく、木村の後に木村なし」と謳《うた》われた木村は、戦前の日本柔道界に十年近く君臨した王者だった。もし東京オリンピックに全盛期の木村が出場したら、日本柔道はオランダのヘーシンクなどに敗れなかっただろう、といわれた。

その木村が力道山と組みシャープ兄弟を迎え撃った。ところがやられるのは木村ばかりで、タイミングを見計らった力道山が空手チョップを振り回してリングに乱入すると、シャープ兄弟は大袈裟な身振りで打ちのめされる。当然だった。シャープ兄弟と契約交渉をして連れて来たのは力道山であり、暗黙の〝やらせ〟が含まれていた。

面白くないのは木村である。木村は引き立て役にされ、横綱でもない「たかが関脇」の力道山が、人気も興行収入も独占したからである。

木村は決闘を申し入れた。

どちらが強いのか、全国民の前で明らかにしようではないか、と。

しかし、試合はわずか十五分四十九秒、ドクターストップで終わった。木村は力道山の空手チョップで呆気なく気絶。顔面は腫れ、鼻と口が血まみれだった。だが試合直後の力道山のコメント（翌日の朝刊）から、さまざまな憶測が飛び交うのである。

「リングに上ってから二度も木村は〝引き分けで行こう〟といった。自分から挑戦しておきながらこんなことをいうのはとんでもないことだと思った」

事前に引き分けの話し合いがあったことは事実だった。木村が、力道山と袂《たもと》をわかち旗揚げした国際プロレス団は閑古鳥が鳴いていた。〝決闘〟の分け前をもらいたかったのだ。力道山は、承知したふりをした。八百長のつもりの木村は隙《すき》だらけで、そこに突然の力まかせの張り手……、すでに三十七歳、無防備な柔道家はひとたまりもなかった。

世紀の一戦が柔道の敗北に終わり茫然としていた高森少年は、突然、王者力道山を名指してリングサイドで立ち上がった〝第三の男〟に眼を見張った。

「俺が代わってこの場で勝負を申し込む」

これが無名の大山倍達との初めての出会いだった。

力道山は、大山を無視した。テレビのための興行と真剣勝負が別物と知っていたからだ。その代わりケンカ空手の神話は、劇画のなかに開花するのである。

力道山に敗れた男の「殺意」　*1993. 5. 6／13*

誰でも小さな挫折を繰り返しては開き直っていく。受験や就職や昇進など、一、二度失敗しても取り返しがきくし、人生の一部であってすべてではない。

では、もはや立ち直れないほどの打撃をこうむり人生の敗者として屈辱にまみれたら……。しかもそれが騙《だま》し討ちによるものであったらどうするか。

「そいつを殺すつもりだった」

ある人物が、僕にそう打ち明けた。

眼の前に、抱いた殺意を隠そうとしない老人が坐っていた。

＊

元柔道日本一の木村政彦が死んだ。七十五歳だった。ニュースを耳にして、あらためて憶《おも》い出した。

多摩川に近い京王線沿線の住宅地を駅に向かって戻りながら、「あんたも殺されたいのかね」と厳しい口調で切り返してきたときの木村の顔の輪郭を、幾度も幾度もなぞっていた。四年前の夏だった。

木村に会っておかなければと思ったのは、テレビ放送の黎明期についての取材を重ねていて（拙著『欲望のメディア』新潮文庫）、力道山との〝世紀の一戦〟の真相を知っておく必要に迫られたからだ。

取材を申し込んでもなしのつぶてだった。こちらもしつこかった。一年待たされてようやく許可が下りた。それでも招かれざる客であったことに変わりない。開口いちばん、「会う必要はない」と断られたが、引き下がらずにいたら夫人が座敷に通してくれた。それでも「話すことはない」と繰り返すばかりだった。

木村についてマスコミ（世間）がなにを記憶しているか。それを示す意味で今回の死亡記事を引こう。

「一九三五年に十八歳で明治神宮大会大学高専の部で優勝してから五〇年に引退するまで一度も負けなかった。日本一にも五度輝き、〝木村の前に木村なく、木村のあとに木村なし〟と言われ、日本柔道界の伝説的存在だった。五一年からプロレスラーとなり、力道山との一戦では敗れ……」（朝日、4月19日付）

「小柄な体ながら、右からの一本背負い、大外刈りなどの技は強烈だった。立ち木を相手にして毎日千回の打ち込みなど、猛げいこを示すエピソードは多い。……故・力道山と日本選手権を争い敗れたが、〝世紀の一戦〟として当時大きな話題となった」（産経、同日付）

新聞の死亡記事の中身はいずれも変わらない。無敵の柔道王として「木村の前に木村なく……」のキャッチフレーズと、「世紀の一戦での敗北」に触れている。

木村は、輝かしい勝者としての前半生と、力道山に敗れ屈辱にまみれた後半生、つまり一身にして二世を生きた。

一九五四年（昭和29年）十二月二十二日、蔵前国技館で行われた〝世紀の一戦〟は、わずか十五分四十九秒で決着がついた。力道山の空手チョップが爆発、木村は血まみれで昏倒、無残な敗北を喫したのである。

この試合について「事前に引き分けの話し合いがあった」との八百長説をこのコラム（前項）で少し紹介した。

僕は当時の関係者に当たり、だいたいの状況証拠はつかんでいた。あとは当事者の証言だけである。

周知のように力道山は一九六三年（昭和38年）十二月十五日、赤坂の山王病院で死亡した。赤坂のクラブでチンピラにからまれ錆びたナイフで腹部を刺された。開腹手術を受け病状は快方に向かっていたはずだったのに、突然の暗転、腸閉塞を併発したのだ。絶対に水分を採ってはならないし、ましてや固形物など……。しかし、力道山は術後の常識を無視してリンゴを食べた。自分が不死身だと思い上がるぐらいに、ヒーローとしての自分に溺れていたのである。テレビ開局まで、プロレスなど誰も知らなかった。力道山は木村とタッグチームを組み、アメリカから招聘《しょうへい》したシャープ兄弟と闘った。シャープ兄弟は巧妙な反則で木村を攻め、木村がグロッキーになると力道山が空手チョップで颯爽《さっそう》と登場する。弱い木村、強い力道山という図式ができた。

力道山は、巧みな演出とテレビの力で国民的ヒーローとなった。

力道山と袂《たもと》を分かった木村は、国際プロレス団を旗揚げして失敗、病妻の薬代にも事欠いていた。関係者からの証言を総合すると、八百長を申し込んだのは木村だという。

「ほんとうは俺のほうが強い……」と吹聴《ふいちょう》していた。マスコミが木村を煽《あお》った。いつの間にか〝世紀の一戦〟が独り歩きしていく。それなら、と木村は考えた。引き分けにして、分け前を半分もらおう、と。ここまでだったら悪いのは木村ということになるが、ことはそう単純ではない。

力道山は、木村の申し出に応じるふうな態度を装った。木村が書いた念書を力道山が「預かっておく」と受け取った。翌日「ハンコをついたものをくれ」と木村が求めると「忘れた」という。この時点で、「じゃあ、念書を返してくれ」と木村が食い下がればよかったのだが……。八百長が成立したと信じてリングにのぼった木村は隙《すき》だらけだった。

誇り高き武道家

「あいつは卑怯な男ですよ」

と木村は僕にいった。

「だから、殺したんだ」

しかし、彼はあなたに殺されたのではなくヤクザに刺されて死んだんですよ。

「いや。殺した」

どうやって？

「ここですよ」

と木村は額《ひたい》を指さした。僕は意味がわからなかった。

「ここに〝殺〟と書いたんです」

書く？　ああ、イメージで前頭葉のあたりに字を描いたわけですね。

「そうだ」

そんなことをしたって人は死にません。

「いや、死ぬんだ」

念力ですか。納得できませんね。

「信用しないのなら、あんたについても〝殺〟を書こうか」

しばらく気まずい沈黙がつづいた。

木村は、眼を閉じ昔話をはじめた。

「柔道の選手権の前夜、座禅を組んだ。何時間も、ずっとだ。すると額のところに〝勝〟という字が浮かんできて黄金色に輝きはじめる」

試合の前は、いつもそうなさるのですか。

「〝勝〟が出て来ないときには、日本刀を腹にあて、切っ先を肌に食い込ませる」

痛いですね。

「痛くない。そのままじっと待つ。すると〝勝〟が出てきたときもある」

木村は誇り高き勝負師だった。たった一度の過ちが彼の後半生を台無しにしたはずだが、世間が何をどういおうと、力道山を自分で始末したのである。

取材の帰路、拭《ぬぐ》いがたい疲労感に覆われることがたまにある。あのときもそうだった。

新聞の儀礼性と小沢一郎のラディカリズム　1994. 6. 9

皇太子の結婚式からもうすぐ一年が経つ。天皇家は日本の象徴だが、あらためてなにを象徴しているのか考えてみたい。もう一人、このところ象徴的人物に祭り上げられている政治家がいる。小沢一郎の記号的意味についてもついでに考察しておきたい。

＊

いわゆる「どの女といっしょに寝ようがいいじゃないか」発言を朝日が大きく取り上げ、それに対し「朝日新聞の報道はアカ新聞かブラックジャーナリズム」と非難したことから、新聞対小沢の対立が激化した。小沢発言は品位ある表現ではないが、永田町もひとつの業界であり、コミュニケーションを円滑化する隠語はどんな業界にもつきものなのだ。「社会党は下駄に付いた雪」など、下品さゆえの名言である。銀座のクラブでの屈折した冗談が、前後の文脈をすっかり抜かれ昼間の女子高のホームルームで道徳的でないと批判されたら立つ瀬がない。

新聞と小沢の対立は、互いに相容れない体質を感じ取っているからだと思う。

その相容れない体質のひとつの極（新聞）は集団主義の儀礼的な世界に属し、別の極（小沢）は個人責任の確立という合理主義の世界のなかにある。

問題の発言は国会のエレベーターで共同通信の記者とのやりとりで出たものだった。それを互助会的感覚で朝日の記者が書いた。以前からこのコラムで取り上げているが、新聞社は記者クラブと年功序列のシステムを変える必要がある。現行のシステムだと、二十代から三十代までの若い記者が夜討ち朝駆けして情報を収集するだけで、自分の識見で署名記事を書く機会がほとんどない。四十代になるとデスクと称して現場から上がってしまう。政治家は選挙で洗礼を受けるが、ジャーナリストのほうは責任を問われずつつがなく過ごすほうが大事になる。新聞記者はジャーナリストでありながら一般企業と同じかそれ以上に〝寄らば会社の陰〟という精神に支配されやすい。

これでどうして官僚機構の疵瑕《しか》を鋭くえぐることができるだろうか。

実際、小沢が『日本改造計画』（講談社刊）で提起しているのは、官僚の無責任体制にどう歯止めをかけるかという問題であった。

朝日の社説（'94年5月18日付）は「どの女」発言に対し「小沢という政治家の一面を端的に表現して象徴的だった。自らの目的のためには、だれと手を組もうと勝手だ、という政治観である」と怒り心頭だけれど、笑ってしまった。だって政治とはそういうものだろう。最優先されるのは「目的」なのだから。そのためには悪魔とだって手を握るのが政治である。「目的」は『日本改造計画』に示されている。彼は今後、その目的に沿って権謀術数を凝らしていくはずだ。したがってジャーナリズムは『日本改造計画』のどこが間違いでどこが正しいか、書評欄とは別に一面全部を割いて論評しないといけないのではないか。

小沢にも明らかな弱点がある。党内民主主義の手続きに慣れてない。連立の相手に対してもそうである。日本共産党の書記局長が宮本顕治から可愛がられてポンと抜擢されたように、小沢は金丸信《かねまるしん》から権力をもらった。だからその点について鈍感なのだ。そこは徹底的に衝いたらよいが、「あれは権力主義者だ、国家主義者だ、反動だ右翼だ、とこの一言で片づける」と本人が不満を述べているように俗耳に入りやすい形容詞で攻めるのはフェアでない。

小沢は、個人より集団を優先する価値観に異議を唱えている。『日本改造計画』で、たとえば法人優遇の税制の現状を批判し、個人重視に変えよ、とこう述べた。

「高い個人所得税のもとでは、企業が支払う給与は、そのかなりの部分が税金でもっていかれる。それよりは社宅、車の送迎、その他の福利厚生施設の形で支給するほうが有利なのである。要するに個人の所得として使うよりは法人の財布を通していろいろなものを購入したほうが、税金の上からも安上がりという仕組みになっている」

さらに最近の講演（5月20日）で「あうんでわかり、全員一致を旨とする日本のムラ社会は、世界で通用しない」と強調したが、日本のマスメディアにもあてはまる。小沢が否定するのは、集団主義の秩序、誰も責任を取らないシステムについてである。

暗殺される宿命

僕は『ミカドの肖像』（新潮文庫）で、天皇制とは〝視《み》えない制度〟のなかに責任原理が溶解しており、すべてが〝空虚な中心〟に担保されると書いた。その後、カレル・ウォルフレンが『日本／権力構造の謎』（早川書房刊）で官僚制に的を絞りながら、ほぼ同種の結論に達した。

小沢の日本的システムへの批判は、つきつめていくと「保守反動」どころか、天皇制的システムのラディカルな解体を内包するのだ。政治の中枢で仕事をするうち、ついにこうした認識に辿り着いてしまったことを重視したほうがよい。

では新聞各社の天皇制に対する認識はどうか。彼らは問題を「開かれた皇室」に矮小化《わいしょうか》してしまう。

「開かれた皇室」の落ち着き先は、せいぜいテレビのワイドショー的世界であろう。美智子皇后や、雅子妃、紀子妃がテープカットや福祉施設に向かう厳重に警護された車列の前で、「ただいま、こちらへ、こちらへと向かっていらっしゃいます。来ました！　来ました！　今日のお召し物は……」という芸能リポーターの叫びのなかに拡散されていく。

開くということが、この程度ならそれでよい。だが、もしほんとうに開いたらどうなるだろうか。

天皇が通る、皇太子が通る、ヒロインが通る……、ワイドショーが彼ら、彼女らを追うのは、芸能スターに対する通俗的関心だけではない。聖者の行進は、浄めの儀礼なのである。そのままではフワフワしてよるべない個人という存在が、同質の集団という黙契《もっけい》へあらためて繋ぎ留められていくのである。

近代的で合理的に思われる企業活動も、内に無数の視えない儀礼を抱え込んでいる。年功序列や終身雇用がつくり上げた集団主義の扉の奥に深い闇が隠されているはずだ。もし天皇制をほんとうに開いてしまったら、こうしたシステムは瓦解するしかない。

小沢がいまのまま合理主義を突き詰め、集団主義の守護神を否定すれば、自ずと禁忌の領域へ踏み込む。大久保利通や原敬などみなその方向へ突き進み、結果、暗殺された。日本の集団主義幻想はこうしたリーダーを許容しなかったのである。

新聞が代弁しているのは、集団の嫉妬であり、儀礼の解体への畏れである。

タカ派・ハト派の無意味、官憲としての後藤田正晴　*1994. 11. 3*

人は役割（職分）で世界を判断しているときがある。こちらが気持ちよく酔っ払って歩いているつもりでも、交番の警官としては、他人に危害を加える可能性があるかもしれぬ、と酔っぱらいの動きに合わせて視線を這わすのだ。

彼らは、犯罪を予防し治安を維持するという目的に沿った職業的な人生観を持っている。人間はつねに欲望の赴くままに何をしでかすかわからない不定形な存在だと考えているのである。

元警察庁長官で、のちに衆議院議員となり中曾根内閣で官房長官を務めた後藤田正晴が、いつからハト派になったのか、と考えてみた。たしか彼はこわもてのタカ派であったはずだ。ところがいまではメディアが、彼を最も穏健な長老のイメージで遇しているのである。

では後藤田は転向したのだろうか。そうではないと思う。タカ派、ハト派と勝手にレッテルを貼ったのはメディアである。レッテルを貼り替えた理由を説明せずに状況追随的にずるずると評価を変えていったにすぎない。

＊

タカ派の後藤田のレッテルがハト派に替えられたのは、中曾根内閣時代の一九八七年（昭和62年）十月のことである。

イラン・イラク戦争によってペルシャ湾にたくさんの機雷が敷設された。そのためタンカーの触雷事故が相次ぐ。アメリカは、日本からも海上自衛隊の掃海艇か海上保安庁の巡視船を派遣してほしい、と要請してきた。中曾根はこれを受けようとした。そのとき官房長官の後藤田は「私は閣議で、サインしません」と抵抗して中曾根と激論になった。サインしなければ、中曾根は後藤田を更迭するしかない。結局、掃海艇派遣は流れた。

湾岸戦争のときにも、難民輸送のために自衛隊機を派遣するかどうか検討された。自衛隊法第百条の五に「国賓等の輸送は自衛隊機を使用させてよい」とあるのを、拡大解釈すれば「難民の輸送に使える」と小沢一郎自民党幹事長（当時）は主張した。

しかし、後藤田は、自衛隊法を改正せずに派遣するのはおかしい、と反対した。第百条の五は八六年に追加された項目で、政府答弁では「居留民の引き揚げに使えますか」という質問に「それはできません。VIP用ですから」と明言している。「居留民にさえ適用できないものを、難民に適用できるわけがない」と後藤田は述べた。

掃海艇派遣に反対したときは、自衛隊法第九十九条を持ち出している。これは第二次大戦の後始末のためにつくられた条項で、日本近海や港に日本軍や米軍がそれぞれ海上封鎖のために敷設した機雷が残っていた。機雷除去には時間がかかった。海上自衛隊が出来たのちでも、浮遊する機雷を片づける任務が必要であった。九十九条には「日本近海」とは書かれていないが、制定の事情を考えれば掃海海域は自ずから限定される。ペルシャ湾まで行くことは許されない。

こうして後藤田の主張を並べてみると、役割（職分）の自覚のようなものが浮かび上がってくる。

単なる戦争反対うんぬんではなく、警察は法律違反を許さない、違反したら取り締まるのだという義務感である。政治家も、省益のみを追求する官僚も、後藤田にとっては酒に酔って理性的判断を失い法律違反を犯そうとしている危ない連中なのである。

宮沢内閣で法務大臣に就任した後藤田は、たまっていた死刑執行の書類にサインしたのでつぎつぎと絞首刑が執行された。死刑廃止が国際的な趨勢《すうせい》と見られるようになってからの歴代の法務大臣は、死刑執行を避けていたのである。このとき、アムネスティ・インターナショナルや死刑反対論者は激しく非難した。だが「死刑という制度がある以上、当然である」と、後藤田は平然と反論した。

自衛隊の海外派兵に反対し、また死刑も執行する。どちらも法律を遵守させ違反を取り締まる側の発想なのである。タカ派、ハト派と分類しても意味がない。

内務省の挫折

いつだったか詳しく憶えていないが、たぶん記者会見かなにかのシーンだから後藤田の官房長官時代ではないかと思う。なにか気にくわない質問が発せられたのだろう、そんなもんに答えられるかともの凄い形相で強圧的に質問を遮った。そのとき、明らかに官憲の顔をしていた。

後藤田は、いつも苦虫を噛みつぶしたような顔をしている。ただその苦虫顔の奥には、警察官がだらしなかったから、日本は無謀な戦争を起こしたのだという反省も含まれているように見える。

一九三三年（昭和8年）にひとつの象徴的な事件が起きている。大阪で二十二歳の陸軍一等兵が、交通信号を無視して道路を横断しようとした。交通整理をしていた二十七歳の巡査が「おい、コラ」と襟首をつかんで交番へ連行した。一等兵は「憲兵のいうことは聞くが、警察に取り締まられる覚えはない」と殴り合いになった。ゴー・ストップ事件と呼ばれた。

末端の兵士と巡査の争いは予想外の展開で、陸軍と内務省のメンツをかける大事件になってしまう。内務省は現在の自治省、警察庁、建設省、厚生省などをすべて含んでおり、官僚のなかの官僚として幅をきかせていた。その内務省に陸軍が真っ向から挑戦した形になった。

陸軍側は「皇軍の威信に関する重大問題」と声明を発表し、大阪府側は「正当な職務行為」と主張を譲らなかった。結局、五カ月も要した話し合いは内務省が折れ陸軍側に軍配が上がるのである。

内務省の挫折と、泣く子も黙る陸軍の時代がやってきた。陸軍は大陸で中央のコントロールを逸脱していった。それに並行して法治国家の中枢を任じる内務省のプライドは失墜する一方となる。後藤田が東京帝大法学部を卒業し、内務省に入ったのは一九三九年である。彼の脳裏に内務省の屈辱が刷り込まれていないはずはない。

第二次大戦は法律違反によって始まった、その繰り返しで拡大していった、というのが後藤田の認識であれば、あの苦々しい表情の裏に一種の歴史意識がしまいこまれていることになる。大江健三郎のノーベル賞受賞をきっかけに「戦後民主主義」という言葉がクローズアップされている。しかし、「戦後民主主義」と呼ばれるものを支えるのは「市民」ということになっているが、僕にはその内実がわかりにくい。抽象的な「市民」ではなく、それぞれが仕事の現場で、職分として（後藤田の場合は官憲として）、譲れない部分を論理化するほうがリアルになれるのである。

バックミラーから見た東条英機の「顔面蒼白」　1994. 12. 8

日米開戦で、アメリカへの開戦通告となる対米覚書を、真珠湾攻撃の直前に日本の野村吉三郎、来栖《くるす》三郎《さぶろう》両大使がハル国務長官に手渡すことになっていた。ワシントン時間で午後一時の予定だった。ところが実際に渡したのは午後二時二十分である。真珠湾奇襲は一時二十分ごろだから、通告遅延はまったくの不手際である。

その結果、騙《だま》し討ち＝卑怯者＝日本人というキャンペーンにはもってこいの材料を提供した。アメリカのふつうの市民はアジアの戦争に無関心だったから、ホワイトハウスはこれをうまく利用したのである。

今回、外務省が公表した外交文書の中身は、さまざまな雑誌や単行本、あるいは映画の場面で大筋は知られている。だが公開によって責任の所在はより明確になった。責任を取るべき立場にあった井口貞夫参事官や奥村勝蔵一等書記官は、その後、外務事務次官にまで出世している。役所が内輪で問題を処理するとそうなるのだろう。外交文書にかぎらず、国民が見張っているゾ、という緊張感があれば、つまり情報公開法があれば官庁内でうやむやにされるような事態はいくらかでも減るはずだ。

読売新聞の憲法試案について、僕は情報公開法ができる道筋が明記されていないと不満を示しておいた（「週刊文春」'94年11月24日号）。新聞やテレビは、もっと「知る権利」を強く主張しないといけない。いま行政主導で情報公開法制定の動きがあるが、まずメディアが試案を出しておくべきだ。そうでないと骨抜きの法案がつくられてしまう。

＊

僕は国会図書館や外交資料館の世話になることが多い。『黒船の世紀』（文春文庫）を書いたときなどは、外交資料館が頼りだった。現地大使館から送られてくる報告書には、個性的なものもあって、一所懸命に働いている様子が伝わってくる。役人もいろいろいるだろうが、後世の人間に見られているという意識があれば励みにもなるし、一種の倫理観もつくられると思う。まだ未公開である戦後の外交文書は、一刻も早く公開してほしい。その際、むやみやたらに例外規定を設けないでもらいたい。

今年もまた十二月八日がやってくる。来年は戦後五十年である。まだ公開されていないアッと驚く文書が出てくれれば、と期待している。でもナマの証言にまさるものはない。野村吉三郎、来栖三郎と、サブローがつづいたので、以前に東条英機の運転手をしていた人物に会ったことを思い出した。意外なところにおもしろい証言者がいるものだ。

誕生日が十一月二十日で僕と同じだが、年齢は四十二歳も上になる柄澤好三郎《からさわこうざぶろう》という人を見つけたのはＮＨＫで、一九八一年（昭和56年）に『バックミラーの証言――20人の宰相を運んだ男』（日本放送出版協会刊）というタイトルのドキュメンタリー番組が放映された。それを見て、当時、『昭和16年夏の敗戦』（文春文庫）を執筆中の僕は、すぐに会いに行った。

柄澤好三郎の話はおもしろかった。

「東条さんは、オープンカーが好きでしてねえ」

一九三六年型のビュイックの屋根を切って、オープンカーに改造させた。

「ヒトラーがオープンカーで手を上げてパレードをしていたので、あれに憧れたんじゃないでしょうかね。すっかり気にいっちゃって、雨の日でも乗るんです」

視察の帰り、雨がポツポツ降ってきた。幌《ほろ》をかけましょうか、と伺うと、よろしい。そのうち土砂降りになった。このままでいい、と言った手前、滝壺のなかで歯を食いしばってじっとがまんしている。ぎこちないところが、よく出ているエピソードである。

「陸軍にはめずらしく腰の低い人だった」

というのが柄澤運転手の印象である。

奥さんが、うちの東条は連隊長まで行けば、最高だと思っていました、それが大将になり総理大臣になってしまい、びっくりしています、と述べたという。

そういう人の好《よ》いところは村山総理に似ている。のちに独裁者として気にくわない者を戦地に送ったり、他人の意見に耳を傾けなくなるのは、情況が自分のキャパシティを超えて進行するためパニックに陥ったからとも解釈できる。要するに器ではない人物が指導者に選ばれた悲劇である。東条にとっても悲劇だが、国民のほうはもっと悲劇であった。

ある日、所沢の航空隊へ向かった。官邸での事務が遅れ、儀式に間に合わないかもしれず、「急げ」となった。「急げ、急げ」とせかすので時速百キロものスピードで突っ走った。ところが所沢の手前で車輪が外れコロコロと転がって、ガツンと止まった。早く車輪を捜して取り付けないと、と柄澤運転手があわてている。車輪を抱え専用車に戻ってくると、東条がいない。秘書官が、呆然と突っ立っている。

「菜っ葉大根を満載したトラックが通りかかってね。総理は大根のうえに這い上がって行ってしまわれたよ」

所沢の航空隊へ食糧を届けるトラックだったのだ。大根の上に這いつくばったままの東条に門衛は気づかなかったという。律儀で時間を守ろうとするのはよいが、まあ、大物がやることではない。

天皇に開戦を奏上

というようなエピソードは余談で、僕が柄澤運転手に確認したかったのは、日米開戦を決めた十二月一日の出来事であった。

その日は午後二時から御前会議が開かれることになっていたが、東条が官邸を出たのはまだ午前十時を少し回ったところだった。

御前会議は、天皇が臨席する国家の最高意思決定の場である。実際は、すでに決まっていることを承認する儀式、タテマエを執り行うセレモニーでしかない。

東条は、その儀式の前に、十一月三十日の政府・大本営連絡会議の決定事項を昭和天皇に奏上しなければならない。「日米開戦のやむなきにいたりました」と伝えに行くのだ。

柄澤は、バックミラーから東条の表情を垣間見た。往きの東条は顔面蒼白、「ガチガチだった」。帰路は「すっかり柔和な顔になっていた」。昭和天皇に日米開戦を伝えることが、いかに緊張を要したか、よくわかる。だが、これでは忠臣であってもマキャベリストとはいえない。

狂信的な一部の軍人を除けば、アメリカと戦って勝てるとホンネで確信を持つ者など、上層部にはいなかった。それなのに誰もが責任を取ろうとせず、融通の利かない小心の東条に総理大臣というババを引かせ、天皇へ奏上させたのだ。なんだか滑稽で哀しく、そして腹立たしい話である。

標的にされたメディアのヒロイン　1995. 1. 19

僕はどうやら未来を予知してしまったらしいのである——。

＊

担当編集者が原稿を取りに来て、つぎはどんなテーマで行きますか、と訊ねる。

こんな会話になった。

「発売日は、いつだったたっけな？」

「えーと、(小手帳を開きながら) 一月十二日です」

「するってえと、(記憶をまさぐり) そのころの過去の事件でも振り返ろうか」

「どんなのがあります？」

「正月気分でいたとき、びっくりした事件を憶い出した」

「なんですか」

「昔、歌手の美空ひばりがね、ファンに塩酸をかけられたのさ」

「へーえ、そんなことがあったんですか」

少し前にHからMに担当が替わった。Mはまだ三十歳になったばかりだから、当然、知らない。僕が小学生のころだ。

「その事件、知りたいな」

とMは言うが、このコラム（「ニュースの考古学」）の主題のひとつは、実際にいま起きている現象のよってきたるゆえんを解き明かすところにある。

「過去の事件をただ記述しても、読者は唐突に受け止めるだけなんだよ」

なにも事件が起きていないのに、いきなり過去の出来事を引くわけにいかない。

「これから似た事件が起きれば、美空ひばりの事件とからめて書けるんですね」

「そうだな。これから年始までに、そういう事件が起きれば書きます」

「じゃ、起きなければ、どうなんです」

だんだん脅迫じみてくる。

「そんなこと言ったってだな。あてにならん話を前提には出来んぞ」

Mはがっかりしてから、ちょっと思い詰めた顔で言った。

「じゃ、僕、いまからどっかのタレントを襲ってきます」

もちろん、冗談である。

美空ひばりが襲われたのは、一九五七年（昭和32年）一月十三日に浅草の東京国際劇場で「花吹雪おしどり絵巻」に出演していたときである。客席のポニーテールの十九歳の少女が、いきなり二合入りの薬瓶に入った塩酸を投げた。美空ひばりは顔や腕などに全治三週間のやけどを負った。

このころはまだテレビの時代とはいえない。しかし、ラジオやレコードを通じまた映画に何本も主演したりで、天才少女歌手としての美空ひばりの名声は今日のタレントの比ではなく、もの凄かった。

「スターが襲われた最初の事件と考えてよいわけですね」

「メディアの時代の始まりだったんだ」

「わかりました。興味深い話ですが、現にそういう事件がなければ仕方ない……」

どうやらMは納得したようだが、不満そうである。そこで、

「こういう手もある。美空ひばりで思い出したが、彼女はデビューする前、素人のど自慢大会で不合格になったという逸話があるんだ」

「美空ひばりが落ちた？」

「ああ、落ちた。正確にいえば伝説だな」

「それはおもしろいですねえ」

「だがな、突然、そんな話を書いても、さきほどの塩酸事件と同様で……」

Mはまたがっかりした顔をする。

「あわてるな。じつは、提案理由はある」

「ありますか」

「美空ひばりでなく、素人のど自慢そのものにある」

「現在と、どう結びつくんですか」

「忘年会でカラオケに行っただろ」

「行きました」

忘年会が終わったら、つぎは新年会とつづく。だいたいパーティのパターンは一次会が景品付きのビンゴゲームで、二次会がカラオケと相場が決まっている。どうしてこんな画一的なパターンが出来上がってしまったのか。宴会をパーティと呼ぶようになったが、参加者は工場のベルトコンベアに乗り、一定の時間を経て、つつがなく出口へ向かうだけなのだ。手間がかからず成り行きが予想できるから幹事には好都合で、日本人のシステム好きはこうした局面にも表れている。

それはともかく、日本人のカラオケ愛好の根は深い。

のど自慢素人音楽会にすでに表れていた。一九四五年（昭和20年）十一月に第一回の募集が行われた。放送会館（当時のＮＨＫは内幸町にあった）前に九百人も並んだ。戦後の焼跡闇市の時代、なにも娯楽はなかった。

のど自慢はたちまちＮＨＫの人気番組に育っていく。ブームになり、ＮＨＫの真似をした非公認の大会も雨後のタケノコのごとく全国各地で自然発生する。おらが町、おらが村、いたるところのど自慢大会だらけになった。

狂躁のなかの孤独

美空ひばりがNHKのど自慢大会に落ちたという伝説の典拠は、たとえばこんな古い週刊誌(「週刊朝日」'51年10月28日号)にも見出せるのである。

「六年前、小っちゃなくせに、まるで大人の着るような裾の長い、真っ赤なドレスを着た少女が現れた。おでこの広い、鼻もちょっと上を向いて目だけがグリグリと大きい愛嬌のある子だった」

少女(8歳のひばり)は「赤い花なら/曼珠沙華《まんじゅしゃげ》/オランダ屋敷に/雨が降る」と「長崎物語」を歌った。全部歌い終わっても審査席はしばらく静まりかえっている。「悪達者、子供らしくない、非教育的」ということで「審査員の手は横に振られた」。不合格の合図である。

正確には、不合格になったのはNHKのど自慢素人音楽会ではなく、ローカルなオール横浜芸能コンクールだった。

敗戦で打ちひしがれた庶民は、自らの不幸を天才少女に重ねたのである。スタアになったあの娘だって、じつは下町の魚屋の娘で、苦労したんだ。それに日本一の歌番組でも無視されたんだ、と。

ヒロインには、そうした物語が似合ったのである。塩酸事件の少女は、当時の記事によれば地方の中学を出て「織物工場の女工」として働き、事件のとき「住み込みの女中」だった。少女にとって美空ひばりは薄幸な自分の分身であり、そして同時にスターとしてかぎりなく遠い存在。二律背反のなかの衝動――。

……夕方、Mから電話がかかってきた。

「僕、遂に事件を起こしちゃったんです」

「おいおい、冗談だろ」

「ウソだと思ったら……、（一呼吸おいて）ウソですけど、とにかくすぐテレビをオンにしてください」

ニュースで十三歳のタレントの安達祐実のもとへ届けられた小包が爆発するという不幸な事件を報じていた。年末年始の賑わいは、淋しい人をより淋しくさせるものなのだ。またひとつ、メディア時代の犯罪が加えられたのである。

『仮面の告白』を生んだ西陽の当たる三畳間　*1995. 11. 9*

今年は、三島由紀夫が市ヶ谷の自衛隊で自決してから二十五年目にあたる。一九七〇年（昭和45年）十一月二十五日の自決は、ちょうど戦後五十年の折り返し点だったことになる。

僕はこのほど『ペルソナ　三島由紀夫伝』（文春文庫）を上梓《じょうし》した。三島の自決もそうだが、これまで三島については謎とされる部分が少なからずあった。それらのひとつひとつについて解きあかしてみようと考えたのである。

＊

三島の実質的なデビュー作は『仮面の告白』である。九カ月勤めた大蔵省に辞表を提出したのは一九四八年（昭和23年）九月二日だった。収入が途絶えるのだからそれなりの見通しがなければならない。もちろん、決断というものは必ずしも目算があってするものとはいえないが、当時の三島のわずかな拠り所は、河出書房からの書下ろし長篇小説の執筆依頼である。

三島は月刊誌で短篇を書いたりすることもあったし、小さな出版社からあまり売れない本を出すという実績はあった。が、まだ二十三歳、ほとんど無名の新人である。河出書房の編集長坂本一亀が、その三島に願ってもないチャンスをもたらした。なにしろ書下ろしシリーズの第一回目は働き盛りの椎名《しいな》麟三《りんぞう》で、若い三島がそのシリーズに抜擢されたからだ。

三島は勇んで坂本に、「今度の小説、生まれてはじめての私小説で、もちろん文壇私小説でなく（略）、自分で自分の生体解剖をしようという試み」と手紙を書き送った。その際、起筆の日は、十一月二十五日になる、とも記している。

僕は、三島という複雑怪奇な天才作家を〝解剖〟するにあたり片っ端からその作品を読んでみたが、やはりつねに『仮面の告白』に戻った。この作品に三島のすべてが込められているとの思いは深まるばかりだった。詳細は『ペルソナ　三島由紀夫伝』で述べたのでここでは繰り返さないが、そのころの三島が置かれた環境について、つい最近になって新しい情報を得たので拙著を補う意味で記しておきたい。

当時、三島は渋谷区に住んでいた。学習院中等科へ進む直前に、新宿区から移って来たのである。三島の年齢は昭和の年号と同じなのでわかりやすいが、ここに一九五〇年（昭和25年）、二十五歳まで過ごした。その家は現在も残っている。

三島は本名を平岡公威《ひらおかきみたけ》という。父親梓《あずさ》は元農林省水産局長、母親倭文重《しずえ》は開成中学の校長を務めた橋健三の次女である。三島には三歳下の妹美津子（'45年にチフスで死去）と五歳下の弟千之《ちゆき》（後、外務省勤務）がいた。

五人家族が十三年間過ごした借家は、平岡家が目黒区へ引っ越してから、別の家族が住んだ。その後は不明だが、ここ十年ばかり空き家のままになっている。

このほど家主のご好意で、その空き家の内部を見る機会を得た。築年数が六十年を越える古い建物で、外見は江戸川乱歩の小説に出てきそうな洋館である。とはいっても、敷地は六十坪余り、建物はかなり小振りである。

玄関のたたきはタイル張り、入り口の脇に八畳間ほどの大きさの応接間がある。廊下を進むと六畳の和室とダイニングキッチン、風呂場という具合になる。

二階へ昇る階段は玄関の脇にある。階段は狭いが手すりは洋風のカッティングがほどこされていた。階段を昇ると、三島が『仮面の告白』を書いた部屋があるはずだ……。

なぜなら、三島の親友で『仮面の告白』のなかに「草野」として登場する実在の人物が、こんな想い出を記しているからである。

「(三島の)部屋は玄関の上の二階で、西向きの部屋だったと記憶する。それは天才少年の部屋という特別の趣はなく、少年、青年むきのつつましい部屋であった。僕がのぞかせてもらった折は、畳の上に確か日本風の机があり、そこに立派な字で書きかけの原稿用紙が置かれてあった」

階段を昇りきった僕が、とっつきの部屋のドアを開けると、窓から西陽がいっぱいに射し込んでいる。

ああ、この三畳間なのか……、と思った。なるほど「つつましい部屋」にちがいない。廊下の左側にもうひとつ三畳間があり、右側は床の間のある八畳の和室であった。

間取りはこれですべてである。三島は戦前の学習院の出だからブルジョワ階級と信じられているが、地味な官吏の子弟なのだ。空き家に入って見て、あらためてそう感じたのである。

学習院の旧《ふる》い名簿には生徒の出身階級が、「華族」「士族」「平民」などと記されている。「平岡」も「草野」も「平民」だった。大名や公家の家柄、あるいは維新で功績のあった薩長閥出身の元勲などは公爵、侯爵、伯爵、子爵、男爵などに列せられた「華族」である。当時の学習院の生徒の五割近くは「華族」の子弟だった。

生徒のなかには、学習院の教師を指さして「あれは以前、うちの使用人だったんだよ」などと公然としゃべる者もいた。華族といっても一様ではなく、いわゆる貧乏公家もいれば広大な屋敷に住む元大名の一族もいた。青山や麻布には、小学校の校庭ひとつ分より大きい屋敷がいくらでもあった時代である。「平民」の「草野」の家ですら敷地が三百坪ほどで、木造三階建ての洒落《しやれ》た建物だった。室内にはピアノも置かれていた。

ヴィクトリア朝植民時代風

少年時代の三島は痩《や》せていて顔色も蒼白かった。朝礼のとき、学習院院長は三島を急病人と早合点して、近くにいた教師に注意を与えたこともあった。クラスではアオジロとからかわれた。現代ならいじめの対象にされるところだろう。だが、たわいのないからかいも、ある年齢を過ぎると違ってくる。腕力と知力が逆転する時期がくる。

国語の教師が生徒に俳句をつくらせた。優秀な句を幾つか黒板に書いた。そのなかに青城という号の句があった。クラスメイトは、それがアオジロの作だとすぐにわかりゲラゲラと笑った。心に免疫をつくれば、もう笑われても平気になるし、平気な顔をすれば笑われなくなる。三島は中学四年のとき成績もトップになり、クラス委員長に推された。

後年、日本一の流行作家となった三島はボディビルを始め、三十四歳のとき目黒区から大田区に転居する。庭にアポロの像のある「ヴィクトリア朝植民時代風」の白亜の豪邸が完成したからである。

だがその豪勢な邸宅ではなく、質素な少年時代を過ごし、『仮面の告白』を書いた西陽が射す三畳間のほうに、仮面でない素顔の三島がいるはずである。

司馬遼太郎の覚悟と夏目漱石の「則天去私」 *1996. 11. 21*

司馬遼太郎が亡くなってから、たくさんの特集が編まれた。「文藝春秋」の臨時増刊はよく売れ、いつの間にか単行本(『司馬遼太郎の世界・永久保存版』)に衣替えしている。「週刊朝日」に連載中の講演録もなかなかおもしろく、これもまた最近、臨時増刊(『司馬遼太郎が語る日本・未公開講演録愛蔵版』)となった。

あらためて論じるまでもないが(すべてが論じるにあたいするが)、ひとつだけ、「日本の文章を作った人々」の一項については、僕が言いたくてうまく言えなかったところをこんなふうに説明してくれている、と感じ入ったので述べさせていただく。

＊

司馬遼太郎は、文学青年の文章はダメだと語ろうとして、夏目漱石の「則天去私《そくてんきよし》」(「天に則《のっと》り私を去る」)を紹介する。「どうだ、名文だろ」と、自己をひけらかしたりする私心がある文章は、いかにも文学的な装いを凝らすけれど、それは「則天去私」ではない。「素人と玄人の文章の違いは、精神があるかどうか」なのである。

明治維新で、日本人はそれまでの漢文脈の文章を一回、棄て去らなければならなかった。新しい文章を模索した。たとえば泉鏡花は寄席に通って自分の文章をつくりあげた。「しかし泉鏡花の文章ではまだまだ不完全でした。恋愛は書けてもルポルタージュはできない文体」だった。「漱石にいたって、はじめて文章日本語は成立」する。

だが「日本語の文章をつくるのに苦労したのは小説家だけではありません。さまざまな分野の先人の営々たる努力があり、むしろ小説家の努力はわずかなものだった」として、軍隊における日本語論を展開するのである。

それはきわめて実務的な文章と言ってもよい。私心がなく、ために簡潔を旨とし、正確な記述でなければならない。日露戦争当時、日本の連合艦隊はロシアのバルチック艦隊が大挙してやってくるのを対馬沖で待ち受け、全滅させる作戦をとった。『坂の上の雲』に登場する秋山《あきやま》真之《さねゆき》は、そのとき連合艦隊の参謀で、偵察に出ていた信濃丸から「敵艦見ユ」の電文が入り、出撃態勢に入った。

東京の大本営に、こう打電した。

「敵艦見ユトノ警報ニ接シ、聯合《れんごう》艦隊ハ直《ただち》ニ出動、之《これ》ヲ撃滅セントス。本日天気晴朗ナレドモ浪《なみ》高シ」

今日ではよく知られている文章である。「本日天気晴朗ナレドモ浪高シ」は、もともと「天気晴朗ナルモ浪高カルベシ」であった。「撃滅セントス」までは部下が書いた。そこに先の天気予報が届いた。かつて文学青年だった秋山少佐が、手を加えた。作戦用の文章が少し文学臭くなった。詩的な美文を書くとは何事か、と海軍大臣の山本権兵衛《やまもとごんべえ》は怒った。

山本権兵衛の怒った精神も正しい、と司馬が説明する。散文と詩は違う。

「たとえば肉屋に大きな牛肉がぶらさがっているとします。色を眺めたりしているのが詩であり、牛乳のようなにおいがするといっているのも詩です。散文は、牛肉を自らの手で摑《つか》み、えぐりとり、〝これが牛肉だ〟と言い、どんとひと塊《かたまり》を置く。書き手の握力が肝心であり、そして冒頭に申し上げた『則天去私』がここで必要になります」

秋山の電文を山本権兵衛は詩だと思った。秋山は美文のつもりでなかったかもしれない。晴朗だから敵艦を見失うことはない、波が高いから洋上では双方とも揺れが予想される。だが山本権兵衛は、そうは受け取らなかった。

「山本権兵衛のリアリズムは必死なものでした。日本が生き残れるかのいちばんの責任者は山本ですから、心配でしょうがない。それを詩で書かれてたまるかというリアリズムの極致でありますす。繰り返しますね。リアリズムの極致が散文であり、しかも散文を用いるときには私心があってはならない」

司馬遼太郎の文体論

以上、司馬遼太郎が語る文体論である。僕ごときが付け加えることはない。取材の繰り返しのなかで、集めた材料をどんどん棄てていく。どうしても必要なものは残る。自分を突き放しているような局面があれば、取捨選択は容易である。これは経験でわかった。ノンフィクションは文学の瀬戸際での勝負である。

刊行されたばかりの江藤淳著『漱石とその時代〈第四部〉』（新潮社刊）に沈んだ潜航艇のエピソードが出てくる。

まだ本格的な潜水艦が登場する前の時代で、艇長以下十四名の乗員が全員殉職した。三十歳の艇長、佐久間勉大尉が艇内で記した遺書が、夏目漱石を感動させた。

佐久間大尉の遺書は、司馬遼太郎が述べるところの詩的なものが付け入る隙《すき》もない散文であった。沈降の原因が正確に突き止められ、刻々、変化する艇内の情況を記録するためにセンチメンタリズムは排除されている。

人間のあるがままの姿、本能を描く、とする自然主義文学が流行していた。漱石は彼らを批判するために書いた。「英国の潜航艇に同様不幸の事のあつた時、艇員は争って死を免れんとするの一念から、一所にかたまつて水明りの洩《も》れる窓の下に折り重なつたまゝ死んでゐたといふ。本能の如何《いか》に義務心より強いかを証明するに足るべき有力な出来事である」から、自然派は「こゝに好個の材料を見出す」が、佐久間艇長とその部下の死について「艇長の遺書を見る必要がある」と主張した。

人間は獣と同じ、とする自然主義文学は狭い文壇で通用しているにすぎず、もっと広い世界、去私の高みを知らなければならない、と。

ある厚生次官「転落」の背後にあった大家族幻想　1997. 4. 3

家族にはさまざまな貌《かたち》がある。金属バットで家庭内暴力の息子を殴り殺すまで追い詰められた父親もいる。それに較べれば岡光序治《おかみつのぶはる》被告（前・厚生省事務次官）の場合は、五人の子宝（一男四女）に恵まれすくすくと育っていた。もう少し我慢すれば高額の退職金が貰えるおいしい天下り人生が待っていたのに、なぜ、バレるかもしれない危険を犯してまで彩《あや》福祉グループの小山博史から六千万円の賄賂をもらったのか。

エリート官僚の心を迷わせた一因を、現代日本の家族の風景「岡光版・家の履歴書」のなかで探ってみたい。法廷で触れそうにないドラマだから……。

＊

岡光が住んでいた官舎は新宿区市ヶ谷にある。三階建ての公団アパート風、その一階の八四平方メートルの部屋、家賃四万六千円、駐車場はたった二千円だった。同じ地区で同じ広さのマンションなら家賃二十五万円、駐車場は五万円が相場だから役得である。六千万円の賄賂で購入したとされるマンションは九〇平方メートル、番地がひとつ違うだけ、徒歩一分とかからない。

岡光は八人家族である。本人（58）、母親（86）、妻（53）、長女（26）、長男（24）、次女（22）、三女（16）、四女（11）の全員が住むには、たしかに官舎のみでは手狭に違いない。平均一・四人を切った少子化の時代、岡光家はめずらしい部類に属する。二歳のとき父親が病死して母一人・息子一人の淋しい少年時代を過ごした。大家族幻想の遠因であろうか。

広島県呉《くれ》市の進学高から東大を受けて失敗すると郷里の家産を売り払い母親と上京、その間、渋谷の親戚に間借りした。背水の陣である。二浪してようやく合格した。母の子に対する期待、子の母に対する責務、一心同体のような強い絆《きずな》を感じる。上級職の試験に通り厚生省の面接で、母子家庭なので福祉に取り組みたい、と語った。

入省三年目の一九六六年（昭和41年）、川崎市麻生区に古家つきの二百平方メートル（60坪）の土地を買った。遺産でギリギリの購入だった。単身者の官舎は十五平方メートル程度である。母親は川崎の崩れそうな小さな平屋に住んだ。いつか家を新築し、結婚したら母親と孫を同居させる、それが岡光の幸福のゴールのはずであった。

郷里の知人の紹介で五歳下の妻を娶《めと》った。六九年である。翌年、長女が誕生。キャリアの給料が他の公務員よりやや高めのカーヴを描きはじめるのは三十歳代後半からで、二十代の役人の給料は高が知れていた。七一年に栃木県庁に出向、三十二歳で児童家庭課長。長男誕生。手伝いに来た姑と嫁との冷戦はすぐに始まった。だが岡光はわざわざ川崎まで出向き、自分名義の土地の脇、道路側部分の二十六平方メートルを買い足している。マイホームは二世帯住宅、という執着の現れであろう。

県庁では、厚生課長、開発計画課長を経て三十五歳で県庁の中枢、財政課長に異例の抜擢である。七五年、本省に戻った。同郷の広島県出身でのちに大物事務次官と呼ばれる吉村仁が大臣官房総務課長で、その下で広報室長を務めることになり出世街道を順調に走りはじめた。だが県庁時代とは打って変わり、割り当てられた官舎は狭い。次女が生まれ、六人家族になった。

マイホーム転売の果てに

待望のマイホームは予定と少し違った。三女が生まれてからで、八四年、生活衛生局企画課長時代、四十五歳になっていた。

官舎のすぐ近くの新宿区大久保の十四階建ての八階、六十五平方メートルのマンションである。購入価格は三千二百万円で、頭金七百万円、二千五百万円のローンを組んだ。川崎の土地に二世帯住宅をつくらずマンションにしたのは四人の子供たちの通学の問題を抱えていたからだが、理由はそれだけではない。官舎とマンションの双方を利用することを思いついたのだ。母親は川崎に置いたままである。

都内に自宅を有する役人は官舎に入居できない規則がある。ふつうなら官舎を出なければいけない。だが市ヶ谷と同様の、官舎とマンションの併用パターンの原型がすでにここにあった。

官舎の割り当てを担当するのは大臣官房総務課宿舎係である。八四年に吉村が次官となり、岡光はいずれ官房総務課長と見られていた。そういう人物の頼みであれば、宿舎係が融通を利かせないわけがない。いや、規則違反どころか、融通を利かせすぎている。これまでの狭い官舎から市ヶ谷の例の広い官舎へ引っ越すのが八六年、実際に八七年には総務課長になれた。将来の次官は約束されたも同然だった。

だが思い通りの官舎を手に入れても、大久保のマンションと市ヶ谷では遠すぎる。家族がバラバラになってしまう。

大久保のマンション購入時期は、岡光に幸運を呼び寄せた。いわゆるバブルで不動産価格が騰貴する直前だった。三千二百万円のマンションが七年後の九一年には九千五百万円で売れた。ローンの残債二千万円を差し引くと七千五百万円が手元に残った。

ついに岡光の夢だった二世帯住宅を、独り母親が住む川崎の古屋を壊して新築した。三千万円かかった。一階が七十八平方メートル、二階が七十平方メートルである。一階南面の陽当たりのよい一間にミニキッチンをしつらえ母親の居室とした。ところが妻が同居を拒否する。役所ではやり手の孝行息子も姑と嫁の根回しに失敗するのである。

七千五百万円のうち三千万円を使ったが、まだ四千五百万円が余っている。姑と嫁の同居が不可能とわかった翌九二年、富士銀行から借りた二千五百万円を加え七千万円の予算で川崎市宮前区に三階建てのマイホームを買った。とはいえ土地が六十七平方メートル、二十坪足らずの狭さ、一階が二十九平方メートル、二階が三十八平方メートル、三階が三十九平方メートルで交番をひとまわり大きくしたような貧相な建物だった。薬務局長に昇進した年である。

玉川大に通う長女、東海大に通う長男のことを考えると多少は便利かな、ぐらいの理由だろうが役所へは遠い。ハイヤーも渋滞に巻き込まれる。岡光はすぐに市ヶ谷の官舎へ戻ってしまう。もはや岡光ファミリーの紐帯《ちゅうたい》は風前の灯だった。九三年五月、岡光がニューヨークに出張した際、なぜか同じ便に彩福祉グループの小山と老人保健福祉局の女性職員が乗っていた。女性職員は公務ではなく、ゴールデンウィークの海外旅行、と述べている。

それでも岡光の拠り所は家族であったのだろう。小山から六千万円を受け取るのは九四年夏である。市ヶ谷の官舎近くの問題の物件は七千五百万円だった。川崎市宮前区の三階建てを五千五百万円で処分した。結局、不動産手数料と地価の下落分で二千万円も損した。富士銀行から借りた二千五百万円のうち一千万円を返却していたが一千五百万円の残債があり、五千五百万円からその分を引くと、手持ちは四千万円にしかならない。

七千五百万円の物件に対して三千五百万円が不足する。逆に小山からの六千万円を加えると二千五百万円が余る。それらは、マホガニーのシステムキッチン、大理石のジャクージ付き風呂、高級絨毯《じゅうたん》などに化けた。妻をショールームに案内したのは小山である。

川崎の真新しい二世帯住宅にポツンと姑が住み、嫁のほうは姑専用となった二世帯住宅の建築費に匹敵する高額のリフォーム代金を浪費した。姑に対抗するためであろうか。「家の履歴書」に沿って岡光像を再構成してみると、やけに影の薄い「戦後日本の父親」の後ろ姿が浮かび上がってくる。

聖域のなかの「昭和」――ある「ご学友」の真情　1998. 6. 18

その出版パーティはちょうど天皇・皇后のヨーロッパ三カ国（ポルトガル、イギリス、デンマーク）訪問の最中に開かれた。

英国訪問では、日本軍にとらえられた元英軍捕虜がロンドン市内で抗議行動を行ったため、英国のメディアでは再び戦争責任問題がぶりかえした。だが英国だってインドの植民地経営での行為を謝罪していないではないか、なぜ英国軍がアジアにいたのか、などの反論もあり、大衆紙を除けばおおむね冷静であった。彼らがどう言おうと、戦争中、天皇明仁が幼少であったことは否めない事実でもある。

皇太子を「馬」にする

昭和から平成と元号が変わっても、ついつい僕などは、皇太子がね、と言いかけてしまう。それだけ長い間、皇太子と呼ばれて来たのだ。

いや僕よりも、出版パーティの主のほうはなおさらであろう、とその夕べ、思ったことだった。一九三三年（昭和8年）生まれの橋本明、彼は皇太子の「ご学友」であった。「ご学友」と呼ばれる資格のある者は、学習院初等科、中等科、高等科、そして大学の同窓生まで広げると多数になる。だが「ご学友」の第一人者といえば妙な表現になるが、彼をおいてない。

初等科のころ赤坂離宮に遊びに行った。「デンカ（殿下）」と呼ぶことになっている。「ハチ、馬になってくれない？」とデンカが言った。顔が田河水泡《たがわすいほう》の漫画「蛸《たこ》の八ちゃん」に似ていたのでハチがあだ名である。芝生の上で四つんばいになった。ずしりと背中に重みが加わった。いっぺんに汗が噴き出した。しばらくすると「ハチ、疲れたでしょう。今度は僕が馬になるよ」。砂利道の境のところまで進んだ。馬は引き返そうとしない。痛くないかと心配になり尻の位置をずらしてみた。すると「もう少し前へ坐って」と下から声がかかる。なにか悪いことを仕出かしているのではという不安といいわく言いがたい感動を忘れることはできない。

出版パーティでは島津久厚学習院院長の来賓の挨拶につづいて、僕がなにかしゃべることになっている。学習院関係者の多いなかで僕に発言を求めるのは橋本明のジャーナリストとしてのバランス感覚に違いない、と理解した。

……『ミカドの肖像』のための取材を始めたころ、共同通信記者の彼に初めて会う機会を得た。話の内容はいっさい使わなかった。いや、使うことができなかった。ニュースソースが割れてしまうからである。彼は記者でありながら「ご学友」としての立場をジャーナリズムに捧げることは控えていた。知る人ぞ知る「ざっくばらん」というミニコミ誌があって、そこでわずかに個人的な体験を記していた。

かつて東京を訪れたフランスの哲学者ロラン・バルトが「その中心は空虚である」と直観したように、『ミカドの肖像』では、あえて外側からこのゼロ記号を炙《あぶ》りだすという手法を選んだ。僕はすっかりそのアイディアにとりつかれていた。じじつある程度その試みは成功した。だが彼が語った皇太子のパーソナリティを示すエピソードは昭和天皇の陰に隠れて記憶の底に沈んでいたが、このごろ、ときどき甦《よみがえ》って来る。

その幾つかは、今回の『昭和抱擁』（日本教育新聞社刊）のなかに明かされている。父親は検事だった。伊藤整訳『チャタレイ夫人の恋人』を発禁処分とした当事者である。どんな本だ、となった。学習院に版元の息子がいて、持ってこさせて回し読みをした。そのなかにデンカがいた。

気性の激しい人、と思ったのは附属戦（当時、教育大附属と学習院の対抗戦を、学習院側からは附属戦、附属高校側からは院戦と呼んだ）のときであった。デンカは馬術部の主将で、朝七時から馬場に立ち、出場予定選手らと特訓に励んだ。ところがデンカが病気で出場辞退となった。その後、正式出場選手が決定した。今回のワールドカップのサッカーではないが、一度、正式選手が決まったら変更はできない。

しかしすぐにデンカの病気が回復した。橋本が教員室に呼ばれた。

「ごく内密に運んでほしいんだよ」

健康を取り戻したデンカが無理なく附属戦に出場できるように考えよ、との意味である。仮病をつかうしかない。練習を休んでいると、デンカは不機嫌をあらわに、つかつかと歩み寄り、エリ首に手をかけた。

「おい、なぜさぼったんだ。無責任じゃないか」

「練習なんてもう、いやになったよ」

「その態度はなんだ」

ストレートに強く自分を出すところは昭和天皇にはない側面でもある。

「明日はちゃんと出て来い」

「出るものか」

試合の当日、巧みな手綱捌《さば》きで障害を鮮やかに飛び越えるデンカの姿を、木立に身をひそめ、涙を溜めてこぶしを握りしめ、眺めた。真相を皇太子が知ったのは二十年後である。

……そんな話がこの『昭和抱擁』に載っているんです、いやもっと興味深い事柄もありますがあとはお読みください、と僕は来賓の挨拶をしめ括《くく》った。

＊

なお橋本龍太郎首相は彼の従兄弟にあたる。祖父卯太郎は農民の出身だが苦学して高等工業を卒業、日本ビールに入り技師となって出世する。六人の男子が生まれ「宇宙乾坤龍虎」に数字をつけて命名した。明の父親は乾二（仙台高検検事長）、龍太郎の父親は龍伍《りょうご》（厚相、文相を歴任）である。他の兄弟もみなそれなりの地位を得た。これはこれで日本近代を支えた家族のひとつの典型像になるが機会をあらためたい。

NO. 2

異文化としての日本、その呪縛を知ること

電話で仕事が妨害されて不愉快な気分になったことがある。

朝から晩まで、ひどいときは深夜の三時、四時まで電話がひっきりなしにかかってきた。ストーカーの言い分はこういうものだった。

「あなたは、わたしの考えていることをテレビでしゃべったり本に書いたりしています。したがってそれについての著作権料をきちんと支払ってほしい」

本人は論理的なつもりでいる。筋が通っていると思い込んでいるので、それを認めない僕を非難してやまない。いつまでたっても平行線である。

自分の行為を絶対に正しいと信じ、相手を説得したがる手合いの多くは、そもそも前提を共有していないということに気づかない。

日本人が陥りがちな固定観念のパターンがある。自分に対しても距離をとってみること。

自衛隊の階級呼称がわかりにくいように…… 1991. 9. 19

放浪の画家山下清は知恵遅れの青年だったが、生きてゆくためには彼なりのしたたかな世間智をたくわえていた。たとえば人間の社会的地位をはかる目安を、軍人の階級になぞらえてもらい納得していたのである、こんな具合に。

「ああ、それはなんだな、軍隊でいうとどのくらいになるのかな」

相手はこう答える。

「そうだね。課長さんは大尉か少佐ってとこだね。部長さんていうのは、大佐ぐらい。取締役も、そりゃ、いろいろあるけどヒラトリの場合は、まず少将ってとこだろうね」

「ほーお」

山下清の育った時代は軍人が幅をきかせていたから、階級呼称についてはよく知られていた。漫画の『のらくろ』が一兵卒からどんどん出世していくので啓蒙効果もあった。ところが戦後の軍隊、すなわち自衛隊はずっと日陰の身なので人びとに関心を持たれずにきた。だから不思議な理解しにくい階級呼称がいまだに大手をふるっているのである。一佐だの二尉だの、いっけんなんのことかわかりはしないが、これを大佐、中尉と置き換えると、僕たちには馴染みの深い数々のヴェトナム戦争映画のアメリカ軍人たちに重ね合わせ理解することができる。

自衛隊の階級呼称は、なぜわかりやすくないのだろうか。そういえば戦車は特車であり砲兵を特科兵と呼ぶ。子供のプラモデルごっこもこんな名前では熱中できないだろう（ちなみに大佐や中尉あるいは戦車はワープロで漢字変換できるが、一佐も二尉も特車もできない）。

＊

こうした言葉の誤魔化しと自衛隊の存在は、ほとんど表裏一体の関係にある。

防衛庁の正門は六本木のネオン街に軒を連ねている。六本木こそ繁栄する日本の現在を最も象徴する地帯と呼べよう。かつての若者の街新宿は渋谷にとって代わられ、大人の街のはずだった六本木はその昔の歌舞伎町に似て不可思議なエネルギーを貯えている。放埓《ほうらつ》な六本木の四つ角からほんの数十メートル歩くだけで世界第三位の軍事予算を持つ建物の塀にぶつかるのだ。

中国から来た友人が、「それはまことに信じがたい光景でした」と僕に告げたのは、「天下の防衛庁の塀の横に公衆便所があったこと」だった。酔っぱらいたちが毎晩、軍の総本山の塀の脇で小便をしている姿など、とても信じられないというのである。たしかに中国だけでなく、アメリカのペンタゴンにだって公衆便所なぞとても畏《おそ》れ多くて、きっと叱られる。

「北京では、日本の軍事大国化が懸念されていたけれど、安心しました」と中国の友人が笑ったあと、ちょっと顔を曇らせた。彼は日本の文学を研究している。その過程でふつうの日本人がなにを考えどういう哲学をもっているか、という興味を抱くようになった。筆者の『日本凡人伝』（新潮文庫）に影響されあらゆる職業のふつうの日本人にインタヴューしておこうと思い立った。当然、その〝ふつう〟のなかに自衛隊員も含まれる。

早速、自衛隊員の「生活と意見」をインタヴューさせてもらうべく当局に申し込むのだが、にべもなく断られた。

「盛り場の横にあって塀の脇に公衆便所まで存在する平和な開かれた自衛隊が、なぜ取材を拒否するのでしょうか。わたしの母国が共産主義だからでしょうか」

どうしても解せない、という表情なのだ。しばらく考え込んでから付け加えた。

「きっとこれが日本なんでしょうね。平和呆《ぼ》けで無防備にみえる日本、ひとりひとりはみんなよい人なんですが、集団や組織は別で、閉ざされているんですね」

返答に窮した僕の脳裏をかすめたのが自衛隊の階級の呼称だった。

「あなたが見た六本木の盛り場に囲まれた防衛庁は、国内的な気分のなかでは平仄《ひょうそく》があっているんです。外国人にいろいろ突っ込まれると困ることもたくさんあるからでしょう」

自衛隊の歴史を、少しだけ振り返っておこう。一九五〇年（昭和25年）六月に朝鮮戦争が勃発、翌月のマッカーサーの指令で警察予備隊がつくられている。軍隊ではなく警察というタテマエであった。自衛隊に名称が変更されるのは四年後になる。政府当局としても憲法の問題があったし、敗戦の惨禍の記憶が生なましく戦争アレルギーが根強かったから、とても正面切って軍隊の復活はいえない。平和憲法をつくり武装解除を押しつけられたときも拒めなかったのだが、アメリカが態度を豹変《ひょうへん》させて日本に軍備を要求してきた際にもやはり従わざるを得なかった。

大将と呼ばれたくない？

そういう出生のプロセスのなかで、いつしか国内向けとアメリカ向けの使い分けが巧みになってきたのである。先の階級の呼称もそのひとつである。大佐というと戦前の軍隊と同じだと疑われるから一佐と誤魔化した。しかし、米軍との共同演習に臨んで、あるいは海外駐在武官としての勤務などでは、一佐（一等陸佐）ではなくColonelを、ずっと使っていたのだ。翻訳すれば大佐である。

自衛隊には昔の陸軍のように大将、中将、少将ではなく、陸将と陸将補の二階級しかない。だが対外的には、陸将を大将にあたるGeneralと中将のLieutenant Generalに分け、陸将補を少将相当のMajor Generalとして、三階級表示を採用している。二つしかないものを三つにして見せるのだ。これは国外向けの誤魔化しになる。

以下、英語表記では大佐、中佐、少佐、大尉、中尉、少尉といずれも旧軍と同じ呼称になる。下士官、兵もほぼ同じである。一等陸士と聞いてもよくわからないが英語に対応させると、なんだ上等兵のことか、すると二等陸士は一等兵、三等陸士が映画でおなじみの二等兵、なるほどと雰囲気がつかめるのである。

山下清が生きていたら、大いに困惑したにちがいない。

こうした誤魔化しを実践したのは政府与党だが、日本人全員がそ知らぬふりをしてきた。いわば日本人だけに通用する黙契《もっけい》なのだ。だからそのあたりの機微を知らない外国人から素朴な質問を受けるのが最も苦手なのである。

ソ連共産党の解体が決定した八月末、『平成三年版・防衛白書』が発行された。印刷に回されたのは一カ月前だから、クーデター騒動は前提としていない。「現段階ではソ連の将来展望は依然不透明といわざるを得ない」の一行には笑ってしまった。なんだって一寸先は不透明にきまっている。

皮肉をいえば、不透明なのは〝敵〟ではなく、もっと身近なところでたくさんの誤魔化しを抱え込んでいるわれわれではないのか。

海を渡った電動マッサージ器

1991. 12. 5

肩が凝《こ》る、という表現は英語の辞書にない。仏語や独語にもない。つまり欧米人は肩が凝らないのである。なんとうらやましいことであろうかと思うのは早計で、単に彼らにはそういう観念がないにすぎない。

誰でも（日本人でも欧米人でも変わらず）、長い時間同じ姿勢でデスクワークをしたりすると肩の筋肉が緊張し、血液の循環が悪くなる。その結果、筋肉に酸素不足が生じ、肩凝りが起きる。そのメカニズムについて経験的に通暁《つうぎょう》している日本人と、それを意識化しない欧米人とでは、対応が異なってくる。日本人ならば、収縮したままの筋肉をほぐすために指圧をしたり肩をとんとんと叩いたりするのがあたりまえだが、欧米人にはそうした習慣がないだけのことである。

ロンドンで開かれているジャパン・フェスティバルの目玉のひとつは、ヴィクトリア&アルバート博物館で開かれている「ヴィジョンズ・オブ・ジャパン（VISIONS OF JAPAN　現代日本総合紹介展）」である。その会場に入って思わず吹き出してしまったのが、日本の電器メーカーのマッサージ・チェアがずらずらっと並んでいるあたりに人だかりができていることだった。通信販売カタログではなかなかのヒット商品になっている、あの温泉旅館で厄介になった例のやつだ。

＊

なぜ電動マッサージ器は、けっこうな人気を博しているか。

彼ら英国人にとって、この機械はまことに不思議な東洋の一大発明と受け取られるにちがいない。そんな予感がするのは、ものめずらしさも手伝ってか、マッサージの椅子を倒したり、脇からスルスルと伸びているコードの先のリモートコントローラーのメニュー（揉《も》むとか叩くなど）を不思議そうにいじったり、あたかも文明の利器に初めて接した未開人（失礼）に似た好奇心を示していたからである。

明治時代以来、文化面において日本はいっぽう的に欧米からの〝入超〟できた。最近ではエイズまで〝輸入〟させられた。お返しにようやく肩凝り文化という毒を〝輸出〟することに成功したのだ……。

スモウ・レスリング（大相撲ロンドン公演）は、「バッキンガム宮殿の衛兵交代とサッカーの昂奮を同時体験するようなもの」と評された。かなり上質なほうの理解だろう。歌舞伎、文楽、能・狂言、あるいはハイド・パークで行われた流鏑馬《やぶさめ》などは、「フジヤマ、ゲイシャ」よりは奥行きを感じさせただろう。しかし、ジャパン・フェスティバルのこれらの催し物は、心理的にはおおむねエキゾティシズムの枠内に留めおかれると思う。

少数派としての異文化の宿命である。エキゾティシズムとは、理解しにくいことによって生じる、あるいは理解を拒絶したところに発生する魅力なのだから。

だが現実に問題になっている貿易摩擦論議にしろ、日本が海外でどんどん〝膨張〟していく状況が、彼らにエキゾティシズムの枠内での処理をむずかしくさせはじめている。「フジヤマ、ゲイシャ」的理解で困るのは、むしろ彼らなのだ。今世紀の終わりに、英国の輸出品の一割は日本の進出企業が生産すると予測されている。ジャパン・フェスティバルが開催されたほんとうの理由は、そのあたりの危機意識に発している。

だからマッサージ器を陳列した「ヴィジョンズ・オブ・ジャパン」展は、いちだんと輝きを増すのだ。なぜなら「カオス」と名付けられたその展示室は、伝統芸能一点張りでもなく、あるいは無機質なエレクトロニクスの先端技術の宣伝ばかりでない、現代日本についての正直な紹介なのだから。展示の方法にいかに卓抜な批評精神が生きているか、マッサージ器以外のものを示すとわかりやすい。

道路工事で旗を振るロボット（多くのマネキンがそうであるように、なぜか西洋人の顔をしていたりする）、漫画雑誌を売っている自動販売機、漁船にはためくカラフルなデザインの大漁旗、銭湯のタイル張りの絵、パチンコ店に並ぶ巨大な花輪、カラオケボックス、福助人形、鳥居、おみくじ、絵馬、七福神。別のコーナーでは、あの俗悪なデザインでインテリから忌避されながらそのくせ誰もが乗る運命の霊柩車さえ持ち込まれてしまった。

カオス・ルームは、「今日の日本の混沌としてキッチュ（通俗、いかもの、悪趣味）な現況は、原則なき競争の精神によるもので、それは宗教生活にまでひと役買っている」と説明されている。マイナスはまたプラスにもなり得る。そこのところが、東京の魅力でもある。

「東京は巨大な列車だ。私たちのハイテク・オフィスビル群や小さなアパートの窓から見える光景は日毎に転変する。いつもどこかで取り壊しや建て直しが行なわれており、新しい建築物の寿命さえそう長くはない。都市全体は絶えず建設中、それを一日中、無表情に腕を振る〝ミスター・セイフティ（安全太郎）〟と呼ばれるロボットが監視している。どうしてこれほど工事をするのか、よくわからない。あるいは建設することそのものが目的ではないのか。トーキョー・エキスプレスはひた走る――、フィクションとノンフィクションの境目を、都市そのものが仮死したかのごとき奇妙な状態で巨大なゲーム・マシンに化すまで」

「普請中」のワンダーランド

かつて森鷗外は、東京はいつも「普請中」だと嘆息した。しかし、僕たちがスキップし辿《たど》り着いた地平は、世界のどこにもないワンダーランドでもあった。

「ヴィジョンズ・オブ・ジャパン」展の総合コミッショナーで建築家の磯崎新《いそざきあらた》は、この行き先知れずの「巨大な列車」の根底に「ゲーム」の精神が潜在している、と説き起こしている。

「ビジネスも、入試も、高校生の野球大会も、新年のイヴを祝うNHKの歌合戦においても、そのほか日常の話題ですら、つねに競争について語られる。ほんとうは競争そのものが問題ではない。ゲームのルールやそのルールを通してプレイする際のスリルと昂奮が生活の基本であり、パチンコやコンピュータのゲームと地続きなのだ。このうわべだけの競争が果てしないキッチュを続出させる」

僕はロンドンの街角で、カメラを首からぶら下げたメガネに出っ歯のどぶネズミルック日本人とすれちがったときに思った。なにも欧米の新聞に戯画的に描かれるそのままのダサい恰好をしなくてもよいものを、そのくらいの自己批評精神と警戒心ぐらいは持ったらよいのに、と。そう感じて少しは疲れたけれど、東京の現在は隠しようがない。霊柩車も電動マッサージ器も、良かれ悪しかれ自画像であるならば、正視するよりないのである。

日本語の曖昧さがもたらす功罪　1992. 1. 16

昭和天皇崩御から、はや三年が経つ。

天皇明仁の誕生日と東条英機の処刑の日が重ねられたのは、マッカーサーが意図したことだったのか否か、以前に言及してみた。権力者は、ときに人の死でさえ演出しようとするからである。

昭和天皇が亡くなったのは一九八九年（昭和64年）一月七日の早朝だった。当局がどの程度に演出したものなのかどうか、マスメディアの裏側でひとしきり話題になった。

そう疑う者が述べる根拠は、いくつかある。年の瀬のあわただしい時期を避けている。年末に亡くなれば、注連《しめ》縄《なわ》や門松やお節《せち》料理だけでなく正月用商品が売れなくなるし、年内に収録したテレビの正月番組もみな無駄になる。それだけでなく国民は歌舞音曲を控えた暗い〝自粛〟の新年を迎えなくてはならない。

三箇《さんが》日《にち》を遣《や》り過ごし、四日からの仕事始めも滞《とどこお》りなく済ませて、松の内が終わる七日、しかも土曜日、天皇陛下がお隠れになる――。為政者はかくもしもじもの暮らしを慮《おもんぱか》ってくれているのか……。

＊

せめて想像を逞《たくま》しくする自由ぐらいはあってもよい。となると、ブッシュ大統領の訪日も、この日を狙ってきたのだろうか。正月明けすぐは困る、と日本側は伝えているだろうし、大統領もまた一月中旬には「年頭教書」を発表するため国に戻って準備をしなくてはならない。

当然、七日の線が浮上する。

一月七日はさまざまな局面で、つごうのよい日なのだ。

それはともかく、昭和天皇の崩御は世界中で伝えられた。日本人でこれほどの話題を提供した〝国際人〟を見つけることはできない。

先日、「世界の新聞王」と呼ばれるまでになった積極経営の富豪ロバート・マクスウェルが、急死した。アフリカ沖グランカナリア島の沖合を航行していた豪華ヨット「レディー・ギスレイン」号で休養中のはずが、百六十キロ以上離れた海上で死体となって発見されたのだ。

マクスウェルは、英国の大衆紙デイリー・ミラーをはじめユーロピアン、ニューヨークのデイリーニューズなど英米にまたがるマスコミ帝国を築いた男として知られていたが、イスラエルの諜報機関モサドに協力していたことが話題となり、不審な死をめぐって謀殺説が渦巻いている。

ニュースを僕はロンドンで聞いた。マクスウェルの死は、日本ではさして話題にならなかったけれど、英国では大事件扱いである。九時のBBCニュースは、スタートから十分間以上、毀誉褒貶《きよほうへん》の相半ばするこの男の業績について触れた。ニュースの画面を眺めながら、ある英国人が、こう言った。

「BBCが、一人の人物の死について、冒頭から十分間以上も報じたのはあのヒロヒト以来だねえ」

外国の新聞は、当然のことながら、日本のニュースとは異なる文脈を持っている。昭和天皇が亡くなった当時の新聞を引っ繰り返してみたら興味深い記事が出てきた。英国のインディペンデント紙の特集のなかに「エンペラーヒロヒトの降伏声明」と題して、「終戦の詔書」が全文掲載されていたのである。

一九四五年（昭和20年）八月十五日正午から放送された「玉音放送」は、電波の具合やラジオの性能が悪くて中味が聞き取りにくかった、と当時の思い出を語る人が多い。しかし、問題は別にあって、文章がむずかしかったからだと思う。

「朕《ちん》深ク世界ノ大勢ト帝国ノ現状トニ鑑《かんが》ミ非常ノ措置ヲ以《もっ》テ時局ヲ収拾セムト欲シ茲《ここ》ニ忠良ナル爾《なんじ》臣民ニ告ク、朕ハ帝国政府ヲシテ米英支蘇四国ニ対シ其ノ共同宣言ヲ受諾スル旨通告セシメタリ……」

という文章ではさっぱりわからない。

この手の日本語の言い回しは、ときとしては英訳のほうがわかりやすい場合が多い。

そこでちょっと考えてみたのだが、書きだしの部分の英文（TO OUR GOOD AND LOYAL SUBJECTS: After pondering deeply the general trends of the world and the actual conditions obtaining in Our Empire today, We have decided to effect a settlement of the present situation by resorting to an extraordinary measure. We have ordered……以下省略）を、ふつうの女子大生に訳させてみることにした。

「善良で忠義深い臣民へ。今日の世界の情勢ならびにわが帝国の現状を深く考え合わせてみると、われわれは異例の手段に訴えることにより現在の状況を収束することに決定した。われわれは、米国、英国、中国、ソ連に対し、わが帝国が彼らの共同宣言に謳《うた》われた条項を受け入れるようわが政府に指示した」

「朕」は英文では「Ｗｅ」である。あちらでは女王陛下は「Ｉ」でなく「Ｗｅ」としてしゃべるので、その流儀に合わせたということだろう。

日本人は、降伏声明に「終戦の詔書」とタイトルをつけているが、向こうでは「善良で忠義深い臣民へ」の呼び掛けがタイトルになる。

漢文脈の文章には格調があるが、結局ひらたくいうとどういうことなの？　と訊ねてみれば、おうおうにしてそれほどむずかしいことを述べているわけではないのだ。したがって、こういう文章は英語を和訳したほうがわかりやすい。曖昧な部分が減れば、それだけフェアになると思う。

「年頭教書（STATE OF THE UNION MESSAGE）」といってもよくわからないが、「合衆国の状態についてのメッセージ」と直訳したほうが親切だろう。

微妙な感情は日本語で

だが、微妙な陰影、感情の襞《ひだ》をめぐる世界、人の心のうつろいなどを表現するのには、日本語の曖昧さがまさっている。

たまたまロンドンのピカデリーサーカス脇の映画館で、大島渚の「愛のコリーダ」がかかっていた。十五年ほども前の映画だが、ノーカット版は日本では見られない。入ってみることにした。

台詞《せりふ》は日本語のままで、英語の字幕がついている。ちょうど日本と逆になるわけだ。そのうちに英語の字幕が気になりだし、なんとはなしに読みはじめていると、おもしろい表現にぶつかった。

主人公の女（阿部定《あべさだ》がモデルになっている）が男にいう（記憶だから寸分たがわず、というわけにはいかないが）。

「私、淫乱なのかしら？（I am mad?)」

すると男は、こう答える。

「いや、感じやすいだけだよ。(No, you are hyper-sensitive.)」

うん、なるほど、なるほど、マッドにハイパーセンシティヴねえ。

妙に納得はしてみたけれど、どこか味気ない。こちらは迷わず日本語のほうに軍配を上げたのだった。

アメリカ人が見抜いた日本人の「言い訳」

1994. 10. 13

アメリカの日本研究者たちが何を考えているか、知っておきたいと思った。

ボストンのハーヴァード大学でマイケル・ブレーカー教授と会ったとき、「こんなものをつくってみたんですよ」と数枚のリポート用紙を示された。五十四歳の教授の専攻は日米外交史で『根まわし、かきまわし、あとまわし』(サイマル出版会刊)という皮肉っぽいタイトルの著書がある(原題は Japan's International Negotiating Behavior)。

教授が作成した「こんなもの」とは、「日米の防衛問題についての議論のなかで、日本人がする言い訳のトップ・テン」である。「ホワイトハウスは、すでにこれを読んでいますよ。うふふ」と肩をすくめていたずらっぽく微笑んだ。

以下に紹介するので、政治家も官僚もぜひ一読してください。こちらの手のうちがわかっているわけですから。あの戦争のとき暗号を全部解読されていたけれど、それと似たようなものです。

＊

ブレーカー教授は日本語が上手な人です。ビジネスマンや受験生は英文を付けておきますから、ついでに学習してください。

では順番に挙げる。

「決定までには、もっと時間が必要なんです（It takes us longer to make decisions.）」

日本の意思決定システムは異常なほどに長い時間がかかる、という言い訳をして時間を稼ぐ。各省庁で利害が対立するから根回しも必要だし……、まったく東京はねえ、と愚痴をこぼす。したがっておっしゃるように、ものごとを迅速に、柔軟に、明確にできないんですよ、と。

「われわれは島国の人間でしてねえ（We are an island country.）」

「島国根性」という言葉には二つの使い道があるのだ。ひとつは、地勢的な特殊性の強調。資源に恵まれていないから原材料はすべて輸入に頼らなければいけない、たいへんなんです。もうひとつは、めまぐるしく転変する国際社会についていけない、と日本人が潜在的にもつ精神的不安定と戸惑いを表現する手段として「島国」を用いる。ま、ちょっと特別な扱いというか考慮してほしいんですよ、というように。

「日本は特殊なんです（We are unique.）」

日本の「非合理性」「不条理」、そしておよそ「非西欧的」な部分、それを日本人が自らの特徴を説明するときにわざわざ自分で持ち出してくる。外国人が日本人の真意を見抜けるはずがない、と。ふつうの、ヨーロッパや他のアジア諸国と日本を同じように扱わないほうがいいですよ、と。

「われわれはまだ主導権を握るまでになっていません（We are not yet ready to play a leading roles.)」

日本外交の立役者たちは、つねにこんな歴史を回顧しているのだ。明治維新でなんとか国際社会へ仲間入りした。そこでいろいろ頑張って突っ張ったりした結果があの第二次世界大戦。さんざんな目に遇った。つぎにアメリカの庇護の下で暮らすことに慣れた。そういうなかで日本人はナショナリズム、主義主張、イニシアティヴを隠すことに慣れたのさ……。要するに日本は永遠に行動への助走段階にある、と言いたいのだ。

「日本の世論は賛成しないでしょう（Japanese public opinion will not go along.)」

弱者の脅しのような表現。あんまり強引に結論を押しつけると、選挙民は保守党の言うことに耳を傾けなくなって左翼のほうへ、あるいは反米意識の強いほうへと逃げて行きますよ。いや左翼とはかぎらない、軍国主義や極右へ行くかもしれない。そうなれば、お互い、うまくないですなあ。

「反対派がわれわれを飼い殺しにするでしょう（The opposition parties will chew us alive.)」

イソップ物語の「狼が来るぞ！」である。あまりきつい妥協を強制しないほうがいいですよ、さもないと……。そう、さもないと反米勢力につけ入る隙を与えてしまうんです（前項と似ている）。

「日本国憲法では許されていないことです（The Japanese Constitution will not permit it.)」

出ました。切り札です。アメリカがつくった憲法こそ、最大の護身具。とくに第九条がそうだ。しかし、日本の政府当局者は、この九条をじつに自由に勝手に曲解、いや〝解釈〟してきたのである。立派な自衛隊もある。国連平和維持活動だって、ちゃんと参加した。九条では許されない、と弁解しつつ、結局は、許してきたんです。だからもう言い訳にはならんのじゃないですか。

「われわれは全方位外交を模索しなければならないのです（We must seek to be friends with everyone.）」

逃げの言葉としての美辞麗句。周辺諸国に気をつかわないと……、反日感情を煽《あお》ったらどうするんですか。

「アメリカが主導権を握れないときに、なんでわれわれが動けようか？（Why should we act, when the United States fails to lead?）」

日米は協調関係にある。そんなことは先刻承知している。アメリカが世界の警察官として非難を浴びているとき、アメリカ自身にも自責の念というものがある。そこに付け込むのは、ズルいんだよなあ。

「これでは日本は再び軍国主義へ向かうしかない（It will lead to a revival of Japanese militarism.）」

もはや説明を要しない。負担を迫れば、すぐにこう言うのだから。

マニュアルで攻めてくる

以上がブレーカー教授の挙げたトップ・テンだが、ほんとうは全部で三百もあるという。マニュアル化するところがアメリカ的なのだ。

しかもこんな概説まで付けられるのだから、たまらない。

「防衛問題を例にとって、過去の経験、そして公の場での姿勢というものを見てみると、そこに日本人の消極的な精神の原型がみられる。それは国際舞台における日本の振る舞いすべてにあてはまる特徴である。いくらアメリカ側が、国際関係における日本の役割への期待が高まっていることを示し、要求、懇願、そして非難しようとも、日本側はそれらをうまくかわそうとする。このリストは、日本の外交政策が抱える弱点をすべて網羅した総目録である」

向こうで八人の日本研究者と討論したが、外からの視点というものは、ともすれば固定観念に陥りがちになる日本人には適度な刺激になるのだ（'94年10月10日、11日と二夜連続でNHK教育テレビ夜8時のETV特集で放映された）。

大江健三郎が描く「曖昧」とは　*1995. 3. 30*

いま別の週刊誌で三島由紀夫の評伝を書いているが、そのおかげで自分の青春時代の読書を振り返る機会が多くなった。

新潮社から刊行されたばかりの『大江健三郎全作品』（全6巻）を買い揃えたのは、一九六六年（昭和41年）である。定価は一巻四百八十円だった。その新刊案内に、三島由紀夫によるこんな推薦の言葉が載っていた。

「太宰治氏以来、久しく、一つの『時代病』を創始した作家が現われなかったが、大江健三郎氏にいたって、はじめて日本の現代は、その『時代病』を発見した。そして氏は、多数の時代病患者を作り、一方、いつわりのない鋭敏な感性によって、自らもこれに感染した。一九六〇年代の日本文学は、よかれあしかれ、氏によって代表されるであろう」

手元にある大江健三郎の年譜をみると処女作「奇妙な仕事」は、学生時代の一九五七年（昭和32年）に発表されている。約十年後、三十一歳の若さで早くも『全作品』が刊行されたことになる。

大江のモティーフは、自ら語るところによれば「ぼくら日本の若い人間たちが、あいまいで執拗な壁にとじこめられてしまっているというイメージ、ぼくらのあいだには真に人間的な連帯はなく、ざらざらした毛皮をおしつけあってほえる犬たちのように、ただ体をからませあっているだけだというイメージ」（「徒弟修行中の作家」）を作品化することだった。

『全作品』を手にして、二十歳に少し間があった僕は、三島が揶揄《やゆ》した大江の時代病にすっかり感染していた。初恋のようなもので、それから浮気遍歴を重ね、ながいことご無沙汰している。

だからノーベル賞を受賞して『あいまいな日本の私』というメッセージが発表されると律儀な気分になった。

あらためて「あいまいで執拗な壁」と「あいまいな日本の私」と、両方に使われている「あいまい」がどうつながるのかつながらないのか、考えてみなくてはいけない。

＊

そう思っているうちにどんどん時間が過ぎる。今回、三島作品と並行して『全作品』に収録された初期作品群を読みなおすことにした。

すると、あのころ気づかなかった部分が浮かび上がってきた。「あいまい」の登場頻度である。『全作品』第一巻三百八十ページほどのなかに五十一カ所も出てくる。語呂合わせではないが「あいまい」の使われ方はしごく「あいまい」であり、その「あいまい」な部分に魅かれて読んだような気もするのである。

大江文学研究者も気づいていないようなので、参考のため「あいまい」を全部列挙しておきたい。

——「あいまいな僕ら、僕ら日本の学生」「僕はそのあいまいな中型犬に運び紐をとりつけ」「あいまいな声で僕はいった」（「奇妙な仕事」）

——「曖昧な中間状態」「こんなに曖昧な気持ちなのに、新しくその上に別の曖昧さを生み出すことになる」「僕は曖昧に礼をし」「僕は曖昧にうなずき」「自分がひどく曖昧で」「ぐいぐい頭を持ちあげてくる曖昧な感情」「僕は、曖昧にうなずき」（「死者の奢り」）
——「曖昧な声で学生が、いった」「曖昧な苛立ち」「学生は曖昧な、固い表情をしていた」（「他人の足」）
——「曖昧な眼」「あいまいにいった」「あいまいにふやけさせ」「曖昧な状況」「日常の底のこの曖昧な土台」「曖昧に首を振って」「曖昧な証言」「彼らは曖昧な表情で歩いていた」「曖昧な発表」「曖昧な表情のまま」（「偽証の時」）
——「頭をあいまいに振った」「勇敢な少年の航跡をあいまいに」（「飼育」）
——「あいまいに頭をさげて」「あいまいに黙りこんで」「あいまいに頭を振って」「こんなあいまいな話を取りあげることはできないよ」（「人間の羊」）
——「僕はあいまいにくりかえした」「あいまいな芽のままでつぶれていった」「意味のあいまいな笑い」（「運搬」）
——「あいまいにぼやけて」「あいまいな言葉」「あいまいに首をふった」（「鳩」）
——「ごくあいまいな声で」「あいまいなふっきれない感情」「理由はごくあいまいなのだ」「あいまいにいった」「方向のあいまいな突発する嫌悪」「年齢があいまいな貧弱な顔」「かげりのあるあいまいな眼」「少女はあいまいに額をあげた」「あいまいな声」「あいまいに消えて」「あいまいな無気力さにみちた眼をむけ」（「芽むしり仔撃ち」）
——「あいまいにうなずきかえした」「あいまいな微笑をうかべ」「あいまいに腕をふった」

「にがくあいまいな敵意をはらんで」（「見るまえに跳べ」）

ヴェイグからアムビギュアスへ

それにしてもこの過剰な「あいまい」、これこそ三島の見抜いた時代病のウイルスなのである。逆に三島の窮地は、そこにあった。

日本という幻想、確固とした意匠《いしょう》、整然とした論理、あるいは川端康成の「美しい日本」、いずれも美的な統合原理にもとづいた世界である。戦争という大蕩尽《とうじん》のあとでは二度と呼び戻せない世界であると、明晰《めいせき》な三島にはわかりすぎるほどわかっていた。

あらかじめ喪《うしな》われた世界に立った大江は「あいまいな僕ら、僕ら日本の学生」と否定的な現状認識を、たぶんに無意識に、だから叙情的に表現しつづけられた。苛立ちながらも「あいまいで執拗な壁」を「いつわりのない鋭敏な感性によって」描きつづけた。それが若い読者の共感を呼んだのである。

初期作品群の集大成というべきものが、『個人的な体験』（'64年刊）である。『個人的な体験』は長編なのに、「あいまいな嘆息」「あいまいな微笑」「あのようにあいまいなものに」など九カ所に出てくるだけで、「あいまい」の比率は減少する。以後の作品が、「あいまいで執拗な壁」でなく、障害をもつ息子との共生がテーマとなったからである。

大江は『あいまいな日本の私』で「あいまい」は、アムビギュアス（ambiguous）であり、ヴェイグ（vague）ではない、とした。前者は両義性の、多義的な、後者はつかみどころのない、はっきりしないなどである。大江が一九六〇年代に描いた否定的な意味でのヴェイグは、別のニュアンスのアムビギュアスへと転じていたのである。そして「不戦の原理を選んだ」戦後日本へ、憲法九条をもつ平和日本という神話へ、と希望を託すのだ。

だが三島の自決も、大江が「過去に刻まれた辛い記憶を持つ人間として」不戦を語ることも、僕には世代的に宿命づけられた選択のように思われて仕方ない。戦前・戦後と深層で通底している日本的システムは、日本主義でも戦後民主主義でもない、もっと別の何かであるように思われるのである。

「核実験反対」で浮上した非核三原則の「偽善」　*1995. 9. 21*

フランスの核実験反対で盛り上がっているが、なにかしっくりこない。中国を含めいかなる核実験もしてほしくない、というのが被爆国日本の立場で、僕もそれは支持する。そうなのだが、怖いのはこの問題が一種の偽善と紙一重のところにある点だ。

日本政府は、これまで一貫して核抑止力を容認してきた。つまりアメリカの核の傘の下にいるという現実を積極的に受け入れてきた。

中国側が「核の脅威を受けており、中国の核は自衛のためのものだ」と述べるとき、言外にアメリカの核の傘の下にいる日本が核兵器を否定できるのか、と主張しているのだ。それに対し「外務省首脳」は「日本が米国の核の傘の下にいることで、日本の核武装を心配するアジアの国々に安心感を与えている」(朝日新聞、'95年8月18日付)と曖昧な言い訳で矛先をかわしている。

フランスや中国の核実験に抗議する場合、日本人自身が自国の防衛について核抑止力を認めるのかどうか、はっきりさせないといけないはずだ。

＊

「マルコムX」で主役を演じて話題をまいたデンゼル・ワシントンが原子力潜水艦のエリート副艦長、「フレンチ・コネクション」でアカデミー賞主演男優賞を受賞した名優ジーン・ハックマンが叩き上げの艦長、という役回りのハリウッド映画「クリムゾン・タイド」(トニー・スコット監督)を観ながら、ドラマの設定にちょっと苦笑したのである。

——冷戦は終わったが、ロシアで叛乱が起きた。実際にロシア軍とチェチェン共和国との間で戦闘があったが、このドラマでは叛乱軍の規模はもう少し大きい。叛乱軍は核ミサイルを奪取して、交渉を有利に運ぶためにアメリカと日本を攻撃すると脅迫する。そこで密命を帯びた〝正義〟のアメリカ原潜アラバマがロシア近海へ、すなわち日本近海へ派遣される。ロシア叛乱軍へ向け、いつでも核ミサイルの発射ボタンを押せる態勢に入る……。ここから先はタカ派の艦長と若いインテリの副艦長の角逐《かくちく》のドラマになる。

それはそれとして、苦笑したのは叛乱軍のターゲットとしてアメリカと日本がセットにされているところである。こういう設定が娯楽作品になるんだなあ、と感心もしたし呆れもした。あわや核戦争勃発というとき、日本近海にいる核ミサイルを積載したアメリカの原潜が立ち向かうのだ。核抑止力のない日本の自衛隊はお呼びでない。これがアメリカ側の軍事常識だろう。

だが冷戦後のいま核保有の意味があるのか、僕にはわからない。少なくともフランスや中国は核保有国への対抗手段として実験を正当化している。この映画では、ソ連崩壊で核の管理が不可能になったため紛争地域に核が拡散し、世界の警察官としてのアメリカの核の有効性が強調されている。

先ほど、偽善と紙一重、と書いた。このドラマでは原潜は海中に潜ったままだった。寄港するシーンはない。だがもし寄港したら、それは横須賀であり、佐世保になるだろう。現実にいまもアメリカの空母や原潜が、核弾頭を積載したままごくあたりまえに日本を訪れているのである。

ところが日本政府は、核兵器を、造らず、持たず、持ち込まず、という非核三原則を表明してきた。造らず、持たず、はよいとして、持ち込まず、は守られていない。つまり原潜が核弾頭を太平洋のどこかの島に〝一時預かり〟してもらうなど不可能だから、日本に寄港するときは必ず積んでいる。それなのに非核三原則を言い張るのは、嘘をつくことになる。

この矛盾を、元駐日大使ライシャワー（当時、ハーヴァード大学教授）にインタヴューして引き出したのが古森義久《こもりよしひさ》（当時、毎日新聞ワシントン特派員を一年間休職してカーネギー財団の研究員）だった。

ライシャワー元駐日大使は、日本政府は核武装米艦艇の寄港、領海通航の事実をもう率直に認めるべきだ、と述べた。この発言は毎日新聞の一面トップの大見出し「米、核持ち込み寄港」（'81年5月18日付）になり、他紙もこのスクープにあわて、夕刊からいっせいに報じた。それだけ非核三原則の神話は大きかった。

鈴木善幸内閣の官房長官宮沢喜一は、ライシャワーは元駐日大使ではあってもだいぶ昔のことであり、いまは一市民、一私人にすぎない、つまりアメリカの公式見解ではないとのコメントで、ほおかむりしたのである。このとき、ここぞとばかり政府を追及した社会党は、与党となったいま、そしらぬ顔をしている。

日米安保条約締結の際、「核持ち込み」は「核弾頭、および中距離ミサイルの持ち込み、ならびにそれらの基地建設」と定義され、「持ち込み＝イントロダクション」（introduction：導入、採用、設置などの意味）の語が使われた。ところが「持ち込み」の日本語的な理解は、英語に直訳すればmove in, carry in, bring inなどの散文的で曖昧な表現になる。これに対してアメリカ側の理解では、核搭載の原潜などが寄港する場合、一時通過の意味のトランジット（transit）になる。

トランジットなら「持ち込み」にならない、というアメリカ側の実際的な理解は、日本政府の公式の主張を真正面から否定することだから、古森インタヴューで日本中が大騒ぎになったのである。ライシャワーは、王様は裸だ、と言った子供のように、ただほんとうのことを述べただけなのに。

日本の国是はフィクション

日本政府は相変わらず非核三原則を国是としているが、アメリカの空母や原潜も相変わらず寄港している。アメリカ側はイントロダクションではなくトランジットだから安保条約第六条の事前協議に抵触しないと理解している。

トランジットについて日本政府は、事前協議がなければ米艦船への立ち入り検査はできないと、とぼけることにしたのである。

もし日本国の非核三原則を押し通すなら、トランジットも認めてはならないことになる。結局、現状では日本の非核三原則は日本語を喋る日本人にのみ通用するフィクションと考えるしかない。海外に日本の国是を主張するなら、非核二原則と言わないと説得力がなく、嘘をつくことになる。日本は唯一の被爆国という宿命を生きるしかないのだから、そのあたりをはっきりさせたうえで、フランスや中国の核実験に反対したらよい。

それにしても、果して日本人は意識的な偽善者なのか、それとも無意識の偽善者なのか、どちらなのだろう？

省庁再編のカラクリを英語で読む　*1998. 2. 5*

日本語は短歌や俳句によくその真価を発揮しても、苦手な分野をたくさん抱えている。僕はいわゆる英語使いではないが、英語で眺めたほうがわかりやすいときがあるのを認めなければならない。試しに省庁再編を英語で考えてみよう。

＊

省庁再編で大蔵省の名前が消え財務省になる。大宝律令以来の伝統的な名称がついに消えるというわけである。大蔵省はミニストリー・オブ・ファイナンス（Ministry of Finance）だが対外向けの英訳によれば財務省はミニストリー・オブ・トレジャリー（Ministry of Treasury）となる。ファイナンスとは金融部門に比重が置かれた言葉だから、金融と財政の分離が見送られて実態はＭＯＦのままなのに英訳はさっさと財政と金融を分離してしまった。外向けに仮装したようなものである。

なんだ誤魔化しじゃないか、と言われても仕方ない。風流を解する日本人は大蔵省という言葉の響きにお上《かみ》を感じてきたわけである。財務省で幾らか軽い感じに変化したから、権限も多少は減るだろうとニュアンスを理解して行革が終わった気分になるのだ。

つぎに厚生省の厚生とはなんぞや。この意味を正確に表現できる日本人はほとんどいない。

厚生省はミニストリー・オブ・ヘルス&ウェルフェア（Health and Welfare）で、保健福祉省とでも表現したほうがわかりやすい。

盧溝橋《ろこうきょう》事件の二日後、一九三七年（昭和12年）七月九日、政府は「国民の体力向上および国民の福祉増進」のため、つまり戦争体制を強化するために内務省の一部を分離する方針を決めた。翌年に社会保健省、衛生省、社会省、済生省などの案が出て、結局、保健社会省で固まった。だが枢密院で、社会という言葉が不穏当である、などと紛糾して厚生省に落ち着いた。中国の四書五経の注釈に「錦（衣服の意味）を着て肉（食物を代表する意味）を食べ寒からずの類、民の生を以て厚くする所也」とあり、新設の省の趣旨に合っているとなった。よくわからないけれど重みがあってありがたい、そんな印象を与えた。

厚生省と労働省は束ねられ労働福祉省に決まった（その後厚生労働省になった）。ミニストリー・オブ・レイバー&ウェルフェア（Labor & Welfare）。両者とも元内務省、本家はいっしょだった。内務省は戦後のGHQによる解体でさらに、自治省、労働省、建設省、国家公安委員会（警察庁）に分離させられた。ところが自治省はミニストリー・オブ・ホームアフェアーズ（Home Affairs）で、内務省の英訳が引き継がれている。ちなみに外務省はミニストリー・オブ・フォーリンアフェアーズ（Foreign Affairs）である。

法務省は戦前は司法省だった。だが英訳はミニストリー・オブ・ジャスティス（Justice）のままで変わらなかった。米国の同じ組織を翻訳する際は司法省とするのはなぜか、よくわからない。

文部省もミニストリー・オブ・エデュケイション（Education）で英語では妙にさっぱりしてしまう。

日本語の誤魔化し

省庁再編で論議を呼んだ郵政三事業民営化は、すったもんだの挙げ句、郵政省本体は、総務庁、自治省とくっつき総務省に統合された。総務省はミニストリー・オブ・ゼネラルアフェアーズ（General Affairs）である。企業では総務部と呼ばれる部署が総会屋の窓口で、なんでもやる、と目的を限定しない名称がいちばん危ない。

郵政省はミニストリー・オブ・ポスト＆テレコミュニケーションズ（Posts & Telecommunications）だった。それなら戦前と同じ逓信省と名乗るべきだろう。

郵便、電話、電信、商船などを逓信と称した。逓には、かわるがわる、とか、つぎつぎになどの意味が込められている。GHQは逓信省を郵政省と電気通信省に分離させた。その後、電気通信省は電波監理委員会と電電公社に分かれた。独立委員会型の電波監理委員会はGHQが去ると再び郵政省に吸収される。だが逓信省を名乗ればGHQ改革が骨抜きにされたことになるから郵政省で通してきたのである。

省庁再編でターゲットにされたのは、世間的には郵政三事業であったが、ホンネでは郵政の二文字の陰に隠れていたテレコミュニケーションズだった。通産省は自分のところの情報産業部門に、放送・通信部門を吸収するチャンス、と虎視眈々《こしたんたん》と狙った。だが郵政省の最後の抵抗で通産省は断念する。

今回の省庁再編で本来やるべきだったのは、通産省の情報産業部門と郵政省の放送・通信部門、さらに運輸省の一部をセットにして情報通信省にするなど、国際競争に備えた国家戦略であった。土壇場で出た交通通信省案は、追い詰められた郵政省が運輸省と合体して権益を守ろうとしたにすぎない。

郵政三事業だけでなく、国営の事業については「独立行政法人・日本版エージェンシー」などの改革構想が当初打ち出された。しかし総務省の外局となった郵政事業庁はポスタル・サーヴィス・エージェンシー（Postal Services Agency）なのだ。省はミニストリー、庁はエージェンシーと訳される。防衛庁が防衛省にこだわったのもディフェンス・エージェンシー（Defense Agency）では国際舞台では恰好がつかない、そんな見栄《みえ》もあったのだ。

政府の行革会議の最終報告について新聞の見出しは「一府十二省庁にスリム化」だったが、もともとミニストリーは十二しかなかった（本当です。数えてみてください）。あとは防衛庁などのエージェンシーにそれぞれ国務大臣が乗っかっていたにすぎない。

もうすっかり忘れられた省庁再編、外国人から見れば行革なぞ存在しなかった。失望が株価に現れたのだろう。

NO. 3

エピソードから脈絡がつくられる

先日、たまたま大学を卒業したばかりのある女性と話をしていて、ひょんなことから日本が戦争に負けた日がいつか、説明しなければならない破目に陥った。つまり、彼女は昭和二十年八月十五日を知らないのである。僕だって生まれていたわけではないが、とにかく、いわゆるひとつの常識というやつである。

彼女の反論、いや弁解はこうだった。

「私、年表って、苦手なんです」

僕は少し不意を突かれた感じになった。

歴史的事実は年表のなかにしか存在しないと思っている人がいることに。人がいて、事件があって、真相があぶり出されて、心を揺さぶられて、そうしたことの塊がちょっとだけ時間の壁に妨げられているだけなのに。

官僚大国にみる「カフカ的状況」 *1991. 10. 24*

ソ連でものを買う場合、行列があたりまえになる。列に並んでみると、原因は単に消費財不足のみではなく、別の要素が加わっていることがわかる。

モスクワといえども、夏はそれなりに暑い。汗をふきふき歩いていると、アイスクリーム屋の看板があった。長い行列である。売り子の若い女性の様子をうかがっていて気づいた。コーンにクリームを詰め、客に渡しておカネを受け取る。その際、いちいち横に置かれた秤《はかり》の上にアイスクリームを乗せている。つぎに目盛りを見る。秤に乗せる手間だけでアイスクリームを詰めるのと同じぐらいの、あるいはそれ以上の時間をかけているのだった。

アイスクリームを詰めてはいちいち秤にかける、その繰り返しにたいした意味がないことが、作業を眺めているうちに容易に理解できた。というのは、彼女は秤の目盛りをほとんど正確に見ていないからである。視線だけは機械的に秤のほうへ向けられるが、それは首をひねって顔を傾ける仕種《しぐさ》にすぎない。

彼女は、アイスクリームの重量を一定にするためのマニュアルにしたがっているのだろうが、そのマニュアルに対して誠実とはいえない。何時間も、あるいは何日も店頭でその作業をしていれば、だいたいの勘で盛りつけができるはずだし、実際に彼女はそうしているのだ。いちいち秤に乗せていたずらに時間を浪費させずにおれば、長い行列をつくらずに済むと思う。解決策が眼の前にありながら、永遠に改善されることがなさそうな気配であった。

＊

「カフカ的状況」という言い方がある。

フランツ・カフカは、『城』『審判』『変身』などの作品でよく知られているので説明を省くが、作家の埴谷雄高《はにやゆたか》はソ連を旅行して、早くも二十年以上前、その「カフカ的状況」を報告していた。

舞台はレニングラード空港――。

搭乗機の出発が大幅に遅れたせいで、埴谷は待合室で退屈な時間をもてあましている。そこでたまたま一幕物のパントマイムにも似たドラマの目撃者になるのだった。

「私達がぼんやりと正面を向いたまま話しあったり、退屈しのぎに時間表を繰《く》ったりしていると、そのうち、インツーリスト（註――ソ連の交通公社）のドアが開いて、一目でおしゃれなタイプと解るほど目立った濃い化粧をした若い女性が出てきた」

彼女は視線を意識したのか、腰のあたりでリズミカルに調子をとりながら、埴谷たちの前を横切っていった。数枚の書類をばらばらのまま片手に持った彼女は、舞台女優のように壁に向かって一直線に進んだかと思うと、そこに架かっている電話の受話器をゆっくり取り上げた。

「恐らく、インツーリストの内部にある幾つかの電話機が何らかの理由で使えぬため、この隣接した待合室まで彼女は出てきたに違いなかった」

埴谷は、そう憶測しながらぼんやりと眺めていた。

彼女は、受話器を耳にあてつづけている。見たところ会話中という風情《ふぜい》ではなく、こちらから呼び出しているのに相手が出ないのか、それとも何らかの故障ではじめから相手を呼び出せないでいるのか、いずれかであろう。その間、三分以上、他方の手に持った書類で顔を煽《あお》いでいる。ついに出て来ない相手をあきらめたふうで、舞台を再び横切る役者のように、腰を振りながらインツーリストの部屋へと戻っていった。

それから十分ほど経つと、同じ彼女がまたインツーリストのドアから現れ、腰をふりふり電話のほうへと歩いていく。今度も電話の相手はいくら待っても出てこない。前回と同じく彼女は一定の時間、受話器を耳にあてている。しばらくすると相手のいない受話器をゆっくりと持ち替える。

書類を煽ぐなげやりな動作や、壁に寄りかかった際の足の組み方、そんな姿勢のなかには電話のかからないもどかしさも事務処理のできない苛立《いらだ》ちも、見出せないのである。

電話は故障しているにちがいない。にもかかわらず、彼女は芝居をつづける。故障を直そうなど念頭にも浮かばないかのように。

「電話が故障していてかからない」という言い訳が用意されているから、事務処理が滞《とどこお》っても平気なのだろう。偶然の観客にすぎない日本の作家が去った後でもまた、たぶん彼女のパントマイムがつづけられるはずだった。

埴谷は旅行中に考え込むのである。インツーリストの係官が与える指示は絶えず食いちがい、出発時間が大幅に遅れるかと思えば、とたんに早朝六時に起こされることもあったりする。こちらの意思を伝えようとすれば、見当はずれの答えが返ってくる。「カフカ的状況」と命名するよりなかった、と。

ロシアで行われていた今世紀最大の実験についての結論は、すでに出ていた。

「恐らく、ロシアの民衆も、はじめはそれに苛らだち、反抗し、弾劾したのであろう。けれども、長い、長い、長い全面支配の大きな網の目のなかで、ついにこの官僚主義の堅固な枠のなかに組みいれられてしまい、ついには、手綱なしでは何処へもゆかず、直ぐ指定の白墨の円のなかに立ち並ぶおとなしい家畜のごとくに、彼等は〈待つこと〉に慣らされてしまったごとくであった」

役人天国の反省

このころ、つまり埴谷が雑誌(「文藝」)にルポルタージュを発表していた一九六九年(昭和44年)夏の時点で、日本の大学では〝経済〟の講座の半分がマルクス経済学だった。

僕は学生時代に変なものを見てしまった。あるマル経の教授は、日本酒を呑んでご機嫌になると畳の上に尻餅をつきながらきまってコサックダンス(体操競技の鞍馬《あんば》のような)を踊るのだ。まるでミーハーのような、その素朴で疑いのない純真さといったら……。ソ連を讃美していたマル経学者の多くが、人間観察の苦手な一種の「オタク」だったと思えば納得できる。社会主義の破綻《はたん》について、しばしば経済的側面のみ強調される。だが〝経済〟を語ると全体が視えない。社会主義が産み出した最大の癌は、とてつもない官僚制的体質の肥大化であった。

そして資本主義諸国でも、行政改革の課題は積み残されている。日本は市場社会の先端にいて経済面ではまずまずの成功を収めてきたけれど、いっぽうで「カフカ的状況」を内包させた世界に冠たる役人国家でもあるのだ。

公式記録に残らなかった歴史の証言

1992. 2. 27

電話は「もしもし」とかける。いったい誰が決めたのか。

大正時代に初めて海外に行き英語が咄嗟《とっさ》に出て来なくて「イフイフ」ときりだした間抜けな人がいたと、冗談のようなホントの話を渋沢秀雄《しぶさわひでお》（渋沢栄一《えいいち》の四男）がエッセイに書いていた。「もし」を仮定の副詞でみるから「イフ」で、もともとは「申す」からきたのだろうと思う。思う、としかいえないのは確信が持てないから（知っている人がいたらご教示願いたい）。

日本で電話回線が敷かれたのは一八八九年（明治22年）だが、男の電話交換手とのやりとりは「おいおい」で、一九〇二年ごろに女の交換手がふつうになって「もしもし」が一般化した、ということまでは調べられているが、なぜ「もしもし」が決定打となったのか、わからないのである。

こういうもっとも日常的な営為は、正式な記録に残らない。根拠を糺《ただ》すとわからない、そんな事例はあちこちに転がっている。それはともかく、つぎのような場合、なんといってかけたのであろうか。

＊

東京で大雪が降るのはたいがい二月である。以前、一月三十一日深夜から二月一日未明の大雪と停電について触れたが、一九三六年（昭和11年）の冬は二月四日が大雪で停電となった。三十一センチの積雪で、これが根雪として残ったところにさらに二十三日、三十五センチも積った。

二月二十六日も雪が舞っていた。事件は雪景色の未明に起きた。

皇道派の青年将校に率いられた一千四百名の兵士が、斎藤実《さいとうまこと》内大臣、高橋是清《たかはしこれきよ》蔵相、渡辺錠太郎《わたなべじょうたろう》教育総監を殺し、鈴木貫太郎《すずきかんたろう》侍従長に重傷を負わせた。岡田啓介《おかだけいすけ》首相は危うく難を免れたが、しばらく行方不明だった。

二・二六事件の発生である。

翌二十七日夜八時ごろ、麴町警察署の若い巡査が、奇妙な電話を受けた。

「ヒロヒト、ヒロヒト……」といっているように聞こえる。

いまでこそヒロヒトといえばピンとくるが、当時は神様であり一般庶民は名前など畏れ多くて想像すらできない。この巡査は大串宗次《おおぐしそうじ》といい、二十八歳だった。

麴町署は、叛乱軍が占領している警視庁や内務省一帯と目と鼻の先である。

若い巡査は、前夜来の警備でくたびれはてていた。サイドカーに署長を乗せて走り回る役目の交通係巡査だった。署長室の脇の椅子にもたれて眠気に耐えていた。電話はそこへかかってきた。宮内省直通の専用電話で、五・一五事件いらい、非常時用にとくに設けられたものだ。

立ち上がって、受話器を外し、

「もしもし」

というと、

「ヒロヒト、ヒロヒト……」

どういう意味なのか、さっぱりわからなかった。電話はいったん切れた。

またベルが鳴った。

「はあい、もしもし……」

「あなたは署長ですか？」（侍従が訊ねているが、大串は事態を理解できない）

署長は三瓶杢三郎《さんぺいもくさぶろう》といった。椅子に両足をあげてうつらうつらしている。疲れには勝てないのだ。

起こすのは悪いと思い、

「はい、そうです」

と答えた。

「いま、日本でいちばん偉いお方がお出になる」

電話の主はおごそかにいう。

それでもピンとこない。

「鈴木侍従長は生きておるか」

「はい、生きています」

「それはよかった。間違いないか」

「ええ、確かです」

「総理はどうしておるか」

「たぶん生きております」

「なぜはっきりわからぬか」

「周囲は兵隊に包囲されています。状況を探ることは非常に困難であります」

「チンはだれと連絡をとればいいのか」

ここで初めて大串巡査は、「チン」が「朕惟《ちんおも》フニ我カ皇祖皇宗……（教育勅語）のチンだ」と気づくのである。

侍従かなにかが、自分をからかっているのかと半信半疑になった。

「ああ、股肱《ここう》の生死すらも知ることができない。朕はいったいだれに聞けばよいのか……」

電話の向こうで昭和天皇の嘆息が聞こえた。署長を起こして代わってもらった。署長もまた同じ「御下問」を受けているようだった。コチコチになって声が出ない。指で代われと合図する。本物らしい。

再び大串巡査が出た。

「知らぬこととは申しながら、ほんとうに申し訳ないことをいたしました。どのような命令でも服すつもりでございます」

平身低頭しかない。

「それでは朕の命令を伝える。総理の消息をはじめとして、状況を詳しく知りたい。見てきて、あとで報告をくれ。名前は……」

大串はガクガク震えて、

「麴町の交通です、麴町の交通でございます」

「コウジマチノコウツウ……」

と呟いて電話が切れた。だがその後、報告の機会はなかった。

天皇が電話をかけた理由《わけ》

大串は一九六九年（昭和44年）、練馬警察副署長を最後に停年退職し、七六年二月十四日、六十九歳で歿した。

先日、彼の十七回忌の法要が、近親者だけでひっそりと行われた。

大串の長男（56歳）は「果たしてどこまでほんとうのことやら……」と、こういう話特有の憚《はばか》りを意識して苦笑した。

しかし、細部はともかく、大串巡査の生前の記憶はかなり正確だと信じてよいのではないか。

『木戸幸一日記』二月二十七日の項、四時から五時に相当する時刻の記述で
「岡田総理大臣は生存し居り、本日救出せられたるが、非常に昂奮し、是非直《じか》に参内せむと主張せるを漸く慰撫《いぶ》して匿《かこ》い居れりとの情報あり」

とある。

岡田首相が無事との報が天皇にも伝わったはずだ。ところが、NHKの七時のニュースは、情報が錯綜していたためか岡田を死亡と報じてしまう。

『入江相政《いりえすけまさ》日記』（同日）が「七時のニュースでは岡田首相も遂に駄目だったとの事、困ったことになったものだ」と記しているのでわかる。

いったん無事と知らされたものの、NHKニュースに接して絶望した昭和天皇は、一縷《いちる》の望みを抱き、麴町署に問い合わせたにちがいない。ならば大串巡査が電話を受けた時間と辻褄があう。

残念ながらこういう証言は、永遠に公式記録には書き留められることがない。

偶然が支配する生死の分岐点

1993. 3. 4

日々発生する事件は、たちまちニュース報道というかたちで僕たちの前に開示されるが、もしかしたらうつろいゆく幻像を見ているだけなのかもしれない。日常は、偶然の連鎖であるように見えるからである。交通事故ひとつとっても、ほんのわずかな事柄が生死を分ける。だがそのわずかな、運命を分けた境目の、限りなくゼロに近いぎりぎりの一点を探すのが取材や調査であるはずだ。

たとえば一九九二年（平成4年）アメリカのルイジアナ州バトンルージュ市で愛知県豊橋市出身の高校生が殺された。両市とも人口は三十万人程度である。しかし、バトンルージュで九一年に発生した強盗件数は六千三百九十件で、殺人は六十一件に達した。いっぽう豊橋市は強盗、殺人ともゼロだった。豊橋に住んでいれば死ぬ確率は低く、バトンルージュではいつ殺されるかわからない、と数字は示しているが、「フリーズ」を知らない日本人は、服部剛丈《はっとりよしひろ》少年だけではない。

真相に迫る、とはどういうことなのだろうか。限りなくゼロに近い一点、とは限りなく偶然に近い必然を見つけることである。必然とは言い過ぎかもしれない。ぎりぎりの分岐点がどこにあったかなかったか、神のみぞ知る一点に少しでも近づけたら、結果が悲劇であろうと、あきらめがつくわけではないが、ある諦念には近づくことができよう。

＊

五十七年前に二・二六事件が起きた。事件の全貌については省くが、偶然ということと運命の岐路については、いまも振り返ってみる価値がある。

決起した青年将校たちは、つぎつぎと政府要人の邸宅を襲撃した。僕がこだわるのは、鈴木貫太郎侍従長と斎藤実内大臣の相似た二つのケースについてである。

鈴木貫太郎邸を襲ったのは安藤輝三《あんどうてるぞう》大尉が率いる二百四名の部隊で、装備は機関銃四梃、軽機関銃五梃、小銃百三十梃、拳銃十数梃だった。

表門は木戸から入り、裏門は塀を乗り越えて侵入した。たちまち警戒中の警官三名を包囲し武装解除させ、二名の書生は屋外に出した。邸内は広く真っ暗で侍従長を探すのに手間取った。裏門侵入組の奥山軍曹が、奥の寝室にいる侍従長を発見する。

侍従長は厳しい声で叫んだ。

「どこの兵隊だ?」

奥山軍曹が答えた。

「麻布第三連隊」

再び、侍従長が問い詰める。

「なんのために来たのか」

「私にはわかりません。中隊長を呼びますから」と返答しているとき、表門組を率いてきた堂込曹長と永田曹長の小隊がどやどやと入ってきた。

　奥山軍曹はこう供述している。

「背中で拳銃の発砲する音がし、銃弾が私の耳をかすめた。耳鳴りのため、私はしばらく何も聞こえなかった。銃声は三発つづいた。侍従長はその場に崩れた」

　部屋も廊下も兵隊でいっぱいにあふれたところに安藤中隊長が来る。侍従長夫人もどこからか現れた。それから倒れている夫の横に正座して微動だにしなかった。

　安藤大尉は、とどめを刺すつもりで軍刀の柄に手をかけ身を屈《かが》めた。すると夫人は初めて口を開いた。

「それだけは私に任せてください」

　少しも取り乱していない。

「では、とどめはやめます」

　安藤大尉は、立ち上がると倒れている侍従長に対し、一分間の黙禱《もくとう》を捧げて去った。侍従長は虫の息だったので絶命すると思っての行動だった。

　坂井直《さかいただし》中尉率いる二百十名の部隊が斎藤実内大臣邸に押しかけたのも同じ午前五時ごろである。機関銃四梃、軽機関銃八梃、小銃百三、四十梃、拳銃十数梃と装備も似通っている。ここでも二手に分かれて屋内に侵入した。

　坂井中尉の供述によると、夫人は一同の前に両手を広げて立ち塞がり「待ってください」と制止した。内大臣は、奥のほうから寝間着のまま起きて来た。

「そこで誰であったか記憶しませんが、夫人を押しのけていちばん右に居った安田少尉がまず拳銃を一発放ちました。つづいて私と高橋少尉の三人で拳銃を乱射しましたから、内大臣は二、三歩うしろへ退き……」

夫人は、「殺すなら私を殺してください」と内大臣におおいかぶさった。

「無理に夫人を押し退けて射撃をつづけました。……このとき軽機関銃の射手が、私にも撃たせてください、といって軽機関銃をもって数発発射致しました。とどめを刺そうと思ったのですが、夫人が離れないので目的は充分達したと思いとどめは刺さずに寝室より引き下がって……」

二つの襲撃事件で、どちらも夫人が毅然として立ちはだかった。映画に描かれる武士の妻のイメージである。しかし、鈴木貫太郎侍従長は重傷を負ったものの一命をとりとめ、斎藤内大臣のほうは絶命した。

鈴木はのちの終戦工作の主役となる人物だから、このとき殺されていたら、どうなっていただろうか。

たまたま機関銃を使ったケースとそうでない場合で状況は異なるのだが、「殺すなら私を殺してください」は空しく、「(とどめを)それだけは私に任せてください」は有効だった。

第三の男と赤い車

服部少年はなぜ殺されたのだろうか。

バトンルージュ市と豊橋市の安全度は数字で示したような差がある。「ザ・スクープ」('92年12月19日放映、テレビ朝日系)が、調査して明らかにした事実は少なからず納得のいくものだった。

服部少年がロドニー・ピアーズの家を訪れたのは土曜日の午後八時半過ぎだった。銃を構えて「フリーズ」と叫んだピアーズは恐怖におののいていたのだ。原因は妻ボニーの前夫Gだった。ボニーとGとの離婚は「麻薬中毒であり暴力が絶えない」からで、Gの性格は尋常とはいえない。よそでレイプ事件も起こしている。そのGの面会権(自分の子供に会うための)は「土曜午後六時から日曜午前八時まで」とされていた。Gはつねづね、面会させないなら殺すと脅迫していたのである。

そして、しばしば面会権を行使するため土曜日の夕刻に、ピアーズ家に赤い車に乗って現れた。服部少年が乗っていた車もたまたま同じ赤だった。しかもGが現れる時間だった……。

ただアメリカは怖い、といっても仕方ない。運が悪かったから殺された。それもわかる。ではどのように運が悪かったのか、仔細が知りたいのである。たった一点のため幾日も無駄と思える時間を費やして、ようやく少しだけ理解する。速報性は、ニュースのごく一部にすぎない。

三十四年目の皇太子成婚パレード

1993. 6. 10

考えてみれば不思議な光景だった。一九五九年（昭和34年）四月十日の出来事である。力道山のプロレスで街頭テレビに火がつき、ミッチーブームでふつうの家にテレビが入った。テレビ画面のなかの劇場に映し出されたのは、皇居内での「結婚の儀」で十二単《ひとえ》の美智子妃がしずしずと歩む姿であり、一転して二重橋から登場したオープン馬車。十二単の平安朝風俗とディズニーランド風のパレードのコントラストに、子供のころはまったく違和感を覚えなかった。テレビのせいだと思う。僕にとって真新しいメディアに映し出されるものは、すべて新鮮な見世物興行なのであり、なにが現れてもおかしくなかったのだ。批評する余裕などまったくなかった。

しかし、いまは違う。いまの子供も違う。あのころは大人が昂奮していたから子供も昂奮した。宮中での儀式も、すでに紀子妃で知っているし、パレードも別にめずらしいものではなくなっている。テレビから飛び出すキャラクターに対しても醒めて眺めている。

テレビマンも違っている。当時は、わざわざ沿道に中継カメラのためのレールを敷いたりした。そういうテレビマンの熱気が、画面を通じて視聴者に伝わってきた。

六月九日の皇太子・雅子妃の「ご成婚」は、各局とも早朝から大同小異の画面になる。これでもかこれでもかと同じ光景ばかりを映す。しかし、熱気は伝わって来ないだろう。むしろ退屈な映像になるだろう。

いまなにか新しいことがあるとしたら、ハイビジョンの出現である。しかし、雅子妃ブームをつくるまでには至らない。テレビの出現というインパクトと並ぶものは、もうない。

＊

つくづく不思議な光景だったと思う。

あの一瞬の出来事もそうだった。テレビのみが可能な生中継画像の力に、僕は圧倒されていたのだ。

パレードが二重橋を渡り、皇居前広場を通過し、祝田橋を右折しはじめた二時三十七分、沿道で万歳を叫び日の丸の小旗を振る人垣の間から、ひとりの青年が馬車へ向かって一直線に走っていく。

背広の裾が羽のように舞い上がった。途中、手にした石を投げつけているが、前方に放り出しているような感じでもある。馬車に手をかけたところにパラパラと数人の警護の警察官が追いつき、両足をタックルするように抱きついた。馬車はスピードを緩めない。美智子妃は上体をのけぞらせ皇太子にしがみついた。

青年はタックルされて引きずり降ろされ、折り重なる警察官の下となり、馬車の後方に消えた。わずか十秒足らずのハプニング劇だった。

映像はしばしば送り手の思惑を越える。こうした意図せざる効果を、僕は〝映像の無意識〟

と呼びたい。

翌朝の新聞はこうした出来事を見事に交通整理し、ある秩序にはめ込んでしまう。大きな見出しは「おめでとう！　皇太子ご夫妻」であり、「お二人、にこやかに／沿道の歓呼にお応え」となる。紙面の下方に「馬車に乱入した男をとらえる警官」のキャプション入りの写真が目立たないように置かれているが、こんなこともありました、という程度の印象しか与えない。だが、白昼の幻像かも知れなかった光景はテレビの映像によって網膜に焼きつけられた。

この青年について石原慎太郎が「あれをした青年」のタイトルで「文藝春秋」('59年8月号)に寄稿している。たまたま地方で講演会を終えて宿に戻ったところ、面会を申し込まれた。「あれをやったのは僕なんです」といわれても、すぐに意味がわからなかった。

青年は十九歳の大学受験浪人で、事件のあと丸の内警察署に留置されてから練馬の少年鑑別所に送られ五十日間勾留、精神鑑定を受けた。結論は精神分裂症である。保護観察処分となり、田舎の実家へ返されたという。

石原は青年の主張を、こう書き留めている。

「世間の人間はみんな嘘を言いながら暮しています。自分自身に嘘を言っているんだ。僕は半分、気が変だと言うことにされたけれど、実際には、狂っている人が普通で、普通な人が可笑《おか》しいんだと本当に思います。……いくらなんでも彼の結婚に関しては皆どうにかしすぎていました。あんなことがあんな大騒ぎで我々に押しつけられる理由はどう考えてもどこにもないでしょう」

石原は一九五五年（昭和30年）七月、二十二歳の若さで『太陽の季節』を著し第三十四回芥川賞を受賞した。青年が訪ねてきたときはまだ二十六歳である。既成の価値観への反抗に情熱を燃やす新しい世代の旗手であった。

秩序からはみ出る、ということは覚悟を要する。青年にその覚悟があったわけではなかったと思う。石原自身も、反抗というスタイルを好んだが、秩序そのものを否定したのではなかった。

僕は全共闘世代だから、反抗という生理を体験している。論理的に主張したつもりでも、すべてを説明し切れているわけでないことはよくわかる。青年は石原に自分の正義を主張しているが、「あれをした」ことの意味をどこまでつかんでいたか、勝算があったか、定かではない。

反抗の代償

たった十秒間のパントマイムは、テレビを通じて消費されたときから、別物となった。好奇な視線を背中に負わされたのである。

青年は、その後、どうしたか。

反抗という生理と、実際の行為の落差をどう処理しているのか、僕には興味があった。調べてみると、住所が転々と変わっている。

一種の〝不敬罪〟だから、出身地の田舎にはいられなかったのだろう。大学受験を諦め、トラック運転手、バーテン見習い、キャバレーのマネージャー、総会屋など仕事も一定していない。追跡は容易ではなかった。無駄足をかさねてようやく突き止めた。ある日、下町のアパートを訪ねた。不在だった。玄関の三和土《たたき》に置かれた赤い三輪車越しに、配偶者らしい女性と立ち話をした。

「どんなご用件ですか」

こちらも来意は告げられない。わずかな会話だけで夫の過去をいっさい知らないとわかったからだ。

あの青年は、五十歳になろうとしていた。妻にさえほんとうのことを知らせていない。ようやく静かな暮らしを得たようだった。「あれをした」ことの代償がこれほど大きなものになるとは思いもよらなかっただろう。

そっとしておいてやろう。僕は取材を打ち切った。四年前のことである。

彼は、三十四年後のパレードをどんな思いで眺めるのだろうか。

関東大震災後の風景——ある官僚の工夫　*1993. 9. 9*

日本の新聞は官報なのだろうかとつい疑ってしまったのは、八月二十三日付夕刊に、その日に行われた細川首相の「所信表明」を一面丸ごとつぶして掲載しておきながら、中身の検討があまりにも杜撰《ずさん》だからである。

朝日新聞は、翌二十四日の社説で「所信表明」のなかに「質実」という言葉があったことに触れ、「バブルが崩壊し、清貧が見直される時代に、首相の理念は適合していると思う」と、どうでもよい修辞に明け暮れていた。

ところがその日の午後、橋本龍太郎（自民党政調会長）が、「前政権の政策を継承するといっても、演説に同じ箇所があるのは不見識である」と憤懣《ふんまん》を述べた。宮沢前首相の「所信表明」と読み較べてみてまったく同じ表現があった、とつぎの箇所を指摘したのである。

「なお、農業については、各国ともそれぞれ困難な問題を抱えておりますが、我が国のコメについてはこれまでの基本的方針の下、相互の協力による解決に向けて、最大限の努力を傾注してまいります」（宮沢・所信表明）

「なお、農業については、各国ともそれぞれ困難な問題を抱えておりますが、我が国としても、これまでの基本方針の下、相互の協力による解決に向けて最大限努力してまいります」（細川・所信表明）

こういうところは新聞が真っ先に気づかなければいけない。翌二十五日付の朝刊各紙は、橋本政調会長の発言を載せた。しかし、明らかにこれは筋が違う。新聞がジャーナリズムとして独自に分析しておくべきだった。政権が交代しても、各省庁の役人たちがよってたかって「所信表明」の作文に手を入れようと必死だった、その痕跡がこうしたところに現れているからである。

ところで「所信表明」のなかに「鹿児島を中心とする豪雨災害や北海道南西沖地震、雲仙岳噴火など自然災害による被害が相次ぎ……」とあったが、この九月一日は関東大震災からちょうど七十年である。

七十年前の震災と復興の過程で役人たちがどう立ち回ったか。官僚機構の生態を知るための恰好のテキストが〝風景〟として保存されているので、ぜひ紹介したい。

＊

関東大震災は一九二三年（大正12年）九月一日だった。東京は一瞬にして廃墟となった。ようやく復興が終わった一九三〇年（昭和5年）、川端康成が「新興東京名所」というルポルタージュを新聞（大阪朝日、'30年3月23日付）に載せている。

「『清洲、言問《こととい》、永代《えいたい》橋は、東京名所の橋となる』とは、この春の流行を競って幾つも出来た『復興小唄』の中の文句だが、もし復興の東京に誇り得るものがありとすれば、誰しもそれは先ず第一に橋だという」

川端は光風会の展覧会に出かけ、復興の東京という特別出品の一室に入った。六十枚ばかりの画のうちで、三十数枚が橋の画だった。さすがに美術家たちも眼のつけどころがよい、もともと江戸は水の名所が多かった、東京はそれを忘れていた、その水が蘇《よみがえ》った。これは復興局の手柄だ、と考えるのである。少壮の作家は川下りをしながら橋を見物することにした。「昔なつかしいポンポン蒸汽は、近代建築の花である橋とは余りに不似合」だが、かえって風流である、などと感じ入りながらルポルタージュをつづけた。

「駒形橋、厩《うまや》橋、蔵前橋、清洲橋、永代橋が見られるのも、この川下へ通う船だ。これらの五つの橋に、川上の言問橋を加えて、隅田の六大橋であるが、代表的なのは言問橋と清洲橋であろう。『清洲橋は東京の橋の中での美人ですよ』といわれているが、清洲橋が女とすれば、言問橋は男である。清洲橋を曲線の美しさとすれば、言問橋は直線の美しさである。言問橋は両岸の隅田公園によく釣合って、単純で、力強い、明朗な遊歩場の感じである」

震災後の東京に、なぜ橋ばかりが目立つようになったのだろうか。

国益より省益を優先

震災後に特別予算とともに復興局が新設されていた。その復興局は、各省庁の縄張り争いの場となって、復興事業はいっこうに進捗《しんちょく》しなかった。

のちにある役人がこんな回想を綴《つづ》った。

「('19年にできた) 都市計画法によると、委員会にかけるのは道路計画だけで、橋というのは指定してない。だから橋は計画外になっておるのだという解釈で、材料を買って、政府の原案にしたがって橋だけ先にかける。これ以外にどうも方法がありません」

こういう意味である。都市計画法によると「道路、広場、河川、港湾、公園」などは、学識経験者に加え各省庁の幹部などからなる都市計画委員会の審議を経てからでないと「内閣の認可」を受けられない。省庁間の利害が持ちこまれるので、決定が遅延する。

そこでこの役人は、都市計画法に「橋」が含まれていない点に目をつけた。道路橋、鉄道橋はそれぞれ道路、鉄道に含まれると考えるのが自然だが、橋は別物と強引に拡大解釈してしまおう、極端な言い方をすれば橋から道路をつくるという奥の手も可能なのだ。

……こうして復興の目玉は橋梁《きようりよう》中心になった、と明かしたのは復興局経理部長だった十河《そごう》信二である。十河は、戦後、第四代国鉄総裁（'55〜'63年）となった人物で、法文の行間を読み運用する術にたけていた遣《や》り手の官僚だったことがわかる。つぎの発言にもよくその面目が出ている。

「いちばん顕著なのはのちのちまで残っておったが東京の八重洲口、今は堀をつぶされておるけれどもあそこに堀があって、八重洲橋という橋をかけた。今、八重洲口を出ると広い道路になっておるが原案にはあの道路はなかった。当時、国鉄も八重洲口をつくることに賛成しなかった。都市計画委員会は盛んに反対している。それを復興局の原計画にしたがって先にやってしまった」（『内務省外史』）

東京駅は一九一四年（大正3年）に辰野《たつの》金吾《きんご》の設計でつくられた。もともと八重洲口はなかった。庶民ではなく皇居の方角を向いて建てられていたからである。

日本の政治は省庁間の利害調整に尽きる。ときに有能な官僚がいて正面突破をはかることもある。だがほとんどの官僚たちは国益より省益を先行させたがる。族議員もその応援団になった。宮沢と細川の「所信表明」に同一箇所が見つけられるのは、彼らが群がって手を入れるからである。それを見抜くのがジャーナリズムの役割だろう。

もはやタクシー同然、アメリカの「ヒコーキ事情」　*1994. 9. 15*

締切りは容赦なくやってくる。もうギリギリの時間である。しかし、成田空港から戻る車のなかで電話ができるので渋滞状況などを見計らい、何時ごろ仕事場に着いて、どのぐらいで書きはじめ、いつ原稿を渡せるか、といった段取りを伝えることができる時代である。

そのぐらいのことで感心してはいけないと思ったのは、アメリカでは飛行機のなかで同じことができると知ったからだ。

＊

ニューヨークからボストンへシャトル便で移動中に、うっかりニューヨークで連絡し忘れたことを思い出した。ボストンに着いてから電話してもよかったのだけれど、なんと席の前に電話があるじゃないか。シャトル便は通路を挟んで片側三席ずつになっている。三人に一台の比率で、真ん中の席の背もたれに電話が嵌《は》め込まれているから、どこからでもすぐに手が届く。クレジットカードを突っ込むとカチッと音がして受話器が外れる。受話器の細い溝にクレジットカードを差し、スーッとこすると通話音が聞こえる。あとは自動車電話と同じ要領でプッシュボタンを押せばよい。

ボストンからサンフランシスコへの移動は六時間もかかる。ずっと禁煙である。国内線は、どんなに時間がかかろうが禁煙なのだ（タバコ問題については後日、書きたい）。強行日程のうえ六時間もかかるのでファーストクラス（スーパーシート）にした。といっても国際線のビジネスクラスと同じサイズである。

シャトル便と違って、スーパーシートには一席に一台ずつ、電話が組み込まれていた。試しに、と思って東京の仕事場のスタッフに国際電話を入れてみた。あたりまえのこととはいえ、ちゃんとかかった。音も鮮明だった。なるほどその気になれば、ノートサイズのコンピュータを接続して、ここからだって原稿が送れるのだな、と感心した。アメリカは、やはりマルチメディアの先進国なのである。

日本では亀井静香運輸大臣が、契約制スチュワーデスの採用に待ったをかけた。時代錯誤の発言として批判を浴びている。成田へ戻る機中で読んだ日経（'94年8月31日付）のコラムに、こう書いてあった。

「航空産業が自由化され、個々の航空会社が路線や運賃を巡って激しく競争するようになると、コストを削減しながら品質の良いサービスを提供しようと、航空会社は様々な工夫をする。安いアルバイト労働でこなせるところは真っ先にアルバイトに代わるし、格安運賃を実現しようとする航空会社は人員を削減することも辞さないだろう。しかし、そうするからといって航空会社は『安全』を犠牲にはしない。激しい自由競争のなかで、ある会社が事故を起こしたり、安全対策が十分でないという情報が流れると、その会社はたちまち競争から脱落するからだ」

その通りだと思う。自由競争は商品の質を高める。「安全」もひとつの商品である。あらゆるサーヴィスは、競争によって向上する。今回はアメリカの航空会社の飛行機を利用した。その結果、成田とニューヨークの往復切符を買うだけで全米の同じ航空会社の国内便はすべて無料となり、僕が利用したニューヨーク・ボストン間もボストン・サンフランシスコ間も、いわゆる周遊券扱いとなった。

機内に電話を設置するのも、サーヴィス競争の結果だろう。新幹線は車両と車両の間に電話が置かれているが、航空機の場合はシートベルトを締めているので、座席に電話が付いていたほうが便利にちがいない。ついでだが、スチュワーデスが若くて美人でなければならないと信じているのは日本人だけでサーヴィスの実質と関係ない。こと航空機に関して日本は発展途上国並の信仰心が残っている。

ノー・プロブレム

マーサーズ・ヴィニヤードという避暑地がある。ボストンから東南に車で二、三時間ほどのところで対岸のケープ・コッドからフェリーで島に渡る。ニューヨークやボストンからプロペラ機の直行便も出ている。故ジャクリーン・ケネディ・オナシスをはじめ社交界や芸能界の著名人が憩う場所で、クリントンも大統領になってからは毎年やってくる。映画「ジョーズ」のロケも、この島で行われた。軽井沢と江ノ島を合わせたような場と理解してもらおう。

前日に車で対岸のケープ・コッドに着いた。翌日、フェリーで島へ渡り、帰りはニューヨークへ向かう定期便に乗る予定だった。取材はうまく行ったが夕方のフライトが天候不順のためキャンセルになった。どうしてもその日のうちにニューヨークへ戻らなければならない。ボストン経由でニューヨークへ、とも考えたが、そちらもキャンセル待ちが一杯で翌日の二時まで空席がない。

そこで軽飛行機をチャーターできないかどうか検討した。カウンターの人が同情してくれ一所懸命にパイロットを探したが、日曜の夜なので三人まで断られ、ようやく四人目でつかまえられた。彼は約束の八時四十五分きっかりに、近くの都市から九人乗りの小型機でやってきた。

僕は副操縦士の席に坐った。雨のなかをニューヨークへ向かった。離陸すると若いパイロットは分厚い電話帳のようなものを広げてしきりにページをめくっている。全米の飛行場の滑走路のレイアウトと着陸のマニュアルが載っているのだ。なんだ、こいつはいまから着陸する飛行場を探しているのか。こんなところで死にたくはない、と思った。不安そうに覗き込むと、若いパイロットは「ノー・プロブレム」といって親指を立てた。なんかやたらに明るいやつだった。

一時間ほどで下界にマンハッタンの灯火が見えた。「翼よ！　あれがパリの灯だ」のリンドバーグの気分であった。小型機はジョン・F・ケネディでもなく、ラ・ガーディアでもなく、ニューアークでもない、まったく聞いたことのないティータブローという空港に降りた。細かいものまで入れると全米には一万もの飛行場があるという。なるほど個人タクシーに乗ったようなものなのか——。

今回は、NHKと「週刊ポスト」の取材を兼ねて駆け足で回った。サンフランシスコの海岸に立ち、太平洋の荒波を背にテレビカメラの前で短いコメントを述べる撮影のとき、波の音がうるさく何度も音声のテストをした。クルーに愛敬のある茨城弁がいて、それを真似て「この広い太平洋のはるか向こうに日本があるんです。しかし、日米は隣同士であって……」と皆を笑わせていたら、本番になってもすぐにイントネーションが戻らない。立松和平のリポートのようになってしまい、NGの繰り返しで参った。僕は「ノー・プロブレム」と明るくやり直した。

世界を揺るがす「謎の投資家」ソロスの素顔

1994. 10. 20

〝謎の男〟に会うためニューヨークへ行ってくれ、と申し込まれた。疲れているから別の機会にできないかと婉曲《えんきょく》に断ろうとしていたら、ニューヨークはキャンセルになった、場所はブダペスト（ハンガリー）だ、すぐに飛んでくれ、と迫るのである。一年がかりでようやく取ったアポイントだゾ、日本初の独占インタヴューだゾ、それを断っていいんですか。相手は制作会社の女性プロデューサーで、すでにNHKの衛星放送（日曜スペシャル）の枠は取っちゃったんです、と有無を言わせない。女の人は強いなあ。

観念した僕は「いまどき謎なんてあるものか……」と、開き直った。

＊

フランクフルトまで直行便が出ている。やたらに広くて閑散とした空港で独りごとごとカートを押してマレブ・ハンガリー航空のカウンターへ向かい、ブダペスト行きに乗った。すでにクルーは〝謎の男〟を追って一週間早くニューヨークへ、そこからキエフ（ウクライナ）で取材し、専用ジェット機に同乗させてもらいブダペストで僕と合流する手筈になっている。

マスコミを避けていた〝謎の男〟が、なぜブダペストでインタヴューに応じることになったのだろう？

自分が得た大金をこの国の発展のために気前よく寄付しており、その事実を宣伝したいからなのか。ほんとうにそれだけなのか。ハンガリーが社会主義体制だったころ、彼はたくさんのコピー機を寄付している。閉じた社会で政府系メディアに対抗するには、国境を越える電波以外に外国情報のプリントが最も有効だった。いま彼は、ブダペストに欧州中央大学を設立したばかりだ。旧社会主義体制下に育った前途有為な青年に、市場社会のノウハウを習得させるためである。

彼は日本人に、この時期、どんなメッセージを伝えようとしているのだろうか。ホンネはどこにあるのだろう？

ホテルの一室で、僕は個人資産二十億ドル、運用資産七十億ドルの六十三歳の紳士と対座した。彼はハンガリー名をショルシュ・デュージュ、英語ではジョージ・ソロス。髪の毛にきちんと櫛《くし》が入っているが少し縮れ、眼鏡をかけている。どこかで見たような……、そうだ、かつて活躍したアメリカの外交官キッシンジャーに少し似ている。キッシンジャーもユダヤ人だったな。

世界一の投資家ジョージ・ソロスにはたくさんの神話がついて回るが、「イングランド銀行を破産させた男」もそのひとつである。ＥＵ（ヨーロッパ連合）は、ポンドとマルクとフランのバランスの上に共通通貨への移行期を模索していた。ところが一九九二年にソロスが大量のポンド売りを仕掛けたため、ポンドは急落。イングランド銀行のポンド買い支えも功を奏することなく、ポンドは欧州通貨制度の為替相場メカニズムから離脱させられたのである。

〝謎の男〟ソロスに、僕は日本の円は、今後、どうなるのか訊き出そうとしていた。そのタイミングをはかりながら生い立ちから質問を始めた。

ブダペスト生まれのユダヤ人である彼は少年期をナチスの迫害の下で過ごした。ハンガリーは枢軸国側だったが一九四四年に連合国側へ寝返った。十四歳のソロスは、ブラックマーケットで通貨を交換するアルバイトをしていたが、大戦末期には暗い地下室に隠れ住むことになった。ナチスが敗れてもソロスの居場所は見つからなかった。ソ連支配下で社会主義体制が成立してしばらくすると、スイス経由でロンドンへ逃げた。スイスで買った時計をロンドンで売って学費にあてた。苦学生として勉強と仕事に精を出し、それから二十六歳でニューヨークへ渡り、トレーダーの職をつかんだ。一九六九年に仲間とともにクォンタム・ファンドを設立した。大胆な投資活動によってウォール街で名声を得て、いまでは世界有数の大金持ちなのである。

大袈裟《おおげさ》に表現すると、日本と何の因縁もないはずのこの人物によって、日本人の生活の今後が左右されるかもしれないのだ。各国の通貨当局のコントロールを超え、世界の為替相場を操ってしまうソロスの一挙手一投足は、眼を離せない。

いま円は一ドル＝百円を割ったまま、なかなか戻らない。このままずっと円高基調がつづくと、国内の製造業は軒並みアジアなど海外へシフトして行かざるを得ない。やがて空洞化現象が雇用不安を起こす。そうなる前、円は反転して再び以前のレートに戻る可能性があるのか、誰も先を読めない。金融アナリストは、実際の円の実力を百十円と百二十円の間ぐらいと見ている。ではなぜ為替相場は通貨の実力を、つまり実体経済を反映しないのだろう。こうした素朴な疑問は、じつはかなり根源的な問いになってしまうのである。

岩井克人著『貨幣論』（ちくま文庫）が快著と評判になったのは、経済学者がいまやこの問いの前に明瞭な答を出せないでいるからだ。『貨幣論』では「貨幣は貨幣として使われているものである」と一見、禅問答ふうな結論に至った。

円はどうなる?

それはともかく、マネー経済が実体経済と別の世界を形成しているという事実を、身をもって示しつづけているのがソロスなのである。僕たちは国民とか国民経済というものを感覚として信じてしまうところがある。よいモノをつくれば、よい生活につながるとも信じている。しかし、生い立ちについて訊ねているうち、ユダヤ人としてのソロスには、そういう固定した世界はないことがわかった。存在がボーダレスなのである。

ロンドン時代ほど孤独な時期はなかった、と彼は語った。苦学生だからクリスマスも働いた。鉄道の保線工事で足を骨折してしまった。ソロスは「幸運にも」と述べた。信用経済の世話になれたからである。保険がおりて、卒業までの学費が得られた、と。

帰国してしばらくすると、日経の夕刊にこんな記事が載った。

「国際的に著名な投資家のジョージ・ソロス氏は四日にロイター通信とのインタビューで、外為市場の円高基調が反転し一ドル=一一五〜一二〇円まで円安が進むとの見通しを示した。日米包括経済協議の決着や日米短期金利差の拡大が理由。今回の円反落の予言が一昨年の欧州通貨危機の際の英ポンド売り宣言同様に的中するか、市場関係者の注目を集めそうだ」('94年10月5日付)

ソロスが自分の発言の効果を計算しないわけがない。自分が象徴であることを知っている。こうしてマネー経済という巨大な気球の行方を観測するつもりなのだ。一時間半のドキュメンタリーでソロスはその素顔を垣間見せた、と僕は確信している。

三島由紀夫とあるテロリストの接点　*1995. 1. 5*

たえず仕事場にいるからだろうが、目覚める瞬間に、ここはどこ？　と思うときがある。誰でも旅先でそういう体験をするはずだが、僕の場合は年がら年中。日常性が希薄になっているのは職業柄なのか。起きがけのぼんやりした状態で、ふっとあるシーンが浮かび上がった。

隅田川の黒く煤《すす》けたコンクリートの堤防の上に腰をかけているのは若い僕自身である。もうひとり、もじゃもじゃの長髪で髭づらの若者が横にいる。一九七二年だったのか七三年だったのか、正確には思い出せない。記憶の倉庫から年号を引っ張り出そうとすると、いきなりヒッピーという死語が出てきた。髪も髭も伸び放題の、その若者の風貌のせいである。

別の週刊誌で三島由紀夫をテーマにした連載を始めるため、いろいろ準備をしていたのと、前夜読んだ「文藝春秋」新年号の特別企画のせいで甦《よみがえ》ってきた光景について、記したい。

＊

「文藝春秋」新年号の特別企画は「戦後50大事件の目撃者」というタイトルである。たまたま僕もそのうちの一事件を分担させられた。じつは執筆者としての立場はどうでもよくて、ひとりの読者になりきって五十もの大事件の圧倒的な迫力に押され、どこからともなく興味の順にパラパラとめくりはじめた。

ひとつひとつの事件はどれも印象的だから、個人史に重ねて想い出す読者が多いのではなかろうか。三億円事件、金嬉老《きんきろう》事件、大久保清事件など遠い過去の出来事とは思えないほど生々しい。

ページをめくる手が、連続企業爆破事件のところで止まった。

丸の内の三菱重工ビルの一階ロビー付近に仕掛けられた時限爆弾が爆発したのは昼過ぎだった。死者八名、負傷者三百七十六名の大惨事である。

南青山にいた僕にも、花火より重い感じの地震のような衝撃音がはっきり聞こえた。しばらくしてテレビのニュースですさまじいシーンが映し出された。粉々に割れた青いガラス、鮮血にまみれる死傷者、黒煙を上げて燃える自動車……。当時の新聞記事を引こう。

「三菱重工ビル内で突然、ドーン、ドーンと大音響がひびき、十階建ての同ビルの一階の窓ガラスがこなごなになり、窓ぎわにいた社員たちがバタバタと倒れた。さらに同窓の周辺には昼休みのサラリーマンら通行人が多く、この爆発で次々と倒れた。……ビル街の一帯には白煙がたちこめ、ビルがかすむほどで、また、爆発音は都心一帯だけでなく、新宿などでも聞こえ、爆発の物すごさを示している」（朝日、'74年8月30日付夕刊）

以来八カ月、三菱重工ビルのような白昼ではないが、三井物産、帝人、大成建設、鹿島、間組……、と企業爆破事件は毎月のように起きた。

当時、産経新聞社会部記者だった斉藤富夫は「文藝春秋」(前出)にこう書いている。――事件直前から「腹腹《はらはら》時計」という過激派の爆弾教本がアングラで出回っていた。(警視庁極左本部で)この教本を分析するうち、文体や思想形態があるグループと共通することに気付いた。(アナキストの)ある男が浮かび、所在が分からないので弟の尾行・偵察が始まった。最初の事件、三菱重工爆破から四カ月近くたっていた。そこから幾人かの男女が浮かんできた。ごく普通のサラリーマンやOLだった。

新聞記者が、警視庁からそういう情報を得たりしているころ、僕はジャーナリズムともテロリストとも無縁の世界にいた。「近代の超克《ちょうこく》」や「日本浪曼派」などの言葉の周辺をうろうろしていた。

三菱重工爆破事件から九カ月後、朝、新聞を広げると「連続爆破で七人逮捕」という文字が一面トップで躍っていた。顔写真が並んでいる。「東アジア反日武装戦線」を名乗る彼らは、サラリーマンやOL風なので、これといった特徴は見つけられない。「腹腹時計」には、いかにも怪しげな活動家といったように振る舞わず、「表面上はごくふつうの生活人であることに徹する」と心得が説かれていたのである。

翌日の社会面を開くと、再び彼らの顔写真が載っている。今度は詳細な経歴が付されていた。

そのひとり、都立大中退という文字に、僕の眼は釘付けになった。
Sではないか。あのS――。隅田川の堤防のところで話し込んだヒッピー風の男。それが短髪でネクタイ姿の写真で載っている。

個人的な体験

七〇年安保が終わり、学生運動は潮が引くように消え、祭りの後の倦怠感のようなものが数年つづいた。僕は美術雑誌の編集の仕事を見つけ、美術館めぐりをしながらうさ晴らしをしていた。人物画ばかりを選んでは飽きずに眺めていた。学生運動が不毛なエゴイズムのぶつかり合いだったという苦い思いがあってのことだが、いまもってそのころの自分の心理情況を的確に説明できない。

それから僕は、ツテを頼ってビルの建築現場のクリーニング工程を仕切る下請け仕事を始めた。退屈をもてあましているけれど学校へは戻りたくない気分の同世代の若者がつぎつぎと集まってきた。東大中退もいれば、高校中退もいた。早稲田も明治も法政も慶応も、なんでもいた。毎日、三十人ほどの若者を配置した。そのなかにSがいた。

ある日、たまたまSと二人で隅田川沿いの材木倉庫へ出かけた。元請けの要請で、便利屋的な仕事もこなさなくてはいけない。電柱のような丸太を、こちらの倉庫からあちらの倉庫へと移す、という単純な仕事である。僕はSと、太い丸太を担ぎ、よろけながら運んだ。

昼飯を食べたあと、堤防に坐って隅田川を行き来する船を眺めていた。無造作な身なりのSが「三島由紀夫をどう思う」と訊いてきた。僕は「戦前の日本浪曼派に関心がある」と答えた。もの静かな男で、三島は凄い、死んじゃうんだもんな、と低い声でとつとつとしゃべった。現場の親方が「すまん、間違えた」と言いにきた。丸太は元の倉庫へ戻してくれ、というのである。結局、僕たちはまったく非生産的な一日を過ごした。徒労感はあまりなかった。どうせ意味のあることなど見つからないのさ、と開き直ることに慣れていた。しばらくしてオイルショックで建築関係が不況に陥り、仕事をたたみ、大学院でナショナリズムを研究することにした。

新聞報道によると、Sは逮捕される寸前、警察がアパートの鍵をこじ開けるため五分ばかり手こずる間、用意してあった青酸カリのカプセルを呑んだ。テロリストらは、捕まるときが死ぬとき、と青酸カリを忍ばせていた。実際にそのとおり実行したのがSだけなのは腑《ふ》に落ちないが、三島の自決の影を曳《ひ》いていたからだと僕は解釈している。

「黄禍の気分」に鈍感な日本人

1995. 5. 4/11

ソ連という超軍事大国が消滅しなければ、地下鉄サリン事件も警察庁長官狙撃事件もなかったはずだ、と日本人は考えている。このまま危険な、自己管理もできないロシアを野放しにしておいていいのか、という憤懣《ふんまん》が拡がりはじめた。

だがロシア側から言わせると、日本からやってきたオウム真理教（その他にも複数の教団が進出している）は、悲しい混乱の渦中に乗じてやってきたまったくもって迷惑な侵犯者なのである。変なものを送り出さないよう自己管理しなければいけないのは日本じゃないか、と不満を抱いているのだ。

日本のメディアでは、こうしたロシア側の市民感情が無視されている。オウム現象は冷戦崩壊によってもたらされたのに、相変わらず、旧来の一国平和主義の枠組みで理解するのである。

＊

日本人は、自分たちの一国的な繁栄が他者に与える心理的な圧迫について、かなり鈍感である。増えつづける貿易黒字、世界第二位の経済大国、どう考えても巨象なのである。円高にうろたえ右往左往する蚤《のみ》の心臓をもった巨象だとしても。

巨象には、存在自体が他者に圧迫感を与えるという自己認識が欠如している。ろくな収入もなく外貨もなく紙切れ同然のルーブルしかないロシア国民から見れば、カルト教団までが円の威力にものを言わせて進出するのだから、途方もなく妬《ねた》ましい。

そんなことを考えているうちに、僕は二十世紀の世界史の、つねに曲がり角で登場する黄禍《こうか》論が、世紀末の主役に躍りでる予感にとらわれはじめた。

それから『愛人　ラマン』の著者マルグリット・デュラスの、不思議な描写へと連想が拡がいる。
ったのである。

黄禍とは、黄色人種が世界に禍いをもたらすという妄想で、人種差別をベースにしているが、蒙古民族襲来の遠い記憶と結びついており、むしろ欧米側の被害者意識のほうが基調になっている。

「話はまず恐怖から始まった」という書き出しの『エミリー・L』という一九八七年に書かれたデュラスの作品に、唐突に不気味なシーンが出てくる。作者の分身の「わたし」と話し相手となる息子とが、セーヌ川の注ぎ込む港町のホテルのテラスにいるとき……。
〈その連中は、単一の同じ顔つきをしており、だから恐ろしい感じを与えるのだ。山あらしのような髪の毛、切れ長の目で全員一律の陽気さを示し、恰幅も背丈も似かよっている。(略)
「どこに韓国人が見えるの?」
「あなたのうしろにいるのよ。ふりかえって波止場の端の方を見てごらん」(略)
「たしかにアジア人だろうけど、それがどうして韓国人ということになってしまうの?」
「わからないわ。韓国人なんて一度も見たことないんだから」(略)
「一度も見たことがないから、身元のわからないアジア人は韓国人だということになっちゃうのかな?」
「そうよ」(略)
韓国人たちがわたしたちに近づき、別のテーブルに腰かけた。さっきわたしたちが彼らを眺めていたのと同じように、彼らがわたしたちを見ている。彼らは残忍な微笑をうかべているが、それが急に、二度とそこから抜け出られないようなある種の悲しみに消されてゆく。だが、残忍な笑いがふたたび彼らの表情にもどってくる。そして、目のあたりや開きぎみの口もとで固定してしまう。恐怖を与えるのはその笑いであり、このわたしが覚悟している殺戮を告知するのもその笑いだったのだ。（略）

あなたはわたしにむかって言った。

「つまらない人種差別主義者みたいだ」

わたしは、そのとおりだと言った。（略）

「終末の恐怖は日本から起こるわ。世界の破滅。それは韓国からやってくる。それがわたしの思ってることよ。あなたならおそらく、その実現を目撃するチャンスがあるでしょうよ」

あなたは、そうかもしれないと言った〉

デュラスの文体は、いわゆる私小説的なリアリズムとは違う。神秘的な響きをもつ幻想的な断片の連鎖である。そのまま事実と受け止めなくてもよいのだが、直観的な説得力はあるのだ。「終末の恐怖は日本から起こるわ」という気分には、前後の文脈から見ても何の根拠も提示されていない。韓国人の描写がつづいて、唐突に日本が現れる。いったい、どういうことなのだろうか。

その点について訳者の田中倫郎も気になったようで、「あまりにも藪から棒の日本呪詛《じゅそ》の理由を忖度《そんたく》しかねる、その真意のほどをお聞かせ願いたい」と手紙で問い合わせたと解説で述べている。するとデュラスから、つぎのような日本についての手きびしい意見が届いた。

「私は日本の経済活動、死を賭してでも新しい市場を見つけねばならぬという、絶対的、悲劇的不可抗性のことを考えています。日本の貧相さのことを考えています」

だが、日本によってもたらされる世界の破滅と、韓国人とがどんな関係にあるのか、その説明はなかった。そこで訳者はさらに手紙を書き送るが、返答はなかったという。

円高は謎である

デュラスは『愛人ラマン』のなかで植民地（ヴェトナム）育ちの体験を語り、アジア人（中国人）との初めての性体験を描いた。だからアジアと深い部分で交わった。知っている、という遠慮のなさのせいで、『エミリー・L』の「わたし」に、「アジア人」は「残酷で、カードで賭博をやり、泥棒で偽善者で狂人」とまで言わせてしまうのかもしれないが、その真意がよくわかりにくいのである。あえて解釈すれば、賭博をやる東南アジア人、欧米へ進出しはじめた韓国人、彼らは人種として登場するけれど、もはや日本人は「日本」そのものであるような固形化した怪物、黄禍の震源地と捉えられているのかもしれない。

いずれにしろ「世界の破滅」が、オウム教とは別の意味で、こんなふうに語られていたことは知っておきたい。

デュラスのことはもう忘れたいが、僕はいまの円高が不可解で仕方がないのである。あれは投機筋が無策の日本政府をなめているからだ、ということになっている。だがゲームをつづける投機筋の深層心理に、「絶対的、悲劇的不可抗性」と「貧相さ」への処罰意識がはたらいてはいまいか。デュラスは「つまらない人種差別主義者みたい」と卑下しているから、性善説のヒューマニストより直観が冴えているともいえるのである。

一九九九年、「シーマン」との遭遇

1999. 7. 29

スタンリー・キューブリック監督の「2001年宇宙の旅」がつくられたのは、いまから三十一年前の一九六八年である。僕はまだ学生であった。二〇〇一年は遥か遠く、科学がどこまで進むのか、想像のしようがなかった。

あの映画が与えてくれた未来への手掛かりは、コンピュータ「ハル」の存在であった。コンピュータが人間と対話し、人間を超える知能をもち、そして人間に敵対するのだ。三十一年前のコンピュータは未発達ではあったが、人工知能という概念を演繹《えんえき》的に発展させればたしかに人間を超える、と考えることはできたのである。

＊

しかし科学は直線的には発達しない。コンピュータの性能の向上は予想を上回ったが、人間と対話し、人間を超える知能をもち、そして人間に敵対する、そんな人格を持つところまではとても無理だとわかった。

またコンピュータが大企業や大学に置かれた大型のものではなく、パーソナルなものとして利用され通信と結合してインターネットへと展開するなど、予想はしなかった。さらにインターネットがライフスタイルからビジネスチャンスまでを支配しはじめるとは考えなかった。ある部分では人間を歪めたかもしれない。

パソコンが普及した結果、画面と対峙する時間ばかりが増え、肉体としての生身の人間、あるいは動物や植物に関わることから遠ざかる、そんな若者を増やしていることは間違いない。

パソコンではないが〝たまごっち〟のブームがあった。餌をやらないと死んでしまうキャラクターが現れた。だから、カブトムシが死んだら、こわれたと表現した子供がいた。コンピュータゲームではすでに熱帯魚を飼育するソフトが登場していた。水温まで管理しなければならない。

こうしたゲームの流れから、いきなり高次元へスキップして、「ハル」が現れたとしたらどうだろうか。

十年くらい前から僕のところにちょくちょく顔を出すユニークな男がいて「おい、青年」と呼んでいるうちに、「もう青年じゃないよ、三十七歳だよ」と抗議する。何年も前から新しいゲームソフトの構想を僕に開陳していたが、先日の夜更け、「ついにできたぞッ」と電話があった。まるでエジソンが電球を発明したかのようである。「名前は〝禁断のペット・シーマン〟であるぞ」となかなか騒々しいやつで、早速、僕の仕事場に押しかけてきて実演してみせた。

画面に水槽が映っている。「寒い、寒いぞ。どうにかしてくれ」と暗がりのなかで叫ぶ声がする。怒鳴っているようにも聞こえる。水温を二〇度ぐらいに設定すると、画面が明るくなり、二匹の魚が活発に泳ぎ出す。ぬうっと大きな顔をこちらに向けた。……不気味な人面魚である。

胴体と背びれや尾ひれは魚だが、顔は人間。仏頂面の男がジロリとにらみつけ、野太い声で「なんか用か」と言い、くるりと背をむけてまた水槽の奥のほうへ消える。愛想がない。

「おい、シーマン。こっちへ来いよ」と、バーチャルな世界の住人に呼びかけると、「やーだよ」とちゃんと返事をする。小憎らしいやつだ。「おまえ、何歳だよ」と訊《き》くと、「天才ッ」とぶっきらぼうに言い放つ。

中年になった発明家に僕は言った。

「君に似ているな」

発明家は答えた。

「相手をしていると、似てくるんです」

「なるほど」

「そこがミソなんです」

「こちらが下手《したて》に出ると、いつもあんなに不機嫌なのかね。顔も、なんか態度が大きいところも君に似ているぜ」

「俺に似てるってわけじゃないんですよ。ふつうの日本人の顔ってやつです、ラーメン屋に行けば必ずひとりはいるような」

「とにかく機嫌を直させろよ」

「こんな手はどうですか」

彼がコントローラーをこちょこちょといじると、画面のなかに伸びた手がシーマンの腹をくすぐった。シーマンは「あひゃあひゃ、やめれ、やめれー、あひゃあひゃ」と身悶えして笑いこけながら苦しがっている。


癒しになる?


「この先、どうなるのかね」

「毎日、五分でも十分でも、餌をあげたり、対話したりしてかまってやると二週間ぐらいで卵を産みます。親シーマンは消え去り、卵が孵化《ふか》すると、新しいシーマンが現れます。学習した情報を蓄積したさらに利口なシーマンです」

「こちらの癖を知っているわけだね」

「ええ、孵化を繰り返すたびに、だんだん飼い主に似てくるんです」

「もうひとりの自分、ていうわけか」

「そこなんです。もはやこれはゲームじゃないんです。会社から帰ってくるでしょ。今日、あったことをしゃべる。すると彼、もうひとりの自分が聞き役になり、また説教もする」

「本人のアイデンティティをシーマンが学習しているから、自問自答のようになるわけだな。なんだか、カウンセリングみたいだ」

「こんな時代だからこそ、シーマンが癒しになるのではないか、と」

このソフトはセガ・エンタープライゼスから発売される（ドリームキャスト限定モデル）。ゲームデザイナーの斎藤由多加《さいとうゆたか》は、全世界で百万本のセールスを記録した「ザ・タワー」で知られている。

ドリームキャスト初の音声認識対応ソフトなので、文字入力でなく直《じか》に会話が可能。だから「シーマン」は、ちょっとだけ「ハル」に似ている。

＊ドリームキャストは二〇〇一年三月で製造中止になったが、「シーマン」はまだ販売されている。

NO. 4

現代でなく近代へ、実感から遠ざかってみる

テレビ番組のじょうずなコメントとは、一回のしゃべりの長さを十五秒とか三十秒ぐらいに区切ることだ。ＣＭと同じぐらいの短さだと歯切れがよく見える。

そういうことを僕は知っているが、だからといって〝いかにも〟というコメントの名人になりたいとは思わない。

人の数だけ意見がある。街頭インタヴューでマイクを向けられるサラリーマン、女子学生、みな一票である。誰でも生まれて以降のことについては一家言あるのだが、意想外な発言など、めったにおめにかかれない。どこかで耳にしたことばかりなのだ。

生まれる前の出来事は実感できない。実感できない世界を再構成する力を知性と呼ぶ。体験の範囲にとどまっているかぎりは平凡な感想文の域を出ない。知性の産物にはならない。少し行数がはみ出してもよいから、百年ぐらい前の出来事と現在をつなげてみよう。

五十年後の真珠湾で「降伏」について考える　1991. 12. 26

十二月七日早朝（日本時間8日未明）、五十年前に日本軍が奇襲した時間、僕はパールハーバーにいた。「CNNデイウォッチ」（テレビ朝日系）の特番で〝その日〟を伝えるためである。ブッシュ大統領は、周到な段取りで短い時間を分割し、つごう三回の演説をこなした。午前七時ちょうどに行われたパンチボール国立墓地での演説は、米国東部時間の正午に合わせたものだし、日本軍の第一波が空から急襲した七時五十五分には、一千人以上の兵士を呑み込み沈んだ戦艦アリゾナの上に建てられている記念館で黙禱《もくとう》そして演説、という手筈であった。

アリゾナ記念館は、湾内のフォード島に隣接している。小さな島だが、当時はここの滑走路に航空機が配備されていたほか、主だった戦艦は島側にずらりと停泊していたのである。したがって日本軍の攻撃は一網打尽の効果を期待し、この島を狙うことになる。そして戦艦アリゾナの残骸は「汚名の日」(Day of Infamy) のシンボルとしてそのままの位置に残されているのだ。広島の原爆記念館のドームと同じように。

「アリゾナ」も「ヒロシマ」も多大な犠牲者を出した辛い思い出の場所としての共通点を抱えているが、アメリカと日本はまったく異なる立場にもあった。勝者と敗者の違いである。用意周到と表現したのは、そのためだ。九時十分に大統領は三つ目の演説を、戦艦ミズーリの甲板で行った。敗戦後の一九四五年（昭和20年）九月二日、日本は東京湾のミズーリ号上で連合国に対し降伏文書に署名したのである。

＊

テレビの仕事を終えほっとしていると現地の消息通が僕に耳打ちしてくれた。八日に戦艦ミズーリが一般公開されるらしい、というのだ。ミズーリは、パールハーバー五十周年行事が最後の務めで、〝退役〟することになっている。

翌日、鉄条網で囲まれた基地の入り口に行くと、チケットを出せ、という。そんなものがどこで配られているのかわからない。軍関係者の家族サーヴィスの日なのだろうか。さいわいプレス・パスをふりかざしたら納得してくれたが、こんなところに日本人がなにしに来たのだろうか、と訝《いぶか》しく思ったのかもしれない。

巨艦を見上げると、南の国のきつい陽差しがはるかかなたの艦橋頂部あたりでキラリと反射した。タラップを汗をふきふき登っていく。甲板上の十六インチ砲は、少しバランスを欠くと思われるぐらいに、ずんと突き出ている。

一九四一年の暮れに戦争をしかけ、四年後の夏に敗北の屈辱を味わった日本の指導者は、どんな気持ちでこの甲板上に佇《たたず》んでいたのだろうか。降伏使節団の全権重光葵《しげみつまもる》が、喉が渇いたので水がほしいと所望したところ冷たく拒否された、というくだりを思い出した。負けるということは、そういうことなんだ、僕は妙に深く納得してしまった記憶がある。

帰国したその日に、書棚をかきまわして加瀬俊一の回想録をひっぱり出してみた。なんとなく読みとばしていたような気がしていたが、今回はたしかめずにはおれない心境になっている。

加瀬は重光外相に随行した外交官（当時の肩書は内閣情報局第三部長）である。

重光全権は隻脚《せっきゃく》であった。上海事変の余燼《よじん》がくすぶるなか、同市の公園で天長節（戦前の天皇誕生日）の式典が開催されたが、そのとき占領に抗議する朝鮮人の投げた爆弾によって右の足を腿《もも》から切断する不運に見舞われている。

「重光全権が、ステッキをたよりに重い義足を引きずって、一歩一歩喘《あえ》ぐようによじ登る姿は、じつに痛ましかった」

水がほしい、というのは、だから当然の欲求なのだ。しかし、状況は敗者に苛酷であった。

「上甲板は黒山の人だかりだった。われわれは両全権（重光のほかに軍部を代表して梅津美治郎《うめづよしじろう》参謀総長がいる）を最前列にして、そのうしろに三列に並んだ。すぐ前には緑の布に覆われたテーブルの上に降伏文書と覚しき書類が置いてあり、これを挟んで戦勝国代表が一団になって立っていた。赤、青、緑、金、茶と色とりどりの服装に、肩章・徽章《きしょう》・勲章が眩しく輝く。周囲には褐色の軍服を着た米軍の将官が立ち並び、燃えるような憎悪の眼――と私は思った――を光らせている」

憎悪の眼、は甲板ばかりではなかった。大砲の上に跨《また》がったり、煙突の梯子《はしご》にぶら下がっていたり、〝観衆〟はありとあらゆるところに、曲芸の猿のような恰好で鈴なりになっている。将校も水兵も記者もカメラマンも、露骨な敵意と無限の好奇心をもって日本全権団の一挙手一投足を見つめていたのである。

加瀬は「彼らの視線が鋭い矢になって皮膚をつらぬき、肉を裂き、骨を刺すのを感じた」と記している。「その矢は幾千本であり、幾万本」にも感じられる。

「生まれていまだかつて、人間の視線がこれほどの苦痛を与えるものだとは知らなかった。私は歯を食いしばって屈辱感と戦いながら、冷静を失うまいと必死に努力した」

いまの僕たちにとって、教訓はつぎの出来事に重ねられよう。

計算された「冷徹と寛容」

マッカーサーの演説がはじまった。

「意外である。まったく意外である。元帥はこの演説において、理想や理念の紛争はすでに戦場において解決されたから、改めて議論する必要はない、といって、われわれは猜疑《さいぎ》や悪意や憎悪の気持ちに促されて今日ここに相会するのではなく、過去の流血と破壊のなかから信頼と理解にもとづく新しい世界を招来しようと切に念ずるものであると説き、自由と寛容と正義の精神を強調したのである」

なお加瀬は、調印式の経過を駆逐艦の一隅に座を占めて急いでまとめた。重光全権は、それを持ってただちに皇居へ向かった。加瀬の報告は、「もし日本が勝っていたら、果たしてマッカーサーがとった態度をアメリカに対して示し得たでありましょうか」という疑問符でしめくくられている。

水もくれない厳しい突き放し方、同時に、演説における寛容さ、この二つがアメリカではないだろうか。

パールハーバーでのブッシュ大統領の演説も、日系人を強制収容したことへの謝罪、日系人部隊が勇敢にナチス・ドイツと戦ったことの称賛、などが織り込まれていた。ところが日本では宮沢喜一首相や渡辺美智雄外相が「重い責任」などとポツポツと述べるだけでクリアな言い方をしていない。突き放し方と寛容さがべたりとくっついて独特な曖昧さに塗り込めてしまうので、めりはりが出せないのである。

1992. 8. 27

戦争体験がもたらす不毛な被害者意識

第二次大戦中、日本軍の捕虜となった英国人ジャック・エドワーズが、苛酷な体験を綴った本を二年前に書いた。最近それが邦訳された。タイトルは少し下品で挑発的な『くたばれ、ジャップ野郎』（原題 Banzai You Bastards　径書房刊）である。これは被害者意識を丸出しにした本といえる。日本人もまたうんざりするほど被害者意識を自己正当化の旗印としてきたから、ちょうどよい、戦争体験を考えるきっかけにしたい。

＊

『くたばれ、ジャップ野郎』は全編、日本の軍人からどれだけ残虐な行為を受けたか、えんえんと記されている。たしかに日本軍はひどいことをしたが、その事実をこれでもかこれでもかと並べ立てる。迫力はあるが、うんざりもする。

……収容所で、ある日、二名の脱走者が出た。同室の者たちは直立不動で六時間半も立たされた。眼を閉じても指一本動かそうものなら、太い竹の棒で思い切り殴られる。やがて脱走者が捕まると、二人はロープと針金でぐるぐる巻きにされ、首に付けた引き紐《ひも》で犬のように引き回され、銃殺された。

……銅山の採掘坑は、身を焼き尽くすような酷熱と、したたり落ちる酸性地下水のため、湯気を立てながら喉をゼイゼイいわせて働いている捕虜たちの姿は、まさにダンテの「地獄編」の光景を彷彿《ほうふつ》とさせた。

映画「戦場にかける橋」のようなお仕置きシーンが、つぎつぎと登場する。

この本の主眼は、二つある。ひとつは日本政府に謝罪と補償を求めていること。別のひとつは、日本人は原爆を落とされたからといって過剰な被害者意識を持つな、原爆はこうした残虐行為をストップするための正当な手段であった、わかったか、という主張である。

じっさい日本兵がやったことであり、告発している内容は伝聞ではなく、すべて著者自身が体験したことだから、日本政府としては弁解の余地がない。

そこには真実のみが書かれているのだ。しかし、真実が書かれているのに、救いがないのはどうしてなのだろうか。

日本人の残虐行為が暗く陰険だから、救いがない。これはわかる。情けない話だ。しかし、恨み骨髄一本やりの著者の告発の姿勢にも救いがないのである。

なぜ英国軍がシンガポールにいたか、なぜインドにいたか、なぜアジア人の上に君臨していたか、なぜ……、という問いがいっさいない。そういう疑いを持たないこの著者の姿勢に不可解さを感じる。

会田雄次《あいだゆうじ》著『アーロン収容所』は、戦後、立場が逆転して日本兵が英国軍の捕虜収容所に入れられたときの体験を綴ったもので、一九六二年（昭和37年）のベストセラーである。

こちらもひどい体験が綴られている。

……兵舎で雑巾がけをしていると、私の額でタバコの火を消されたことがあった。私をひざまずかせ、足かけ台の代わりにして足を乗せ、一時間も辛抱させられたことがあった。

……ある兵士は、ひざまずかせて口を開けさせられ、顔に小便をかけられた。日本兵は便器でしかないという表示である。

どちらも捕虜になったことでひどい目にあった、人権を否定された、というものである。捕虜としての死者の数や収容期間の長さからいうと『くたばれ、ジャップ野郎』のほうが凄まじい。だが、それは程度の差にすぎない。

なぜなら、会田雄次は収容所で心底こう思ったからである。

「英国人を全部この地上から消してしまったら、世界はどんなにすっきりするだろう」

さらに「（いまでも）ふと収容所の事件を思い出すと、寝ていても思わず床の上に突っ立ってしまうほどの憎しみとも怨恨ともつかぬ衝撃に打たれる」のだ。

もちろん、ジャック・エドワーズも敵に対し同じことを考えつづけた。

「この物語を世に出すのにどうして四十二年間も待ったのか、と問われる方もいるかもしれない。答えは簡単だ。あの経験による精神的後遺症がずっと尾を曳き、机に向かって書こうとすると必ず言いようもない激しい感情が身をつつみ筆を進めることなど到底できなかった」

では『くたばれ、ジャップ野郎』はうんざりするのに、『アーロン収容所』のほうには救いがあるのはなぜか、である。日本人だから贔屓《ひいき》したつもりはない。捕虜収容所で会田雄次が考えつづけたことは、文化ギャップについてであった。

戦争体験を感情で継承するな

英国軍の収容所では、めった切りにして殺したり、昂奮して殴りつづけたりはしない。捕虜いじめはきわめて冷静に、非難に対してはうまくいいぬけできるよう行われた。それに対し日本軍の非戦闘員や捕虜に対する扱いは、おうおうにして〝逆上〟から発していた。

前線で自分たちより数の多い兵隊をつかまえたりすると、どうしてよいかわからず茫然としてしまう。水の補給場所も考えないで大群を行進させて死人を多く出したり、列から離れた者を追い返すことをしないで殺してしまうのは悪意の問題だけではない。もし英国人のように羊や牛などたくさんの動物をわずかな人数で管理する習慣を持っていたら、こういう馬鹿げた失敗例は減っていただろう。

農耕民族と遊牧民族の差、ということだけではないのだ。ここが肝心だが、システムの差なのである。階級社会を維持している英国は、長い植民地支配で自分より下等だと位置づけた植民地人を冷静に支配する管理技術を磨いてきた。

「ある見方からすれば、彼らは、たしかに残虐ではない。しかし、視点を変えれば、これこそ、人間が人間に対してなし得るもっとも残忍な行為ではなかろうか」

もちろんこうした理解に辿《たど》りついたところで日本人の過去の行いが免罪されるわけではない。よほどの馬鹿でないかぎり同じことはしないと信じるよりないのである。

むしろ予測できない未来に対処するために、過去の体験からどんなことを発見したか、学ぶことが可能か、それを冷静に見つめる強靭な精神のほうが大切だと思う。救いがある、とはそういうことではないのか。

被害者と加害者という図式は不毛な円環構造なのである。悲しい、苦しい、ひどい、といくらお題目を並べても、そうでしたね、とうなずくしかないのだから。戦争体験の継承について、少なくとも僕らの世代には感情的になるいわれはない。変に盛り上がったりすると虚偽意識が交ざってしまう。もっとも、何も知らない、では単なる阿呆だけれど。

英国の戦争小説に描かれた「フェアな日本人」

1994. 12. 15

来年のメディアの主役は、戦後五十年企画である。日本人の戦争観は、だいたい八月十五日の終戦を柱とした被害者意識に彩られたものが多い。いつも思うのだが、戦争を始めた十二月八日に因んだ企画は少ない。

なぜあの戦争が起きたのか、なぜ予想できなかったのか、と考えるほうが大事だと思うのだが……。そして日本人の誇りということについても考えてみたい。

開戦までに、日本とアメリカが戦争をすればどうなるか、という予想を作品という形で世に問う作家、ジャーナリスト、軍事評論家が少なくなかった。それらは現在のビジネス書の氾濫《はんらん》、すなわち日米貿易摩擦を含めた日本とアメリカの経済関係の今後を占おうとする現象に類似したものとみてよいのである。

日露戦争後から日米開戦までの三十六年間に、少なくともそうした日米未来戦記は五百点以上出版された。そのなかで最も優れた作品をひとつ挙げろ、と問われれば、僕は迷うことなく、英国人ヘクター・C・バイウォーターの『太平洋大戦争（The Great Pacific War)』を推す。

＊

山本五十六《やまもといそろく》提督も愛読していたという『太平洋大戦争』については、拙著『黒船の世紀』

(小学館刊・文春文庫)で詳しく紹介したが、二カ月ほど前、日本語訳が出た。いわゆる戦記物ブームにのった企画らしく、タイトルが『太平洋大海戦』(KKベストセラーズ刊)と、ちょっと曲げられてしまった。とはいっても翻訳の中身には影響がない。バイウォーターは、一九二四年(大正13年)の時点で一九三一年(昭和6年)に起きると想定された日米戦争を描いた。予想はみごと的中していた。僕たちがどの程度、未来を予想できるか知るうえで恰好のテクストといえる。

物語は、まず日本軍によるフィリピンの米軍基地への奇襲から始まる。

バイウォーターが実際の戦争より十七年も前に書こうとしたとき、まだ真珠湾はそれほど重要な位置を占めておらず補給基地程度にすぎなかったのである。

真珠湾とフィリピンの違いがあったが、奇襲の戦果は驚くほど的中していた。というのは、あるアメリカ軍将校の手記(もちろん、フィクション)によれば、被害はこう記されているからである。

「かくてわが艦隊は全滅した。二千五百人以上の勇敢な軍人が海の藻屑となった。日本側の損害は駆逐艦二隻にすぎず、死傷者も六百人と報じられている」

なお真珠湾での奇襲攻撃による米軍の死者数は二千四百二名だった。

奇襲攻撃は「青天の霹靂《へきれき》」であり、アメリカは「深い悲しみに沈む」のだ。だが戦争は、国力で優位に立つアメリカが徐々に巻き返していく。実際の太平洋戦争と同じように、米軍は太平洋の島伝いに攻め上り、いよいよ東京へ空襲という段になる。その先から、著者バイウォーターの執筆意図が表れてくる。

深夜、五十機の米軍機が東京上空に姿を現した。たちまち東京中がパニックに陥った。しかし、米軍機が落としていったのは爆弾ではなかった。無数の日本語のビラが舞った。こう書かれていた。

「これ以上の人命の損失は無益である。アメリカ国民は日本人の良心に訴え、この正当な理由もない無益な戦争を終息させるため、休戦を勧告する」

上海で講和条約が締結された。講和の条件は日本を苦しめる内容ではなかった。日本が第一次大戦でドイツから奪った南洋諸島の委任統治権をアメリカに譲渡すること、中国大陸における権益を放棄すること、そしてアメリカは賠償金を請求しないこと、などであった。こうして再び太平洋に平和が訪れたが、日米双方の打撃は大きかった。

「日本は、戦前の、列強の一角を占める地位を回復するまでに、ほぼ一世代にわたって血の滲む努力を要しなければならない。またアメリカも海運に大打撃を受けた。戦費の支出は増税を招き、経済回復の見通しはまだ立っていない」

巻末に、両国が戦争のために建造した主力艦の一覧表が載っている。フィクションといえども戦艦のトン数や装備なども具体性があり、損害額を算定できるのだ。そして、「この戦争に注がれた経済的、人的努力と、犠牲と、その結果を見較べれば、近代の戦争は国家の発展に寄与するところはなにもなく、莫大な物資の浪費に過ぎないことは一目瞭然」と結ばれている。バイウォーターは小説というスタイルで日米両国民に、もし戦争になれば勝っても負けてもお互い損をするのだ、と訴えたかったのである。

国際法を遵守

新聞の戦争責任については問われずじまいだが、『太平洋大戦争』のような書物の存在を知らせ、翻訳するなどの方策は講じられていてもよかったと思う。というのは、こうした予想の問題だけでなく、小説に登場する日本軍がきわめて紳士的に描かれているところは重要な意味を持つ。たとえばフィリピンで米軍を降伏させたとき、キムラ大将は敵軍の勇敢な防戦を讃え、総指揮官と副官たちに帯剣を許し、さらに捕虜の扱いは国際法にのっとって行われた。

海上の戦闘においてもこうした態度がつらぬかれている。第一次大戦でドイツのUボートは、戦艦であろうが商船であろうが無差別攻撃を仕掛けた。ところが日本の潜水艦は、航行中のアメリカの補給船を発見すると、いきなり攻撃をせず停船を命じた。そして乗組員を付近を航行中の英国船に託してから沈めた。

バイウォーターの日本人に対する認識にはそのような敬意が払われている。実際に日露戦争と第一次大戦まで、日本人はよく国際法を遵守したのであり、その事実は世界に知られていた。誇り高い日本人のイメージは、決して悪くなかった。

『太平洋大戦争』では、フィリピン奇襲の大艦隊が攻撃を開始する直前に、日本のアメリカ駐在大使は、ホワイトハウスに日本大使館員の引き揚げを通告した。事実上の宣戦布告をしているのである。

以前に記したように（本書53ページ）、真珠湾奇襲の直前に日米交渉打ち切りの通告をするはずが、軍部の秘密主義があったにせよ日本のアメリカ大使館の事務怠慢の結果、奇襲後にハル国務長官のもとへ出かけるといった失態を演じてしまった。国際法を遵守しない卑怯な日本人のイメージが定着してしまう。戦後、極東軍事裁判で日本軍の捕虜取扱いにつき国際法違反が追及された。英国人の描いた小説のなかの日本人のほうが数段、上等なのである。

戦後五十年の間に、日本人はフェアで誇り高いという印象を国際社会で回復し得たのか、経済力以上にそちらのほうが問われているのだと思う。

上すべりのヒューマニズムより冷徹な歴史認識を　*1995. 5. 18*

「南京・1937」というタイトルの中国・台湾共同製作の映画のロケが進行中で、日本人女優の早乙女愛も出演しているという新聞記事（朝日、'95年2月18日付）の以下の文章に、またか、と思った。

「三十万人といわれる犠牲者が眠る南京を舞台に、平和への願いを込めた国際的な協力の輪が広がっている」

僕は以前、このコラムで「日本の大本営発表も困ったものだが〝白髪三千丈〟も訂正したほうがよい」（秦郁彦が試算した約四万人という数字を一例として示した）と書いた。虐殺はなかった式の永野（元法相）発言は軽蔑すべきだが、「三十万人といわれる犠牲者」と慣用句のように記してしまうのはどうか。同情を示すことと、冷静に事実に向き合うことは、あくまでも別である。

＊

歴史は、因果の連鎖のなかで綴られるべきだ。南京事件は、日本人が残虐だから起きた、とはいえない。だが、結果として残虐であった。侵略行為があったから、事件が起きた。これも事実である。では大陸への進出が、なぜ残虐行為を生むに至ったか……。

文芸評論家の川西政明が最近、「上海南京紀行」（「季刊歴史ピープル」'95年陽春号）という興味深いリポートを書いた。そのおかげで、忘れられた日本人、南京虐殺の現場指揮官、佐々木到一の手記を読み直してみる気になった。

佐々木を、初めてきちんと論じたのは橋川文三（故人）である。佐々木の手記が、『ある軍人の自伝』（普通社刊）として刊行されたのは一九六三年（昭和38年）だった。手記を発掘して解説を担当したのが橋川である。二年後、佐々木が書いた「南京攻略記」が昭和戦争文学全集（集英社刊）に収録され、さらに二年後、この「南京攻略記」を含め『ある軍人の自伝　増補版』

(勁草書房刊)が再刊された。以来、再び佐々木到一は忘れられた人物になっていたのである。

佐々木は南京攻略にあたって、第十六師団に所属する第三十旅団長で、階級は少将であった。

佐々木が率いる部隊は一九三七年(昭和12年)十一月十二日未明、上海付近、揚子江を入ったところから上陸し、南京を目指した。

農民が「狂気のようになって燃える我が家に水をかけている哀れな光景」を眺めながら行軍、戦闘を繰り返しながら前進、夜になった。「暗黒のなかを黙々として進む一隊には戦場の凄気」があった。逃げる敗残兵を撃つ。「銃弾を受けて立ちながらくるりと一回転して倒れる」のだ。

一カ月にわたる戦闘のはじまりである。

佐々木は「今度こそ多数の部下を犠牲にしなければ成功は覚束《おぼつか》ない」と覚悟しており、「将校の少なくも半分は殺さねばならぬ」と鬼気迫る信念を抱いた。

前進しながら、農家に隠れている敗残兵を殺した。「問答や憐憫《れんびん》は、この場合、絶対に禁物である。とっさの間に銃剣か弾丸がすべてを解決する」と記した。

「どこからか銃弾が飛んでくる、車外に立っている予の足下の土を蹴る、バシーッと車体にあたる。装甲車を小楯に畑のなかを物色すると、青い蔬菜《そさい》畑のなかをそれらしい黒い影が逃げて行く。狙撃、当たらぬ、また射撃……」と、気の休まらない戦闘がつづいた。

　こうして十二月十三日、いよいよ南京攻略戦である。

「支隊の作戦地域内に遺棄された敵屍は一万数千にのぼり、その他装甲車が江上に撃滅したもの並びに各部隊の俘虜《ふりょ》を合算すれば、我が支隊のみにて二万以上の敵は解決されているはずである。……その後、俘虜ぞくぞく投降し来たり、数千に達す。激昂せる兵は上官の制止をきかばこそ片はしより殺戮《さつりく》する。多数戦友の流血と十日間の辛酸《しんさん》をかえりみれば、兵隊ならずとも〝皆やってしまえ〟といいたくなる」

眼を覆いたくなる惨状だが、手記には虚飾がない。「苛烈・冷酷であるが欺瞞《ぎまん》は見られない」（橋川）のである。

手記の終わり近くで、佐々木は「信義を裏切る者には後日かならず天譴《てんけん》を下さねばならぬ」と、唐突に述べる。佐々木には国際法にてらして捕虜を処遇する気などまったくない。なぜ、天譴なのか。

もうひとつの南京事件

孫文の辛亥《しんがい》革命は一九一一年である。だが軍閥の袁世凱《えんせいがい》に権力を奪われる。広東領事館付武官として赴任した佐々木中尉は、理想を追い求める老革命家、孫文に出会う。大陸は軍閥が割拠していた。孫文は、日本の援助に期待していた。佐々木は、軍閥を打倒するには国民党による中国統一しかないと応じ、国民党の軍事顧問を引き受けた。そして孫文亡き後、後継者、若き蔣介石《しょうかいせき》に期待するのである。

一九二四年（大正13年）、国民党は共産党と妥協（第一次国共合作）。だが、やがて国民党は分裂する。二七年（昭和2年）、蔣介石は反共クーデターを起こし、南京に国民政府を樹立した。国民党革命軍は、かまわず日米英仏伊領事館までも襲った。第一次南京事件である。その惨状を佐々木は『ある軍人の自伝』に、こう記した。

「領事が神経痛のため、病臥《びょうが》中をかばう夫人を良人の前で裸体にし、薪炭車に連行して二十七人が輪姦した。三十数名の婦女は少女にいたるまで凌辱せられ……、いつの日か天譴を下さねばならぬ」

事態はやや複雑になる。それでも佐々木は、蔣介石率いる国民党革命軍とともに北伐に従軍した。孫文の夢、中国統一を実現するために。そして満州における軍閥、張作霖を打倒することが日中両国の利益につながるから。

だが北上する国民党革命軍と、日本軍がぶつかる日がやってくる。両者の間に立った佐々木は、かすかな調整の余地を模索して日本軍側の言い分を蔣介石に伝えに行く。その帰路、国民党革命軍から殴る蹴るの瀕死の暴行を受けた。佐々木は南京の事件を想い起こした。統制のとれない前近代的な野蛮な軍隊……。

佐々木の理想には無理があったのだ。孫文の夢の実現には日本の支援が必要だとしても、日本軍が大陸に進駐することとは、所詮、矛盾するのだから。

南京攻略戦は、佐々木にとっては第一次南京事件の復讐戦の意味合いが込められた。夢の破綻を、十年後に「天譴」として叩きつけた。自己解体した佐々木とともに日本軍は野蛮な軍隊と化したのである。

歴史の〝悪役〟佐々木の人生は単純ではない。「もし加害、被害という用語を用いるならば、少くとも佐々木は日本陸軍主流による被害者であったばかりか、ある意味ではまた、中国国民党による被害者でもあった」（橋川）のだ。

「平和への願いを込めた国際的な協力の輪」という上すべりなヒューマニズムより、善意の人間がどれほど残酷さを発揮するか、そちらを考えるほうがよほど勉強になる。

誰か、佐々木を主人公とした、ステレオタイプでない映画をつくってみないか。

スローガン病患者のあまりに簡単な「転向」

1995. 8. 17/24

戦後五十年のほんとうのテーマは、転向の問題ではないかと思う。「戦後民主主義」と「大東亜戦争」は、スローガンを置き換えただけなのかもしれないのである。つまり日本人は、戦前も戦後も奇妙に同質なシステムを抱えていて、装いを変えただけともいえるからである。

＊

かつて吉本隆明が「芸術的抵抗と挫折」（'58年）という短文でプロレタリア詩人たちの転向を分析して、こう書いた。

「これら〝前衛〟的詩人たちは、ほとんど例外なく積極的な戦争協力の場面を素材として選ぶことによって、〝超〟絶対主義体制の〝前衛〟としても、可成り巧みに適応しえているという事実である」

たとえばプロレタリア詩は、一九三二年（昭和7年）のコミンテルンテーゼの天皇制規定をスローガン風に表現したりした。

「俺達は特別大演習までに鋪装を完成する／四ケ師団の軍隊がこの道を行進する／天皇旗！／俺達が夜に日をつぎ、飢ゑた腹をゆすり上げられしきつめた道を／天皇旗！／不可侵の権力――／税のいらぬ日本一の大資本家地主――／俺達が〝出版物〟ではじめて知り／憤怒を胸にやきつけた奴が／堵列する民衆の前を通る！／ソヴェート同盟攻撃の道を進軍する！／俺達、プロレタリアート／戦争を前に／土性骨の太いところを奴等にみせてやるんだ／――ソヴェート同盟擁護！　と」（鈴木泰治「鋪装工事から」）

「天皇制反対」とは、要するにソ連からもらったスローガンなのである。

景気のよいスローガンが個人の内面を照らしだすものでなければ、それはまたいつか別のスローガンへと置き換えられるだけのことだ。

一九四一年（昭和16年）に日本はハワイ奇襲に成功、翌年二月にシンガポールを陥落させた。かつてのプロレタリア詩人は新しいスローガンを入手して戦争賛美へと転向した。

「地図は私に指の旅をさせる／こころを躍らせつつ／南をさしておもむろに動く私の指（略）／おお　シンガポール／おお　わが支配下の昭南島／マレーの突端に高く日章旗は翻りつつ／

太平洋の島々に呼びかける」（壺井繁治「指の旅」）

そして、戦争に負けて「戦後民主主義」が新しいスローガンとなると、再び「天皇制反対」が脚光を浴びる。

こうしたスローガン病患者たちにとって、天皇制とはなにか、どのようなものかなど、たいして問題ではないのだ。戦前の弾圧はすべて天皇の名の下に行われた、戦前はファシズムであった、と断罪することで自己責任を放棄し、そのうえで新しい環境を、戦後を、無条件に肯定すればすむのである。彼らの罪は大きい。戦前を、つまり自分の足跡を抹消させることで、歴史を気化させてしまったからだ。

僕は〝視《み》えない制度〟という表現を用いて『ミカドの肖像』を書いた。大東亜戦争も高度経済成長も、根底で同じシステムが作用している。この〝視えない制度〟をとりあえず天皇制と名付け、それを析出することで、日本人の自画像に迫ろうとしたのである。

ところがスローガン病患者たちの天皇制反対は一種のご都合主義で、時代が変わればまた他のスローガンに置き換えるだけ、痛痒《つうよう》を感じないらしいのである。『橋のない川』の著者住井するゑが、戦争中に戦争賛美と天皇制万歳の文筆活動をしていたと櫻本富雄が指摘し、本人にインタヴューを申し込んでいる（「論座」'95年8月号）。つぎは住井するゑが一九四四年に「台湾公論」に書いた文章である。

「戦争はありがたい。戦争は価値の標準を正しくしてくれる。（略）神々の国土開発は、高いみ心即ち創造への意欲からだった。ところが物資が豊かになり、生活が表面的に贅となり、華となり、おまけに、物資を代表する貨幣が、利子という妙な尻尾までつけ出してからは、人間は土地を開くことにさえも、利潤追求の目的に合致するかせぬかの考慮を払うようになったのだ。この時、神の意思が働かぬわけはない。俄然、世界には戦争の渦が巻きはじめた。かくて人間は、再び神代の、心豊かな時代にかえることが出来るのだ」

櫻本がこれについて訊ねると住井は、「ほほほ……。何書いたか、みんな忘れましたね」と答え、質問の矛先をかわしながら「天皇制がなければ、あんなことにはならなかった。天皇がいなければ、戦争にもならなかったですよね。その元凶を、そのまんま置いといて、走狗となった被害者を批判するってことは、少し酷に過ぎる気もしますよ」と、すべて問題を現在もつづく天皇制のせいにした。

いまこそ天皇制を打倒しなければいけない、と主張する九十三歳の老女流作家の戦争中の文章は、よく読むとみごとなスローガン病患者の特質が浮き出てくる。「戦争はありがたい」のフレーズを、そっくり天皇制反対と差別反対のスローガンに置き換えればすむのである。

晶子、らいてうの無意識

与謝野晶子の「君死にたまふこと勿《なか》れ」は日露戦争時代にとりたてて話題にならなかった。弟を思う心情を詠んだもので、反戦詩と理解したのは戦後のスローガン病患者たちであった。

彼女は明治天皇崩御の報せを耳にすると号泣するようなタイプの女性なのである。

与謝野晶子は日独伊三国同盟が締結される前年の一九三九年（昭和14年）、「伊太利亜の燃ゆるたましひひんがしのやまと魂相も結ぶ日」という歌をムッソリーニ首相に贈っている。皇紀二千六百年に寄せて、昭和十五年の年明けには、こう詠んだ。

「かしこかる神武元年／かへりみて指かがなへば／たぐひなき二千六百。（略）／力まだ足らぬ我身を／恥多く思ふと云へど／まごころをもて唯今の／大御代の栄えを祝ひ／新しき東亜細亜の／盟主にて君のましまし／国民《くにたみ》の一つごころに／いそしめる……」

皇紀二千六百年の式典が行われたのは、この年の秋である。

「元始女性は太陽であった」でフェミニストの元祖として知られる平塚らいてうは、「一億のいのちはただひとすじに大君に帰一し大御心の顕現に翼賛しまつることのかしこさ……」と祝詞《のりと》のような一文を寄せている。

日本のインテリは、つぎつぎと外来の流行思想を取り入れてきた。そうしたモダニズムはファッションと同じで、ただ通過していく。それなら無視すればよいが、そうはいかない。スローガン病患者たちはカメレオンのように時代に合わせていく。歴史を偽造する。新聞社は戦争責任について相変わらず口を嗣《つ》んでいるが、それと同じで心に真実の劇がない。日本的システムについての自覚が皆無なのである。

満州国の「革新官僚」岸信介の慨嘆

1996. 1. 25

一年前、阪神大震災で、丈夫そうに見える建物や高速道路が壊れた。被災者の救出が遅れた。危機管理という言葉が流行した。

そのうちに一連のオウム事件や金融破綻など、いつも解決が後手に回るのはこの国のシステムが老朽化したせいではないか、とわかってくるのである。

だがいったん老朽化したものを増改築するのはむずかしい。柱の一本一本が自分を残せ、と自己主張する。どこから手をつけてよいのかわからない。八方塞がりである。そこで、古い建物は仕方ないから、いっそ他所で全部新しいものをつくってしまえ、とかなり乱暴な理想を描いたことが過去にあった。満州建国がそれである。

いまはそんなフロンティアは存在しないから、国内で見つけるよりない。地方分権とか規制緩和が叫ばれるのは、新しい空間をつくるしかないからである。

＊

体制の老朽化というのはだいたい五十年ぐらい、ということになろうか。

「平民宰相」と呼ばれた原敬が、薩摩・長州の藩閥政治を突き破り政党政治を打ち立てようとついに権力奪取に成功するのは一九一八年（大正7年）で、明治維新以来五十一年目であった。原は合理主義者だったから、守旧派は警戒し、ついに一九二一年に暗殺されてしまう。

その後は高橋是清内閣が七カ月、加藤友三郎内閣が一年二カ月、山本権兵衛内閣（第2次）が四カ月、清浦奎吾内閣が五カ月……と短命内閣がつづいて昭和へと雪崩込み、閉塞感を打開する気分が満州事変として表現された。

大陸で勝手に戦線を拡大して満州国をつくったのは関東軍だが、傀儡《かいらい》政権とはいえ行政機構をつくらなければ運営できない。そこで東京から官僚たちが出向くことになった。彼らは「革新官僚」と呼ばれた。

「革新官僚」の中心に、岸信介がいた。戦後、六〇年安保条約改定騒動で首相退陣を余儀なくされる運命が待ち構えているが、それより二十年以上前の話である。岸が満州国に滞在したのは一九三六年（昭和11年）から三九年まで、三十九歳から四十二歳の三年間である。出発する前、岸は商工省工務局長だった。満州国では産業部次長、さらに総務庁次長となった。満州国では部長（大臣にあたる）は満州人だから、実権は次長の岸にあった。

帰国途上、大連での記者会見で「よくも悪くも自分が全力をあげて描いた画が満州で見えるような気がする」と自画自賛した。このあたりは『ペルソナ　三島由紀夫伝』（文春文庫）で触れた。「文藝春秋」誌上（'39年9月臨時増刊号）で、岸がつぎのように述べた点も触れたが、もう少し詳しく紹介しておきたい。

岸は「革新官僚」として、守旧派官僚批判を、というより老朽化したシステムについて辛辣に述べているのである。

「今度日本へ来て痛切に感ずることは、上にいけば上へいくほど〝批評家〟になるということです。これはじつに驚くべきことで、事務官より課長が批評家であり、課長より局長が批評家であり、局長より次官、次官より大臣が批評家であり、あるいは恐らく平大臣より総理の方がまだ批評家であるのかもしれない」

満州では、白いキャンバスの上に自由な色彩で絵具を塗りたくった。あるいは設計から関って新築の家を造ることができた。ところが日本に戻ってくると、かつても不自由で不満だったが、いまは明瞭にその住み心地の悪さを意識せざるを得ない老朽家屋が、相変わらずのまま建っている。

「日本という国は、とにかく会議とか委員会とかいうものが多い。三年、満州にいて満州かぶれがしてそういうことが目につくのかもしれないけれども、日本の会議はものを決めない会議です。満州の会議では必ず決める。なぜ、こっちは決まらないかというと、非常におかしな事柄だが、発言しない人がたくさんいる。満州では発言しなかった人は賛成で、意見があれば言う。日本では発言しない奴がいちばん怖いんだ。イエスと言わない以上、賛成じゃないから、黙っていることはノーということと同じ効果を持っている。それが日本の会議の実態のように思う。したがってものを決めない結果はどうなっているかというと、決して権限を持った人を出席させない。みな代理を出している。満州でも忙しいときは代理を出すが、代理には権限を与えて出す。必ず、その場で右か左かを決め得るようにして出すが、日本では〝いずれ帰りまして、上司とも相談致しまして〃と言う。要するに会議とか委員会というものが国政を渋滞せしめている」

一九四〇年体制の確立

官僚機構が腐っているのである。無責任体制になっている。

「もうひとつ驚くべきことは、決まって為さずです。閣議で決まっても為さず、企画院でお決めになったことは各省は別です。みな違う。何のために決めるのか！　たまに決まったことは実行しない。そこへいくと満州は非常に摑み合いをするほどの議論はするが、必ず決める。決まったことは実行する。実行して悪かったら変えればいい。ところが、人間の知恵というものはたいてい同じようなもので、三、四日決めずにおいたら良い案ができるかというと必ずしもそうではない。日本では特に会議が事務を渋滞させているところが目立つ」

新しい国の官僚機構は、まるで日本とは違う、と言いたいようだった。

「満州でも権限争いはあるが、上に持って行くと決まる。双方と上司と三人で話せば決まるんです。議論は議論、見方は見方で違っていても終わりに一致するところがあるが、こっち（日本）にはそれがない。で商工、農林の権限争いを防ぐための調整協議会をつくっても却って調整にならないで、この調整協議会を調整するものが必要になってくる」

結局、岸が古巣でやった手術は、官僚機構をより権力化して能率化を図ろうという試みだった。こうして一九四〇年体制と呼ばれる、極度に中央集権化したシステムに置き換えられた。税財源を中央集中化して特定補助金として地方へ配るという仕組みは現在までつづいている。岸が嘆いた官僚機構の病状は、今日、少しも変わりない。逆にその縫合跡から一気に破裂しそうな気配となっている。つぎの手術は、よほどの荒療治でなければいけないことになる。閉塞情況の打破のため満州事変を起こす時代は過去のことで、いまは地方分権と規制緩和で老朽家屋の解体と改築を同時に実施する面倒なプランが求められているのだから。

マレーシアの歴史教科書に見る日本軍の功罪　1996. 10. 24

戦後民主主義教育の失敗は、戦前を全否定したところにある。あの戦争はひどかった。しかし、戦争はいけない、平和が正しい、というイデオロギーで過去を封印してしまえば一歩も先へ進めない。

試しに二十代の女性に、大尉と大佐、中尉と少佐、どちらが位が上か。軍曹とはなにか、下士官とはなにか、訊ねてみるとよい。十人中九人までが正確に答えられない。なぜ現代史をきちんと教えないのか、と思う。従軍慰安婦問題も、真相はもう少し深いところにある。軍隊のシステムや当時の事情をある程度知っていて議論しなければならない。無理もないところもあって、新聞記者も学校の先生も、知識がないのである。知識を得る機会に恵まれていない。

僕が『昭和16年夏の敗戦』（文春文庫）を執筆するため取材したのは、三十代半ばだった。七十代の老人たちの間を訪ね歩いた。彼らは一九四一年（昭和16年）夏に、取材する僕と同じ三十代半ばであった。四十年の隔たりはあったが、同世代のように話し込んだ。そういう取材体験がなかったなら戦前を感じることができなかったし、知識も深まらなかった。取材の過程で、学校で教えられたことが役に立たないことを思い知らされた。

結局、沖縄と原爆と空襲を除けば、あの戦争は日本の外で行われたから戦死者の遺族以外は他人《ひと》ごとなのだ。平和というお題目さえ唱えていれば正確な情報など必要なかったのだろう。

＊

韓国や中国の歴史教育では、日本人は鬼畜のごとく描かれる。これもまた公平ではないが、文句をいえる立場にはない。日本では、事実にもとづいた記述で歴史を教えていないのだから。最近、マレーシアの歴史教育の英文テクスト（初級教員免許試験の参考書）を入手した。日本のマレー半島占領について、興味深い記述が幾つもあった。

まず英国の事情が挙げてある。シンガポールの英国軍は、日本の奇襲を予想していなかった。日本とドイツは同盟国だから、日本はソ連を背後から攻撃すると考えていた。が、予想に反して日ソ中立条約が結ばれた。プリンス・オブ・ウェールズとレパルスの二隻の戦艦がシンガポールに派遣されたが航空兵力はなく、最終的な安全保障は真珠湾にいるアメリカ海軍に依存するしかなかった。

日本軍は、まずアメリカ海軍を破壊するために真珠湾を攻撃し、同時にマレー半島に上陸する作戦をとった。また中国での作戦経験が豊富な辻政信大佐にジャングル戦を研究させていたこと、藤原岩市《ふじわらいわいち》少佐がタイのバンコクでスパイ網を組織させていた、などが説明されている。

辻は陸軍大学校卒のエリートで、参謀本部にいた。終戦時に地下にもぐりタイ、ヴェトナム、中国を経て帰国し戦犯を免れ衆議院議員となった。のち参議院議員に転じ一九六一年（昭和36年）にラオスで行方不明となり新聞に大きく報じられた。生存説が絶えなかった。謎の多い人物である。

藤原岩市は辻より六歳下である。陸大卒で参謀本部謀略課など、参謀畑が長い。戦後、自衛隊で第一師団長（陸将）になっている。三島由紀夫の「楯の会」で諜報訓練を指導した山本舜勝《きよかつ》一佐（のち陸将補）は、藤原の陸大の後輩である。文化人三島に接近するよう山本に指示を与えたのが藤原だった。

テクストの話に戻ろう。日本軍は予想に反してシンガポールではなくタイ国側から攻め込んできた。タイ国が日本軍に抵抗しなかったのは、藤原機関の成果だった。不意をつかれたとはいえ英国連邦軍（インドやオーストラリアを含む）は八万五千、日本軍は三万だった。数では英国軍が勝っていた。さらに日本軍に難点があったことに気づかずにいた。

日本軍部の上層部は一枚岩ではなかった、としてこう記されている。

「日本軍は東南アジア侵略のために必ずしも適切な準備をしていなかった。山下奉文将軍は、マレー攻略中に、上官の寺内寿一南方軍総司令官の協力を得られず、兵士たちの補給は充分ではなかった。寺内は山下の成功を妬ましく思っており、首相の東条英機も同じだった。マレー攻略には日本の爆撃機が必要だったが、多くはインドネシア作戦に回された」

それでも日本軍が優勢となったのは、山下や辻や藤原が有能であったから、とテクストは解説している。またジャングルを自転車部隊で機敏に移動するなど、実用的な戦術を用いたことも評価されている。対して英国側は、現地の人間を信用せず、防衛要員として考えなかったと批判されている。西洋人は植民地人を見下げていた、ということだろう。

では日本の軍事政権がマレー半島でなにをしたか。日本軍は、現地、つまりマレーシアの独立を認めるつもりなど、まったくなかったと説明されている。その考えが変わりはじめたのは、ミッドウェイ海戦で敗北してからだった。

日本軍の文化政策は、「天皇に対する忠誠」「厳しい訓練」「日本政府への絶対服従」「日本語を共通語とさせる」「いつでも日本に奉仕できる熱烈な精神」だった。さらに教育プログラムとして「農業及び工業技術の啓発」「経費節減」「厳しい訓練の実施」「健康増進」が採用された。郵便局、電気通信、農業などの職業訓練所もつくられた。「訓練所での教育は、マレー人たちをより忍耐強く鍛え、勤勉にした」のである。一九四三年末には、現地の人びとが議会に参加する機会が与えられた。ただし、議会は立法機関ではなく諮問機関にすぎない。

「被虐史観」でなく冷静に

日本軍が自分たちの利益のためにもくろんだ諸施策は、結果的にマレーシアの独立を促した。「軍事訓練は好戦的な若い世代を育てた」「政治的に目覚めさせた」「英国風行政機構を破壊した」「日本人はマレー人に行政のなかで積極的な役割を果たす機会を与え、それがのちに役立った」などの理由が挙げられる。もちろん、「日本の占領による苦しみが、マレー人に決断力と自力更生の観念を抱かせた」との皮肉な言い方も含まれる。

日本が戦争に負けたのち、再び英国の支配が訪れる。だが日本が「戦前の状態を急速に変えてしまったので、英国は植民地政策の見直しを迫られ、結果的に独立を早めることになった」のである。

以上に見られるように日本軍を批判しつつも、なんでも悪かった、と決めつけてはいない。マレーシアにとって、日本による占領は近代化の一過程なのである。英国の支配、日本の支配、いずれも彼らにとっては不条理に違いないけれど、なにをどう転機として活かしたか、冷静につかみとられている。過去にこだわりながらも未来志向である。マレーシアの高度経済成長と国際社会における政治的発言力の増大は、こうした冷静な歴史認識と不可分なのだと思う。

第三部　実践編

何をどう書くか　②時事論文として

NO. 1

日本人は言論表現の自由を穿《は》き違えている

なぜ時事論文を書くのか。その前に、言論表現の自由とはなにか、という問いを置いてみることをすすめたい。

憲法第二一条に「言論、出版その他一切の表現の自由は、これを保障する」とある。「言論の自由」は「フリーダム・オブ・スピーチ（Freedom of speech）」で、「出版の自由」は「フリーダム・オブ・プレス（Freedom of press）」の翻訳である。

憲法草案の作成過程で、この部分を担当したGHQ民政局のアルフレッド・ハッシー中佐は、「言論およびプレスの自由は、これを保障する。この自由には、公務員、公の機関若しくは公の行為を批判する権利が含まれる」との覚書を残している。

第二一条は、ほんとうは国民の知る権利を謳っていた。「プレス」に対して「出版」は意味を狭くしており正確な翻訳とはいえず「取材の自由」「報道の自由」が妥当なのである。

「職業としての作家」と言論表現の自由　*1998. 12. 31/1999. 1. 7*

僕の三階建ての仕事場はほとんど資料で埋めつくされている。正確な蔵書数はわからない。小冊子やパンフレットやコピーのファイルの束もあったりするからだ。原稿を書いていて急に確認したいことが生じても、図書館は深夜開いていない。仕事場を私設図書館にすれば解決する、と考えたのである。

説得力のある主張にはデータの根拠がなければならない。これまでの著作に付随して集められた私設図書館の資料を生かして時評を書けないか、と思い「ニュースの考古学」のタイトルを思いついたのだった。人生で苦労する、人と違う体験をする、などは作家の要件なのだろうが、ふつうの職業と同じく設備投資にも追われるのである。

フリーランスの作家が生業として成り立ちはじめたのは大正時代で、雑誌や書籍がある程度売れて、市場が形成されてからだった。日本独特の私小説は、深刻そうな悩みばかりが主題ではなく自己暴露的であり事件的な部分もあったからエンタテインメントの役割も果たしたので、文芸誌はいまの週刊誌の特徴を包摂していた。小説と雑誌ジャーナリズムは渾然一体のようなところがあって、その活気が出版という産業に市場をもたらしたのである。

作家という職業ができると、当然ながら、互助会的ないしは職能団体的なものが生まれる。

菊池寛が「文藝春秋」を創刊したのも、作家仲間が集まって雑誌を発刊して売れれば生活に困らない、との思いつきからであった。生活協同組合的な発想ともいえる。

流行作家の菊池をプロレタリア派の作家が非難した。だが実際に貧しい作家たちの面倒をよく見たのは菊池で、「文藝春秋」創刊の一年前の一九二一年（大正10年）に小説家協会を提唱した。日本文芸家協会の前身である。最低原稿料の協定や医療費の補助などを考えたが、なかなか理想通りにことは運ばなかった。

いま僕が文芸家協会の会員にさせてもらい助かっているのは、健康保険である。文芸美術国民健康保険組合という形の国民健康保険への団体加入で、一般の国民健康保険よりかなり安い。遡《さかのぼ》れば、菊池のおかげになる。

日本ペンクラブという団体が別にある。こちらは国際組織である。菊池寛が小説家協会を設立したころ、ロンドンで産声《うぶごえ》をあげた。ペンのPは詩人、劇作家（Poets, Playwrights)、Eは随筆家、編集者（Essayists, Editors)、Nは小説家（Novelists）の意味である。日本で設立されたのは一九三五年（昭和10年)、初代会長には島崎藤村が就いている。

作家は文芸家協会とペンクラブの双方に入会する場合が多く、僕もなんとなく入った。ペンクラブのほうは生活面でのメリットはとくにないが、国際組織なので海外取材では身分証明書が役立つこともないではないという程度。ペンクラブに入会するとどこかの委員会に所属するように言われる。僕はひとりで仕事をするためにこの職業を選んだと思っていたから、めんどうな気がしてどこにも参加しないできた。

ところがＴＢＳ事件があったり報道被害も気になったので、数年前、言論表現委員会の委員になった。プレスオンブズマンのような機能があれば、と思った。約二年前に新会長の梅原猛から、委員長（理事）を命じられたのでさぼるわけにはいかなくなった。

毎月、一回、委員会が開かれ、また別に理事会でその報告（声明の案文の提出と説明、承認）をしなくてはならない。月二回、スケジュール表のどこかに時間を設定する必要が出てきた。ボランティア活動のひとつぐらいは、と考えていたので仕方ないかなと思った。ところが消極的な気分ではいられなくなった。言論表現の自由という概念は、応用問題としてはきわめて多岐にわたり、つねに危機にさらされている、その実情が身に沁みた。

声明文は関係当局だけでなく、新聞、テレビ、雑誌等各メディアに送付してガイドラインとして役立ててもらうのである。

自民党報道モニター制度

情報公開法案や書籍再販制以外にもつぎつぎと対応を迫られる問題が出てくる。もう忘れたかもしれないが、五月にワイドショーが中原誠・永世十段の留守番電話の声を流した。このケースでは肉声テープはプライヴァシーの侵害にあたるとテレビ局へ伝えなければならない。体外受精報道も有名人であろうと個人名を出していいわけがない。こうした報道のルールに注意を促すと同時に、国家権力の側からの言論表現活動への抑圧に対峙しなければならない。

通信傍受法案は警察による盗聴の合法化だが、その問題点をわかりやすく示して各政党に送った。先月は児童買春・児童ポルノ禁止法案を俎上にのせた。法案では、児童の対象年齢を「十八歳未満」などとしている。高校生の援助交際の取り締まりと義務教育以下の子供たちの裸を売り物にする児童ポルノとはそれぞれ別ものなのに無理矢理に一本の法律にまとめようとして矛盾だらけになった。児童ポルノの規定に「写真」「ビデオテープ」と並んで「絵」という曖昧な言い方が含まれている。「絵」は抽象画から漫画まであり、恣意《しい》的に判断される余地が大きい。

十二月には「自民党報道モニター制度」の撤廃を求める声明を用意した。自民党がつくったこの制度は、全国に二千名のモニターを配置して「不適切な報道」について党本部へ通報してもらい、これにもとづいて「抗議、訂正を求めていく」もので、政権政党がこんなことをはじめたら実質的な検閲になってしまい、免許事業のテレビ局にとっては無言の圧力になる。

言論表現の自由、あるいは規律は、メディアに属する個々人の不断の努力でつらぬかれるものだが、ペンクラブの存在意義もある。そこに気づいた注意深いもの書きの先達がいたことに感心している。

＊一九九九年五月、児童買春・ポルノ禁止法公布。当初含まれていた「絵」は修正案で削除された。

記者クラブの日の丸騒動を嗤う　1999. 9. 30

農水省の記者クラブで日の丸騒動があったけれど、馬鹿馬鹿しいかぎりである。国旗・国歌法が通過したからと急に日の丸を掲げようとする大臣にも感心できないが、猛反発した新聞記者に共感する気にはなれない。皮肉を込めて述べれば、記者会見場に国旗がひるがえっていたほうが行政情報の発表の場とわかってスッキリする。

*

記者クラブは政府の建物に間借りしながら家賃を払っていない。電話代もファクシミリ代も払わないケースがめずらしくない。行政当局は自分の身内ぐらいに思ってお目溢《めこぼ》しをしているのだろう。実際、クラブにいるだけで当局から資料配布（プレスリリース）と資料説明（レクチャー）のサーヴィスを受けられる。どの新聞もクラブから上がってくる行政情報を満載すれば紙面が似通ってくるのはあたりまえだ。

記者クラブは排他的特権を持っていて、記者会見場には雑誌やフリーランサーや外国人プレスは絶対に入れない。

以前にこんな奇妙な出来事があった。

民事訴訟法の改正案のなかに情報隠しの一項が挿入されている、と問題提起をした折りに法務省の記者クラブに呼ばれた。記者会見の席には、呼び掛け人の法律の専門家（弁護士）と並んで櫻井よしこと僕が坐って記者の質問を受けることになっていた。僕にフリーのカメラマンが同行した。すると記者クラブの幹事と名乗る男が、カメラマンを中に入れてくれない。ちょっと待ってくれ、記者会見の様子を撮るために来ているんだ、と僕が説明しても頑として聞き入れない。

理由を問えば、事前に申請がなかったからだ、とにべもない。では、ただいま申請する、と言うと、いまは困る、と取りつく島もない。なぜか、とさらに問えば、幹事会を開いて決めなければならないから、と抗弁する。いまこの場で幹事会を開け、一分もかからんだろ、と迫ると、できないとの一点張り。他の記者が何か言い出すかと期待したが少しも心を動かさない。感覚が麻痺しているとしか思えなかった。

言い争っていると弁護士がはらはらしはじめた。記者会見の主催権は記者クラブなので流れては困るのだろう。ここは目的達成を優先しなければと、カメラマンの入場を断念した。

法務省が原案を作成した民訴法改正案は情報公開に逆行していた。新聞記者にとっても他人事どころか死活問題のはずであった。

たとえばエイズ研究班関連の資料を厚生省が「見当たらない」と言い張ったように所轄官庁が提出したくない証拠資料はなかなか法廷の場に晒されない。民訴法改正案では、裁判所が命じても「公務員の職務上の秘密に関する文書でその提出について当該監督官庁が承認しないもの」は出さなくてもよい、と記されている。「職務上の秘密」を楯に証拠提出を拒否しても

「実質的な秘密といえるかどうか」の判断権は裁判所にあった。ところが、改正案では「監督官庁が承認しない」とダメとされ、官庁を裁判所より上位に置くのだからとんだ悪法である。

記者会見では熱心な質問は出なかった。拍子抜けすると同時に腹立たしくなってきた。そもそも法務省の記者クラブこそ、逆に民訴法改正の問題点を見つけ僕らにはたらきかけるべきではないか、と。本末転倒とはこのことだ。

三年前に僕は『日本国の研究』(「文藝春秋」'96年11月号、12月号、'97年1月号、文春文庫所収)を連載した。財政投融資の現場を多岐にわたって取材し考究を加えながら、霞が関の各省庁の記者クラブに毎日出勤している新聞記者たちは何をしていたのだろうか、と訝《いぶか》った。国民の代理人として行政を監視するためにメディアがあるはずだが、彼らは行政情報というお達しを下じもへ配布するために機能しているとしか思えないのである。

赤でよかった?

農水省の記者会見の場に日の丸が持ち込まれたとき、テレビ画面に大騒ぎをしている記者たちの姿が映された。ヒステリックになにを騒いでいるのだ、こいつらは、と思った。それほど元気があるなら、記者クラブなぞにたむろせずに歩き回ればよい。朝日新聞、北海道新聞、共同通信が急先鋒だったらしい。読売新聞、産経新聞、NHKはどうでもよいという立場だった。

そんな按配《あんばい》だから、この騒ぎについて読売新聞からコメントを求められた。記者クラブの問題点を縷々《るる》述べたが、読売新聞とて記者クラブは否定できないから少し省かれ以下のように載った。

「ジャーナリストの精神として役所に要求を突き付けるのは自由。しかし、国の建物に間借りしているのが記者クラブで、会見の場に国旗を置くのは、そうおかしなことではないと思う。外国の記者会見を見てもみんなある。今回のように、記者が立ちふさがって反対する無自覚な情熱はよく理解できない」('99年9月3日付)

するとと翌朝の朝日新聞の社説で僕が批判されている。

「ある作家が読売新聞で『外国の記者会見を見ても(国旗が)みんなある』と述べている。何かの間違いではないか。英国などでは会見場に国旗を見ることは珍しい」(9月4日付)

「外国の記者会見」のところにのみ反応して、肝心の「国の建物に間借りしている」事実には触れずじまいであった。代りにこんなことが書かれている。

「記録によると、白地に黒とした方が、遠くからも見やすいという意見もあったそうである。しかし、黒ではいつも皆既日食を見ているみたいだ。赤でよかった」

社説のタイトルは「日の丸も迷惑している」で、いったい何を言いたいのか皆目わからないのである。

「人権派」が言論表現の自由を脅かしている　2000. 12. 14

「人権」という語彙の日本的解釈によってメディアはややこしい事態に追い込まれている。ああ、また差別語のことか、充分に学んでいるよ、と訳知り顔で答える編集者がいるが、もはやそんな次元をはるかに超えているのだ。

今回は、出版、新聞、放送、あるいは作家、評論家などメディア関係者にとくに読んでいただきたい。

＊

去る十月五日、六日に開かれた日弁連（日本弁護士連合会）の第四十三回人権擁護大会で、人権救済機関の設立が提言された。同大会シンポジウムの実行委員会が発表した人権救済機関を設立するための法案要綱試案には、言論表現の自由を脅かす重大な問題が含まれており、とても看過できるものではない。弁護士の組織がメディアと決定的に対立するなどこれまでには考えられないことだった。

僕は日本ペンクラブ（梅原猛会長）の言論表現委員長として委員とともに話し合い、日弁連に抗議するための声明文を作成した。彼らのつくった法案要綱試案はどれほど危険なものか、以下、声明文の一部を抜粋する。

「第一に人権機構は行政組織であること。独立行政委員会といえども公正取引委員会と同様に現行法では政府の行政組織に組み込まれ、強大な調査権限を持つことになる。

要綱試案では、人権機構が自ら人権侵害があると判断するか、人権侵害の被害者からその申し立てがあったときには、当該の個人、団体に出頭、文書の提出を命ずることができるとした。そして人権機構は関係施設に立ち入り、第三者への鑑定を命令できる権限をもつ。命令に従わないと三万円以下（出頭命令違反、文書提出命令違反、鑑定命令違反）または三十万円以下の罰金刑を科すとした。違反の場合、現行犯逮捕、逮捕に伴う令状なしの捜索、差し押さえの危険も考えられる。報道機関及び作家、評論家、フリージャーナリストは適用除外されない」

新しい行政組織がつくられようとしている。人権侵害があると判断するのは人権機構という名の行政機関であり、現行犯逮捕だけでなく取材データを差し押さえる権限まで与えられる。とんでもない話だ。

「第二は人権機構が、報道や出版活動への事前差止めの権限を持つ危険性が大きい点である。

要綱試案には、仮救済とよばれる裁判手続きの仮処分に似た制度がある。難民が出身国に送還されるなど、放置すれば取り返しのつかないことになるときに発動を期待した規定である。要綱試案には検閲はこれをしてはならないとの規定はあるが、教科書検定、税関の出版物事前検査をも検閲でないとした判例からすると、人権機構が事前差止めをしないという確たる保障はない」

戦前並みの検閲が復活しそうで、先進国では考えられない発想である。

被差別部落やアイヌ民族への差別、ＨＩＶ感染者への差別、女性差別、外国人差別などはあってはならない。メディアは自らの言論表現活動において差別をなくすべく努力しなければいけないが、公権力に検閲を許し、判断を仰ぎ、また監督されるものではない。

〝人権派〟が集結したシンポジウムの実行委員会に対して、他の弁護士らから法案要綱試案に対する修正動議が出され、激しい議論になった。

人権派の独走を危惧する弁護士も少くないのだ。だがこの法案要綱試案は、一部修正されたものの撤回はされなかった。

その後、日本ペンクラブの加賀乙彦《かがおとひこ》副会長と僕は日弁連に出向き、口頭でも撤回を要請した。日弁連会長は不在で、代わりに藤村義徳・日弁連事務次長と村越進・人権擁護委員会副委員長が応対した。

「行政から独立した委員会などあり得ない。公取委でも責任者は内閣が任命するのだから」と述べると、彼らは、「裁判官も内閣が任命しており、それ自体は問題ではない」と答えた。開いた口が塞がらない、とはこんなときに使う言葉だなとあきれたのである。

法曹界の危険な独走

そして恐れていた事態がやってきた。

法務省の人権擁護推進審議会がつい先日、十一月二十八日に政府から独立した強制調査権を持つ人権救済委員会創設を提唱する中間報告を発表した。

国家権力の側の法務省と反権力をタテマエとする日弁連人権派とが奇妙に平仄《ひょうそく》があってしまう、そんな不可思議な情況がなぜ生まれたのだろうか。

横山ノック前大阪府知事の性的嫌がらせを受けた女性の顔写真が一部のメディアで公開される間違いがあったと聞いている。たしかに許されるべきではない。その女性の弁護士も要綱試案作成の急先鋒のひとりであった。しかし、冷静になってほしい。

一部の報道被害をもってメディア全体を権力のコントロール下におくことは別問題なのである。一私人の女性を追い詰めるメディアには僕も辟易しているが、そんな場合には刑事告訴や民事での名誉毀損や損害賠償など既存の法体系できちんと対応すればよい。メディア側も自浄能力をもつ必要がある。だが行政機構によってメディア全体に網をかけるとの発想は、メディアの本来の役割、権力を監視する機能を奪い去ることになる。

残念ながら日本人には言論表現の自由を獲得してきたという歴史がない。与えられた言論表現の自由に安住してきた。したがって、なにをどうすれば、あるいは、なにがどうなれば、この自由が生きるか死ぬか、深い部分でわかっていない。

そもそもほとんどの雑誌が日弁連や法務省の動きに無頓着、無自覚、無警戒であることが、僕には理解しがたい。

青少年社会環境対策基本法案の危険性

2001. 2. 1

言論表現の自由にとっては厳しい冬になった。多忙な年末には幾つもの声明文の草案書きに追われた。

前項で触れたが、日弁連（日本弁護士連合会）は二〇〇〇年十月の人権擁護大会のシンポジウムで人権救済機関設立の方向を示した。独立行政委員会をつくり、刑務所や出入国管理局などでの人権侵害に対し強制捜査権を与えるというもので、そこまでなら問題ないが、報道被害の名目でメディアの現場に踏み込もうとしている。行政機関にメディアへの強制捜査権を与えれば、とんでもないことになる。

そこで日本ペンクラブの言論表現委員会では「日弁連の人権救済機構の設置法試案への反対声明」を作成した。

その後、十一月に法務省の人権擁護推進審議会がやはり行政としての人権機関がメディアの「プライバシー侵害」と「過剰な取材」が人権侵害につながる場合は捜査の対象とする旨の「中間取りまとめ」を発表する。反権力がタテマエの日弁連と権力の法務省が奇妙な一致をみるに至った。

なにが「プライバシー侵害」でどれが「過剰な取材」なのか、政治家や官僚に決めさせれば泥棒に手錠を渡すようなもので、権力を監視するというメディアの機能は喪《うしな》われる。

＊

十一月末には日弁連に対して、また十二月中旬には法務省の「中間取りまとめ」に対する声明（パブリックコメントとして人権擁護推進審議会へ送付）、さらには自民党が画策していた青少年社会環境対策基本法案に対する声明文の作成、と追われた。年明けの国会に同法案が提出される予定と知ったからである。日本ペンクラブの役割は新聞、放送、雑誌に先がけ、こうして声明文のかたちで問題点を明示して当局やメディアに配布することにある。

日弁連の人権機関については、記憶しているかぎりテレビでは僕が出演している番組（フジTV系土曜午前10時）で三十分かけてやったのみであった。

テレビ局が腰をあげたのはようやく一月中旬からで、民放各局のキャスターが並んで記者会見している映像が流された。これは青少年社会環境対策基本法案に反対するもので、国会提出が間近になったせいだ。ニュース番組で短く報じられたにすぎない。あれではふつうの視聴者にはなんのことかわからない。テレビ局は自分たちの危機なのであれば、自分たちがふだん持っている時間枠を使えばよいではないか。

青少年社会環境対策基本法案がどんなものなのか、なにがいけないのか、いまここで十二月に作成し配布したペンクラブの声明文を一部示しながら説明しておきたい。

同法案では「青少年の性若しくは暴力に関する価値観の形成に悪影響を及ぼし、又は性的な逸脱行為、暴力的な逸脱行為若しくは残虐な行為を誘発し、若しくは助長する等青少年の健全な育成を阻害するおそれのある社会環境」を「青少年有害社会環境」と名付けるのだ。判断は行政（「内閣総理大臣又は都道府県知事」）に委ねられる。冗談ではない。こんな曖昧な定義で決められたら、あらゆる表現活動は恣意的に規制の対象とされてしまう。

眉をひそめるような表現があったらどうするか。中学生が殺し合う映画「バトル・ロワイアル」（深作欣二《ふかさくきんじ》監督）が話題になった。あまり感じがよくない映画だとしても法的に規制して刑罰を加えてはならない。この件は自主的な機関としての映倫がR15指定とした。十五歳未満は禁止でも十五歳ならよい。柔軟性が生かされていると思う。法的に規制すれば間違いなく「有害」のレッテルがひとり歩きし、戦前の検閲と同じになって範囲が拡大する。事前検閲に行き着くだろう。

声明文でこう記した。

「青少年の健全な成長という目的のために、すでに児童ポルノ禁止法が制定され、風俗営業適正化法が改正されたほか、各地方自治体では青少年保護条例が機能している。また放送法では従来から放送事業者に対して番組内容の規制を課してきた」

まず既存の法体系で対応し、基本的にはメディア自身の自覚及び責任において行う方法がもっともよい。さらに自浄作用をうながすシステムを整備していく必要がある。

「こうした法律や条例による規制だけでなく、過度の性的あるいは暴力的表現に関しては、映画における映倫、放送におけるBRC及び放送と青少年に関する委員会、書籍等には出版倫理協議会、新聞における日本新聞協会などのほか、それぞれのメディアにおいて自主的な努力がなされてきた。もちろん、こうしたさまざまなシステムをもってしても万全とはいえず、さらにメディアは報道評議会／プレスオンブズマンを配置してでき得るかぎりの自浄作用を追求しなければならない」

危機意識のないメディア

青少年社会環境対策基本法案の十七条には「青少年社会環境対策センター」の設立が記されている。「青少年の健全な育成を阻害するおそれのある商品又は役務の供給の状況等についての調査を行う」ために公益法人（財団法人）をつくれば、こんなところにも天下り先ができるにちがいない。

僕がいちばん恐れているのは、人権機関やこの法案がちらつけば、取材や表現の場にことなかれ主義が持ち込まれることだ。官房長官のスキャンダルも「過剰な取材」の結果だが、より熱心にやって罰せられるとなればなにもしないほうが得、という風潮がメディアの現場に蔓延する。

いわゆる減点主義のサラリーマン根性がはびこり、その部分からメディアは壊死《えし》していく。すでにその風潮は垣間見える。

NO. 2

リアルを喪失した日本の不気味さに気づけ

フランス・ワールドカップ大会で日本人サポーターは盛んに「君が代」を歌った。「日の丸」の旗をよく振った。鉢巻きにも、頬のペインティングにも「日の丸」があふれていた。にもかかわらず、それらの記号が表すはずの国家のリアリティと最も対極にある弛んだ光景なのであった。

青いユニフォームを着てぬいぐるみを抱いた若い女が競技場の前で切符が入手できないと泣きべそをかいている画面が映ったりするのは、不愉快を通り越して不気味であった。なんにもない空虚さが不気味なのである。

戦後の日本が辿りついた地平は、ディズニーランドのような外界と遮断されたウソの世界で、どんな意見、主張も実証されることはないし、どんなパフォーマンスも〝ごっこ〟にしかならない。いっぽうで「青年の主張」的な言説はぶざまに空回りしている。

自衛隊の国連軍参加と平和憲法は矛盾しない　*1999. 2. 25*

八年前の湾岸戦争は日本人に冷戦崩壊後の国際社会の紛争解決のあり方から憲法解釈まで多大な影響を与えた。そうあらためて考えさせられたのは二月七日の小沢一郎vs.菅直人のテレビ討論によってであった（田原総一朗司会「サンデープロジェクト」TV朝日系）。

このディベートは、菅直人がマイルドな笑顔でよどみなくしゃべるので互角に見えたかもしれないけれど、耳だけで聴けば小沢一郎の首尾一貫した論理のほうが断然、印象に残った。論理には右も左もない。小沢がタカ派で菅がハト派など、ありがちなイデオロギー的な評価はもはや通用しない。自民党や旧社会党とは異なり、両者は非常に接近した地平で議論をした。湾岸戦争のころ、PKF（国連平和維持軍）どころかPKO（国連平和維持活動）すら、自衛隊の参加はとんでもない、という空気だったことを思えば昔日の感があるが、このディベートでは菅直人もPKFを当然のことと認めているのである。そのうえで両者はどこで角を突き合わせたのか。

＊

菅直人は、国会の予算委員会で使った「自衛隊の活動の大原則＝海外での武力行使は行わない」と題したパネルを掲げて説明した。「国連決議に基づく活動」及び「日本周辺（日米安保）の範囲外」の場合、PKOとPKF（国会承認）に○をつけ、国連軍、多国籍軍に×、邦人救出に○をつけてある。「国連決議があれば、国連軍とか多国籍軍などに参加してよい、とする小沢さんの議論には反対です」と述べた。

対して小沢一郎は「基本的には日本国民の生命と生活を守る、という点では菅さんと同じ。そのためにはどんな考え方をしたらよいか。もし日本が侵略された場合、菅さんが×をつけた国連軍とか多国籍軍を要請することになる。米軍をはじめとして他の国々に期待することになる」と話を詰めていく。

菅「違うんです、それは、小沢さん、理論上の問題はその通りですが……」

小沢「理論上、そうでしょう？」

菅「日本が直接、侵略をうけたら自衛隊が専守防衛で戦う。加えて日米安保条約の第五条、六条にあるように米軍は日本の危機に対して共同で対処する義務を負っている」

小沢「その通りです」

菅「他の国々の支援が必要なことも理論的にはあるかもしれないが自衛隊と米軍の協力で排撃できないものはない」

少し解説が必要である。日米安保条約第五条によれば、日米の軍事行動が許されるのは国連の安全保障理事会が必要な措置をとるまで、つまり国連軍ないしは安保理決議による多国籍軍などが出動するまで、である。刑法でたとえると、お巡りさん（国連）が来るまでは正当防衛（刑法36条）ないしは緊急非難（同37条）、自分たち（日米）で戦うしかない。だがお巡りさんが来たらそちらに任せねばならない、のである。日米安保条約は国連憲章の枠のなかで位置づけられているのだ。

そうであれば実際には、自衛隊と米軍で敵を排撃するとしてもただちに安保理が開かれるから、強い弱いは本質的な問題ではない。理論的にはさきの小沢発言「日本が侵略された場合、菅さんが×をつけた国連軍とか多国籍軍を要請することになる」のである。そうであれば他の地域で紛争が起きたら、日本だけが国連の要請に応えないと表明するのは自分勝手、になってしまう。

つぎのような論理になる。

小沢「現実には日本が多国籍軍の前面に出て戦う能力などない。実際の選択はせいぜい後方支援ぐらいだ。しかし、はなから憲法があるから助けにいけません、と意思表示したら、これは自分だけよければという話になってしまう」

菅「理論的には、おっしゃる通りだが、それは世界政府ができて世界憲法ができてなら……」

ここで田原総一朗が割り込んだ。湾岸戦争で、日本は自衛隊による後方支援などはやらず、おカネを出すことにした。あれは正しかったのか、と。

菅「憲法に従えば、あれが正しかった」

小沢「俗っぽい例になりますが、マフィアの親分が殺人は実行しない、代わりにおカネを出してやらせたら、これは実行行為そのものです。そういうやり方は、絶対、他の人からは信頼されない。クウェートは戦後、彼らのために戦ってくれたと感謝する三十カ国の名を掲げたが、(一兆円余も支払った)日本は入っていない。それはあたりまえ。いちばん嫌われるやり方だから」

小沢一郎の論理

ここで小沢の歴史観が開陳される。戦前も日本人の生命と生活を守るとの名目で朝鮮半島や中国大陸に出兵した。自衛権の無制限の拡大だった。個別の自衛権の発動、拡大には歯止めをかけるべきだ。ならばどうやって国民の生命と生活を守るか。国際社会のなかで皆で協力するしかない。それこそが日本国憲法の理念であり、九条で「国権の発動たる戦争」はしない、と宣言した。憲法の前文「平和を維持し、専制と隷従、圧迫と偏狭を地上から永遠に除去しようと努めている国際社会において、名誉ある地位を占めたいと思う」に対応する。したがって、国連軍や多国籍軍は戦争行為でなく警察行為であり、「国権の発動たる戦争」とは異なる。むしろその歯止めとして機能する。

以上は小沢が示す解釈である。

これに対して菅は、戦争は戦争だ、と反論した。

憲法の前文を読み直してから、僕は考えた。年表を拡げてみた。国連憲章ができたのは一九四五年(昭和20年)十月、日本国憲法の公布より一年以上前である。国連憲章を前提にして日本国憲法の前文と九条がつくられたのだから、小沢の解釈が妥当なのかもしれない。

日米安保条約を虚心坦懐に読んでみた

1999. 3. 4

周辺事態法案について新聞でもさまざまに解説しているので、僕も日米安全保障条約の条文を読み直したりしている。

安保粉砕も非武装中立も、僕の学生時代のひとつの気分、まあいまからではあの時代独特の気分とでも呼ぶしか説明しようのないものであろう。

先日、あるパーティで西部邁に会ったら、オレもう還暦だよ、と照れくさそうな顔をした。彼は六〇年安保世代、一九六〇年（昭和35年）は日米安保条約改定に反対する運動が盛り上がった。

あの大騒ぎは、戦争はもうこりごりという感情と鬼畜米英のナショナリズムの残滓《ざんし》がないまぜになったものに違いない。安保条約なんて、ちゃんと読んだこともなかったもんな、と西部邁にあっさり言われては困るのだ。中学生のガキだった僕らには、高揚感が甚だ刺激的に映じて、七〇年安保世代とか全共闘世代などと呼ばれることになったのだから。

＊

六〇年の安保改定前、旧安保条約が結ばれたのはサンフランシスコ講和条約締結と同時である。正確に述べると、ソ連など数カ国を除く四十八カ国八十数名の各国全権の調印につづき、最後に日本全権団が調印を終えたのは一九五一年（昭和26年）九月八日午前十一時四十四分であった。日本全権団は、首席全権の吉田茂首相のほか池田勇人蔵相、自由党の星島二郎《ほしじまにろう》、国民民主党の苫米地義三《とまべちぎぞう》、緑風会（参議院）の徳川宗敬《とくがわむねよし》、日銀総裁の一万田尚登《いちまだひさと》である（社会党代表は不参加）。講和条約の締結会場は豪勢なオペラハウスだった。

　だが旧安保条約の締結は、その日の夕刻五時十五分、ゴールデンゲートブリッジに近い殺風景な兵営（第六軍司令部）の一室でひっそりと行われた。日本側は吉田首相のみ、米国側はアチスン国務長官とダレス国務省顧問らであった。条約前文にこう記されている。

「日本国は、本日連合国との平和条約に署名した。日本国は、武装を解除されているので、平和条約の効力発生の時において固有の自衛権を行使する有効な手段をもたない」

　日本が主権を回復すれば連合国軍は退去するので、軍隊を持たない日本は羊のように無防備なまま国際社会に置き去りにされてしまう。誰が日本を守るのか。結局、「暫定措置として、日本国に対する武力攻撃を阻止するため日本国内及びその付近にアメリカ合衆国がその軍隊を維持する」ことで安全を保障してもらうしかないのである。

　外交の表舞台での平和条約締結のニュースは大々的に報じられたが、軍事的空白を回避するため同じ日に場所を変えて調印された旧安保条約への日本国民の関心は薄かった。

　旧安保条約は「暫定措置」である。日本はいずれ国連に加盟が許されるだろう（加盟は五年後に実現)、そうなれば国連の集団安全保障措置へと命綱をつなぐこともできるし、自主防衛の考え方も出てくるだろう(自衛隊ができるのは三年後)。吉田首相の脳裏を去来したのは、漠然とした希望的観測であったと思う。

世間では、つまり大学教授やマスメディアでは、社会党的な非武装中立論者が多かった。憲法九条は再軍備を認めていないと主張したが、再軍備という言葉も気分的で曖昧なものだった。

マッカーサー原案の段階では、たしかに日本は自衛権を放棄させられており、「世界を動かしつつある崇高な理想に委ねる」とされていた。「委ねる」先は国連である。だが安全保障理事会は、常任理事国に拒否権を認めたことで機能麻痺が予想された。そこで国連憲章では、安保理が必要な措置をとるまでの間(国連軍の出動、湾岸戦争では多国籍軍)、個別的および集団的自衛権を認めることを明記した(国連憲章第51条)。憲法がつくられるときマッカーサー原案から自衛権の放棄の部分を削除、九条に自衛権を認めることを含意して、国連憲章との整合性を配慮したのである。

国連の機能回復のなかで

旧安保条約は暫定的なものだった。新安保条約(60年安保)のかなめは五条と六条にあった。五条は、安保理決議による国連軍(ないしは多国籍軍)が来るまでの間、日米は「日本国の施政の下にある領域」で「共通の危険に対処するように行動する」のだ。ということは、アメリカに何かあった場合に自衛隊が出動するわけではないのに、一方的に日本を守るだけ、片務契約である。代わりに六条で「日本国の安全に寄与し、並びに極東における国際の平和及び安全の維持に寄与するため(略)施設及び区域を使用することを許される」として、米軍に基地を提供し、五条の借りを六条で相殺した。

日米安保条約は、旧ソ連の脅威に対応した冷戦型の役割構造で理解された。日本の領域内において日本は防御作戦、米軍は領域外において攻撃作戦を、である。だが冷戦が終結し、国連の安保理における条件反射的な拒否権発動が減じると、国連は本来の機能を取り戻しはじめた。自衛隊のPKOへの参加など海外派遣も常識となった。また冷戦とは異なるイラクや北朝鮮型の有事にも対応を迫られている。

そんななか、五条の「日本国の施政の下にある領域」とは別に六条の「極東における国際の平和及び安全の維持」の比重や「施設及び区域」の解釈の拡がりが求められるようになった。「周辺事態」に対応して、領域外の米軍に対し人員、物資の輸送、給油・給水、治療行為などの後方支援を行うことで、集団的安全保障の要素を組み込むと、国連軍や多国籍軍への移行も速やかに行いやすい。

以上、新聞の細かな説明と一味違う、思想として国連憲章や日米安保条約を読み直した僕の感想である。

国旗・国歌を強制するより日本史を必修にせよ

1999. 4. 1

高校生が「日の丸」「君が代」にアレルギーを感じるとしたら、ひとつは日教組や高教組のイデオロギーに染まった結果だろう。骨董品のような非武装中立論と薄っぺらな国家性悪説の類である。もうひとつは、僕もそうだったが儀式に対する反撥《はんぱつ》。生徒は退屈な儀式が苦手で自由を束縛すると受け止める。国歌や国旗は儀式の象徴だから強制されると反抗期の気分に火をつける。

広島の世羅《せら》高校や埼玉県の所沢高校など卒業式シーズンに見られるパターンは、前者と後者の絡み合いだろう。

＊

雑誌をめくって思わず吹き出した。「世界に国境がなくなれば国旗・国歌は不要になる」と太い文字が躍っている。山住正己《やまずみまさみ》・東京都立大学総長が朝日新聞社の「論座」（'99年3月号）に寄稿した評論のタイトルである。権威ある教育評論家が自分でタイトルをつけたのか、編集部がつけたのか、いずれにしろ「世界に国境がなくなれば」と書く神経がわからない。ふつうに生活し、ふつうに外国を旅行し、ふつうに歳をとれば、まずこうした絵空事は信じない。

山住教授は、一九五六年に西ドイツと東ドイツがオリンピックで合同チームを編成、その際、両国の国歌の代わりにベートーベンの「第九交響曲」を使用した、と美談を紹介している。いい話ではあるが、だからどうした、としか言いようがない。体制の違いがあっても同じ民族なのだからドイツ系のベートーベンが選ばれたのであり、隣のフランスのドビュッシーが選ばれたわけではないのだから。

結局、「世界に国境がなくなれば」はあり得ない。かりに「世界連邦」ができたとしても、日本国は、その日本州として自治政府を構成するにすぎない。とすれば同じことで、いまの国連の平和維持活動をより理想的に改善していくよりないのである。

十九世紀以降は国民国家の時代である。日本も明治維新によって封建体制を打破し、あわただしく近代化の道を突き進んだ。国民国家の仲間入りをした。「君が代」「日の丸」はその産物で、国旗は船の航行などを例にとってもわかるように国際法を受け入れれば、用意しなくてはならぬ道具であった。

国旗や国歌は、国語（標準語）と同様に国民国家の形成期につくられる。共和政府樹立の歌、他国の侵略に抵抗する歌、独立戦争の歌、と国歌はそれぞれの歴史を刻印した。フランスの国歌は「悪魔のごとく／敵は血に飢えたり（略）／あだなす敵をほふらん」、イタリアの国歌は「剣をとれ／命ささげん／命ささげん／国のため、おう！」、アメリカの国歌は「弾丸降る、いくさの庭に／頭上高くひるがえる／堂々たる星条旗」といずれも勇ましい軍歌である。

「君が代」は悠長である。「君が代は千代に八千代に（略）苔のむすまで」は、イギリスの「わが気高き女王に御長寿あらしめ給え（略）われらの上に長く君臨されんことを／神よ女王を守り給え」に倣《なら》った。「君が代」はもともと「古今集」のなかの詠み人知らずの歌で、「君」は「あなた」つまり恋人で「大君（天皇）」ではない、との説もあるが、明治という国家を設計した人びとには天皇以外にあり得なかった。

日本があのまま、封建社会の状態であったなら、黒船に象徴される西洋列強の餌食《えじき》になるか植民地にされていた。ペリー来航以降、ロシアもフランスもイギリスもつぎつぎと来た。不平等条約を結んだ。治外法権や関税自主権の放棄である。外国人が強盗をしても日本の法律で裁くことができなかったり、外国からの輸入産品に対して国内の弱い産業を保護するために関税率を決めることもできない。国家主権が侵害されたぶん植民地的な比重が高くなった。

日清戦争と日露戦争に勝利して日本は最終的に不平等条約を解消させることができた。二つの戦争は日本の独立戦争だった。同時に大逆事件など負の側面が生じたことも事実である。「十九世紀からこの時代にかけて、世界の国家や地域は、他国の植民地になるか、それがいやならば産業を興して軍事力を持ち、帝国主義国の仲間入りをするか、その二通りの道しかなかった。後世の人が幻想して侵さず侵されず、人類の平和のみを国是とする国こそ当時のあるべき姿とし、その幻想国家の架空の基準を当時の国家と国際社会に割りこませて国家のありかたの正邪をきめるというのは、歴史は粘土細工の粘土にすぎなくなる」（『坂の上の雲』）と司馬遼太郎も語っているが、国歌と国旗はそうした歴史の所産でもある。

中国はいまも「抗日」の歌

ヨーロッパの国々は、共和制だ独立宣言だと理想を並べ立てたが、アジアに対しては帝国主義の刃を向けた。そんな過去があったとしても、国歌と国旗を変えない。むしろ、事実の証人として向き合うことが大切ではないか。日本もこの間の戦争について、アジアの国々から非難されるが、そうであるならば「日の丸」と「君が代」こそ、その生き証人ではないか。

中国の国歌ではいまも日本は敵国である。「われらの血肉をもって築こう、われらの新たな長城を！（略）敵の砲火をついて前進しよう！」の「敵」は一九三〇、四〇年代の日本である。日中友好と言い、高額の円借款を受け、日本からの賓客を迎えながら、年がら年中、この歌を流す。そういうものなのだ。

校長も現場教師も、明治維新から今日までの日本の近代化の歴史を、イデオロギーに偏することなく、なるべく豊富な材料を使って教えてほしい。高校では世界史が必修なのに日本史は選択になっている。国歌や国旗にそれほどこだわるなら、文部省は、日本史も必修と決めてほしい。

横田基地「軍民共用化」の可能性を探る

1999. 5. 20

話題の横田基地へ行ってきた。

石原慎太郎都知事が軍民共用空港にできないかと問題提起するまでは、東京都にあるのにすっかり忘れられていた米軍基地である。

あれ以来、取材の申し込みが殺到したらしく、基地側が四月二十九日（みどりの日、旧天皇誕生日）を指定してきた。各テレビ局の報道系の取材陣は主に資料映像のために参加したようだ。この際、撮れるだけ撮っておこう、ということらしい。僕は土曜日に出演している番組（「土曜一番！　花やしき／インサイド99」）のリポートのため、また自分自身のために参加した。

＊

八時五十分に第五ゲートに集合、と指定されている。早朝七時三十分、取材クルーのワゴン車で西麻布の仕事場を出た。外苑から首都高速へ入りそのまま中央高速へ、八王子インターを出て国道十六号を北上するつもりだったが連休初日なので渋滞、仕方なく府中インターから出た。甲州街道を西へ、新奥多摩街道に入り、昭島市でようやく十六号と合流、なんとか集合時間ぎりぎりに間に合った。東京は意外に広い。

電車を利用する場合には中央線特別快速がよい。高尾行に乗り立川駅で青梅線に乗り換えるか、青梅線乗り入れの直通の快速を選ぶのもよい。ただし直通は本数が少ない。福生《ふっさ》駅まで都心からおよそ一時間。基地内に入れなくても、フェンスの外からでも滑走路を見渡せる場所があるので、一度は見ておくことを勧めたい。一般市民のための開放日もあるようなので問い合わせるとよい。

滑走路の端に立ってみた。約四千メートル。遥か地平線が見える。建築物や丘陵などに邪魔されない、こんな見通しのよい場所が狭い東京にあるんだな、とあらためて感心した。戦前は旧陸軍の飛行場だった。その当時の滑走路は一千三百メートルでしかない。拡張して大きくした。米軍基地は皇居と同様にタブーだから都市化の波に浸食されずに残ったのである。

ちなみに日本では四千メートル級の滑走路は成田空港に一本あるのみ。関西空港は三千五百メートルが一本、羽田は三千メートルが二本である。成田は空港反対運動がつづいているので、二千〜二千五百メートルの平行滑走路でさえいつになるのかわからない。成田は滑走路一本で年間二千五百万人の旅客をさばいてきた。これは世界六位。貨物取扱量は百三十万トンで世界一位。限界である。

首都圏に第三の空港を、という利用者の声はずっと無視されてきた。もし横田が利用できれば、東京、神奈川、埼玉の西半分の住民は遠すぎる成田まで行かなくてすむ。成田も羽田も横田も、国際便と国内便の双方の乗り入れができたら、どれほど便利だろう。

運輸行政は護送船団方式で既存の航空三社の利益を保護するばかりで、消費者の声は容易に反映されない。ついこの間まで、スカイマークエアラインやエア・ドゥが出現するまで国内便には競争がなく料金値下げなど考えもしなかった。お上の采配《さいはい》に文句を言わない従順で我慢強い日本人は、いま石原慎太郎が本気で叛旗をかかげてくれるのか見守っているのだ。

日米安保条約の枠組みを崩さずに、横田基地の軍民共用はできるのだろうか。僕は不可能ではないと思う。なぜなら青森県の三沢基地がすでに先鞭《せんべん》をつけているのだから。青森県には、青森市と弘前市に近い場所に青森空港がある。太平洋側の三沢市と八戸市からは時間がかかるので三沢空港を民間で利用できるようにした。

横田基地を歩きながら、旅客ターミナルにふさわしい場所があるか、勝手に考えてみた……。

東京ドームの百五十三倍

東京ドームの百五十三倍の広さの基地には在日米軍司令部と第五空軍司令部がある。といっても司令部の建物自体は小さい。目立つのは日本の〝思いやり予算〟でつくった住宅で、四千五百人の軍人・軍属と四千七百人のその家族が住んでいる。他に二千人ほどの日本人従業員がいる。小学校が二つ、中学、高校、大学（メリーランド大学分校）、図書館、体育館、銀行、スーパーマーケット、野球場、テニスコート、ゴルフのショートコースなどの施設がそろった一万人規模の街なのだ。だがこうした住宅と施設は滑走路の西と東の二カ所にかたまっている。

滑走路の脇にターミナルを造る余地は充分にあった。

横田基地の役割は太平洋の輸送拠点にある。ダックスフントを巨大にしたような足が短くお腹が大きいずんどう型の輸送機が離発着を繰り返している。宅配便の流通センターに似た倉庫がある。アメリカ本国やハワイから送られてきた貨物を仕分けし、西は中東、南はオーストラリア、隣の韓国まで太平洋全域に配送する。ミサイルや大型の戦車から兵士たちの引っ越し荷物や郵便まで、ありとあらゆる荷物を運ぶ。

ただし、訊いてみると年間五万トン程度である。成田空港の貨物量の三、四パーセントでしかない。なんと贅沢《ぜいたく》な土地利用であろうか。日本は〝思いやり予算〟の名目で約三千億円も支払っているのに。

横田基地を軍民共用空港にできるか否か、国政レヴェルの問題に違いない。しかしゴミの収集や上下水道の供給などは地方自治体の権限だから交渉の材料に使えるかもしれない。東京都民の意思を国政に反映する方法として、ひとつには住民投票がある。住民投票は、法的にはあくまでも世論調査にすぎないが、その結果によっては東京都選出の国会議員が超党派でスクラムを組むことができるのではないか。

日本国のジレンマ――対米追従という諦念　1999. 5. 27

空から爆弾を落とされても日常生活がつづけられるのだから、奇妙な戦争が流行しはじめたなと違和感を覚えたものだが、中国大使館が誤爆されようやくふつうの戦争らしくなってきた。戦争とは、いったん始まると泥沼になり簡単には収拾がつかない。

＊

ユーゴのミロシェビッチ大統領が、コソボのアルバニア系住民に対する民族浄化をやめると言い出しても、NATO軍は信用せずに空爆をつづける。

日本人は平和ボケで情緒的である。新聞やテレビでの識者のコメントとして、悲惨な戦争をやめましょう、などとしたり顔で述べる者もいる。きわめてドメスティックで非論理的な不思議な言語空間がこの国には成立しているのだ。悪いのはアメリカです、と言ったところでなんの解決にもならない。ミロシェビッチ大統領だって自分の権力保持のためにあえてコソボを弾圧してNATO軍の空爆を引き出すぐらいの悪漢なのだから。

戦争はどちらかがぐじゃぐじゃになるか、中立的な第三国が仲介に入ることで和平に導くか、しかない。今回の場合はロシアが鍵を握っている。

その昔、日本とロシアが戦争をした。このとき日本にとって幸運だったのは、日本が英国と同盟を結んでいることだった。日本の連合艦隊はロシアのバルチック艦隊を打ち破ったが、奇蹟的な勝利だった。ロシアには余力があった。小国日本は、総合力では大国ロシアにはかなわない。英国と同盟を結んでいたことが有利にはたらいた。そろそろ息が切れてきたところで、アメリカが間に入り講和条約を結ぶことができたからである。タテマエでは日本の勝ちであったが、講和の条件は引き分けに近い。それでも講和は日本にとって救いの神であった。

日米戦争では、連合艦隊を率いる山本五十六長官が、半年や一年なら暴れてみせます、と言い放った。ではその後は？　彼は日米戦争には反対の立場だったが自分が所属する海軍があいまいな態度をとるうちに陸軍に押し切られた。実際にアメリカとやって勝てると思っていたわけではない。総力戦になったら絶対にかなわない。山本の脳裏には、相手の出端《でばな》をくじいてとりあえず戦況を有利に運んでから第三国に調停を頼む算段があった。それをあてにするしかない。日露戦争と同じように。あとは政治家の仕事である。

鬼畜米英どころか、世界中を敵にまわしてしまっては、とても第三国など見つからない。日ソ中立条約が頼みの綱であった。だがスターリンのソ連が信用できるわけがないのだ。結局、米軍による東京大空襲という無差別爆撃、広島、長崎の原爆、そしてソ連の参戦で悲惨な結末を迎えた。

無条件降伏させられるまで徹底的に無残にやられた日本人は、戦争は二度とごめんだと考えるようになった。戦後、この気分は完全に定着した。

もうひとつ、アングロサクソン（米英）に逆らったら酷《ひど》い目にあうという認識、もっぱら吉田茂を筆頭とする外務官僚はそう確信した。彼らは厳粛な事実を見つめることにした。二十世紀のチャンピオンはアングロサクソンである、と。じつは国際派の政治家や官僚は戦前からそう思ってはいたのだが、ついつい田舎者の陸軍に引きずられてしまったとの苦い反省があり、今後は国際政治ではつねに米英に追従しよう、と心のなかで誓ったのである。卑屈であろうがなんであろうが、日本国が生き残るにはアングロサクソンに小判鮫《こばんざめ》のごとくひっついているほかはない、と。

鬼畜米英で大失敗した反省が日米安保条約に結実しているのである。日本は二度とアングロサクソンに逆らわない、その証明のために人質を提供した。それが沖縄である。今川義元にいじめられた若き日の徳川家康のようなものだ。織田信長や豊臣秀吉は、そうした屈辱を経験していないぶん、見通しが甘く最後は失敗している。

プライドをとるか、安全保障をとるか。誇り高きサムライのはずの日本人は、プライドをかなぐりすて安全保障をとったのである。国際社会で大人になるとは何と切ないことなのだろうか。

PKF派遣の覚悟

ユーゴにどんな解決策があるのか。

ミロシェビッチ大統領は、まだほんとうにアングロサクソンの怖さを知らない。捕虜の米兵を返せば手加減してくれると思っていた。だが中国大使館を誤爆してもアメリカは開き直っている。だからしだいに底無し沼へはまりつつある予感をもちはじめたところだろう。イラクのフセイン大統領は強がりを見せているが、身に沁《し》みてその恐怖に震えているのだ。かつてのリビアのカダフィ大佐がそうであったように。

経済的に疲弊してどん底のロシアは、経済的に絶好調のアメリカの支援を受けるしかない、ユーゴ・カードをちらつかせて。その意味でロシア以上の調停の適任者はいない。

大使館を誤爆された中国はこの事実をいかに高く売るか、算段しているだろう。内部に少数民族抑圧のチベット問題を抱え、また極東有事では台湾問題を抱えている。アメリカに余計な口出しをさせないための牽制《けんせい》に活用するに違いない。

もし平和国家としての日本が、ロシアの代わりに第三国としてイニシアティヴを発揮するとしたら、どんな覚悟が必要になるか。おそらくＰＫＯではすまない。その他大勢ならＰＫＯでもよいが、中心的役割を担うつもりでしゃしゃり出ればＰＫＦ（平和維持軍）として自衛隊を派遣せよ、と要請される。無関心な国民にはＰＫＦの心づもりはないから、結局、おカネを出して保険とするしかない。

以上、きわめておもしろくもなんともない日本人の自画像、なんだか小渕首相の冴えない顔に見合っている。

永世中立国・スイスと日本の差

1999. 6. 3

六本木に近い僕の仕事場の界隈は、夏が近づいて来ると肌もあらわな服装をした若い女性たちがわがもの顔で闊歩《かっぽ》するようになる。街灯の少ない路地裏、しかも深夜。親の顔が見たい。日本以外の国ならどこでも、真夜中に堂々とそんな恰好をして歩いていたらレイプされるだろうし、レイプされたのは用心が足りないからだ、と非難されるに違いない。

だから日本は平和でいいじゃないか、と言うなら、僕は反論したい。この平和が誰によってどう維持されているのか。そうした認識がこの国の隅々まで行き渡っているのか、と。各人は平和のためにどんなコストを支払っているのか、と。

＊

まず第一に、日本は核武装していること、正確には米軍の核の傘によって守られている事実、これを直視しなければいけない。

広島、長崎に原爆を落とされた被爆国の国民として、日本はいかなる国の核実験にも反対する立場にある。だが日本政府は米軍の核の持ち込みを、見て見ぬふりをする形で認めてきた。その誤魔化しを、なんとなく認めている日本国民もまた共犯者である。

この部分からはっきりさせようではないか。（米軍によるものだとしても）持つか、持たないのか。ロシア、中国が核武装していれば、米軍も核武装することで極東の軍事バランスが生じている、ということに反論できるのか、できないのか。

漠然とした反米感情というものがある。沖縄をはじめ、アメリカの基地があちこちにあるから、まるで日本は植民地のようだ、と反撥《はんぱつ》する者もいる。アメリカに守ってもらわなくてもよい、と叫ぶイデオロギーもある。

ならば、はっきりさせよう。アメリカに出て行ってもらう、と。そのつぎになにがあるのか。論理を誤魔化してはならないと思う。

アメリカが消えたら、誰が日本を守るのか。かつての国民の空気、当時の左翼の主張は、非武装中立だった。

一九七三年（昭和48年）に札幌地裁で、自衛隊違憲判決が出たことがある。北海道の長沼町に自衛隊のミサイル基地をつくる計画があり、それに反対する農民が、そもそも自衛隊は憲法九条違反である、と訴えた。

自衛隊が違憲である、との判決が出たとき、昭和史研究者の秦郁彦はミシガン大学に滞在していて、熱心な質問攻めにあった。

「自衛隊を否定したなら、裁判官は自衛権を行使する主体として、どういう機関を考えているのでしょうか」

秦は、判決文に即してこう答えるしかなかった。

「判決は、直接それには答えていません。しかし、侵略を受けた時の自衛行動として、外交交渉、警察力、民衆の蜂起、侵略国民の財産没収や国外追放などを例示しているところをみると、規模の大小を問わず、自衛隊や類似の機関による自衛権の行使は考えていない、と思われます」

質問に答えることは不可能だった。日本人なら非武装中立は、漠然と、そんな気分、ですむ。だが外国人は自衛隊以外の「自衛権を行使する主体」についての説明がなければ納得しない。

僕は小学校のころ、戦争に負けた日本はスイスのような永世中立国になるのだ、と教えられた。世界のどこの国とも仲良くする、すなわち中立であれば侵略されない、との性善説だった。誰もスイスが非武装中立ではなく、武装中立だとは言わなかった。よく知らなかったのである。

スイスではすべての男子（20歳から60歳まで）に兵役義務が課せられて、一年間の軍事訓練を受けたのち、以後、毎年二週間の訓練まで義務化されている。仕事を休んで参加しなければいけない。さらに軍服、兵器、弾薬を各自の家に常備しているので、一日で三十五万人の市民兵を召集する能力がある。大規模な地下避難施設もあり、議会で核武装を決議したことさえあるのだ。

生存本能を失った日本人

世界史のなかでは軍事的空白のエリアは存在しない。空白であれば、あるいは均衡が崩れれば、たちまち埋めつくされる。皮肉なことに日本で非武装中立が流行したのは、米軍が空白を埋めていたからであり、日米安保条約があったからであった。

生徒が授業中に勝手に席を離れて歩きだす、廊下を走り回る、小学校の学級崩壊は何の予兆だろうか。授業参観に来る若い親たちは、先生にろくに挨拶もしない。どこかタガがはずれてしまっている。

生存本能と無縁な世界ができてしまったからではないだろうか。オウム真理教などを例外とすれば、この日本では身体的な危機感がまったく存在しない。飢えもなければ外敵の侵入もまったく意識されない。スイスの武装中立のように各自が貴重な時間を割いて軍事訓練のために汗を流し、そうやってコストを支払って築き維持してきた平和ならば、緊張感のある張りつめた平和である。

だが日本人は自分の周りをウソで塗り固めてきた。日本がアメリカの核の傘によって守られている、という現実は、知っていて知らない、のだ。基地問題がクローズアップされるとき以外はほとんど米軍は視《み》えない。

視えない力によって守られた日本列島は、ディズニーランドのように外界と遮断されたウソの世界なのではないか、と思う。ウソの世界ではリアルなものが存在せず、どんな意見、主張も実証されることはないし、どんなパフォーマンスも〝ごっこ〟にしかならないのである。

「世のため人のため」に犠牲となった人びとを悼む心　*1999. 8. 12/19*

日本に住んでいても日本語ができる外国人はかつては少なかったが、いまはごくありふれた風景になっている。「ここがヘンだよ日本人」という番組（TBS系）は、そんな彼らに自由な意見を言わせるところがおもしろい。僕もたまに出演する機会があって、あるとき北朝鮮の不審船がテーマで、なぜ自衛隊は拿捕《だほ》せずに取り逃がしたのだ、おかしいではないか、外国の常識ならつかまえる、との意見が多く出た。

そこで僕はこう述べた。

「自衛隊の艦船が不審船に横付けし、自衛隊員が乗り移って臨検すれば北朝鮮の工作員らが自動小銃で抵抗し、果ては自爆する。その可能性はかなり高かった。そうなると十人ぐらいの自衛隊員が死ぬ。戦後の日本では戦死者の位置づけについての国民的な合意はできていない。旧軍隊と違い自衛隊の場合、靖国神社に祀《まつ》るのかそうでないのか、あるいは日本国民がそれに替わる名誉を与える用意があるのかないのか、それが決まっていない以上、小渕首相としてはあそこでやめるしかなかった」

＊

死者について考えるお盆の季節である。同時に終戦記念日も重なって、例年この季節にだけ靖国神社がクローズアップされる。首相や大臣の参拝についてのパターン化した報道には飽き飽きしている。それよりも問われているのは〝現在〟である。靖国神社は第二次世界大戦までの戦死者を祀っているが、戦後はタテマエとして戦死者はいないのだ。日本は平和国家である。しかし、不審船のような不測の事態に対してそれなりの処置が求められた際にはどうしたらよいのか。少なくとも自衛隊員か、海上保安庁の職員か、あるいは警察官か、確実に誰かが犠牲になる恐れがある。

「ここがヘンだよ日本人」でも、イデオロギーに凝り固まった中国人が昂奮しながら発言を求め、「いまあなたは靖国神社と言ったが、それは軍国主義の復活である」と叫んだ。こうした教条主義的な反応にはうんざりする。日本人でも同じように記号的に反応するタイプの人びとがいてうんざりする。

拙著『昭和16年夏の敗戦』や『黒船の世紀』（いずれも文春文庫）の読者なら僕が平和主義者

であることは理解していただけるだろう。しかし日本国に住む人びとの安寧秩序を守るために、自ら犠牲になって死んだ人びとに対しその名誉を忘れぬ仕組みを考えないのは精神的な怠慢だと思っている。

最近、いちばん辛い気持ちにさせられたのは〈高田警視、PKOカンボジアに散って六年、「父親が自殺」「一家は離散」〉（「週刊文春」'99年7月8日号）の記事であった。

岡山県警の高田晴行警部補は、国連平和維持活動（PKO）の任務を帯びて派遣された七十五人の文民警察官のひとりであった。妻と幼い子供二人の父親である三十三歳の高田警部補はポル・ポト派が出没する危険地帯に派遣され、殺された。殉職による二階級特進で警視となり、また政府から特別褒賞金も出た。だが妻は一年も経たぬうちに子供を連れ実家に去り、父親は七回忌法要の一週間後に自殺した。

湾岸戦争で日本は莫大な資金を負担したのに人を派遣しない、と非難された。カンボジアのPKOは、一国平和主義の日本が世界平和にどれだけ貢献できるかという試金石だった。高田警視は、結局、郷里にあっては、たまたまPKOで死んだ不運な人でしかない。

東チモールでは独立かインドネシアへの残留かを決める住民投票が、国連主導で八月に予定されている。公正な選挙が行われるべく監視する任務で、各国から総勢二百八十人の文民警察官が参加する。オーストラリア約五十人、アメリカ約三十人、バングラデシュ約二十人、日本も十人程度のはずが結局、治安状態が悪いとして危険地域を避け、本部要員のみ三人の派遣にとどまった。危ないから規模を縮小した、では日本側の勝手な論理と誹《そし》られるだろう。だが高田警視のように、死に損と受け取られてしまうなら仕方がない。日本国民の代表として派遣された、と信じられるような環境をどう用意するかである。

戦後民主主義が封印

戦後の日本では、国家のため、という言葉はタブーになっている。〝名誉の戦死〟は残された家族を不幸にした。だが〝国家〟と大上段に構えなくても日本人のひとりひとりが「公」性のために少しずつなにかを負担しなければ、ただ単に自分勝手に生きる人間を増殖させるだけだ。学級崩壊はその予兆である。野村沙知代バッシングは、深いところで渦巻いていた自分勝手さに対する反撥《はんぱつ》、反省が表面化したものかもしれない。人間には利己の部分と利他の部分の双方がある。戦前の国家主義に対する反省から、戦後社会は利他への志向を強く押さえ込み封印した。一方の極から他方の極へ振り子が強く振れすぎたまま固定された。

評論家の櫻田淳も産経新聞に〈「名誉の階梯《かいてい》」の再構築へ〉（上・7月9日付、下7月10日付）と題して、自らの生命、身体を危険にさらしてまで国民の生命、身体、財産を守る「高貴なる行為」に対する受け皿がつくられていない、と論じている。「名誉」は単に金銭的な価値に置き換えられない。国家主義と誤解されかねない要素も含まれてはいるが、平和国家であることを前提にするならばおおむね正しい。

高田警視だけでなく、同じくカンボジアで国連のボランティア活動中に殺された中田厚仁青年、国連監視団員として中央アジアのタジキスタンで殺された筑波大学の秋野豊助教授、あるいは青年海外協力隊の活動中に犠牲になった人びとなど、彼らを顕彰する装置があってもよいのではないか。

スーザン・ソンタグが浮き彫りにした大江健三郎の戦争観 *1999. 9. 16*

知識人という言葉は完全に死語になっている。文化人という言葉も考えてみれば滑稽な日本語である。ふとそんなことを思ったのは、朝日新聞に掲載された奇妙な論争、論争と呼んでよいのかわからないようなやりとり、とでも言うしかない「往復書簡」に誰も反応しないのが不思議だからである。

その「往復書簡」とは、アメリカの女性批評家・作家として著名な六十六歳のスーザン・ソンタグと、日本のノーベル賞作家の大江健三郎との「未来に向けて」と題されたやりとりである（'99年6月14日・編集部、6月15日・大江からソンタグへ、6月16日、17日・ソンタグから大江へ、7月13日・大江からソンタグへ、7月14日、15日・ソンタグから大江へ、各日付は夕刊）。

＊

最初の書簡のなかで大江健三郎はこう述べた。

「私はこの国に超国家主義がゆるゆると、しかし突然に復活してしまっている日という『物語』を考えずにはいられません。それはいまこの国で宣伝されている近未来のアジアの災厄の、どれよりも色濃いリアリティーを持つように感じられます」

周辺事態法が登場したから、国旗・国歌法が成立したから、ファシズムになるという言説は、それがステレオタイプであるがゆえに日本人にはなじみやすい。これまで幾度となく蒸し返されたこうしたお定まりの論法は、緻密とはいえない。日本は軍国主義を経験した、それを繰り返してはならない、それだけ、それ以上に踏み込んだ分析を怠り、気分で言われても困るのである。

二度目の書簡でも、ファシズムについて記している。

「私はこの国に柔らかなファシズムの網がかけられる時、若者たちが国境の外へインターネットの窓をあける、そのような共同体を夢想します」

これに対して、スーザン・ソンタグはかなり手厳しい言い方で、大江健三郎のファシズム認識をたしなめている。ちなみに彼女は九三年から九五年まで、戦火のサラエボを五回も訪問している。一回の訪問での滞在は六週間とか七週間と比較的長く、窓ガラスもなく電気も水もないサラエボでスナイパーに狙われながら暮らした実感を、まるで巨大な強制収容所のようであったと、当時、述べている。また最近のコソボ紛争についても積極的に発言している。

「日本の重要な作家が、自国の具体的現実について見解を述べられたのに、外国人の私が異論を唱えるのはせんえつな行為とのそしりを免れないでしょう。でも、現実を理解するために私たちが用いる方法について、と限定したうえで言わせて下さい。私は多くのエッセー——『反解釈』にはじまり『隠喩《いんゆ》としての病《やま》い』や『エイズとその隠喩』にいたるまで——で、現実を隠喩として語るほとんどの実例に対して、もっと懐疑的になるべきだと訴えてきました。ファシズムは現在、隠喩になったと思います。私はこの言葉を隠喩として、あるいは厳密さを欠いたかたちでは使いたくありません。ミロシェビッチが率いるセルビア政府は、今日の世界で見る限りもっともファシスト政府に近いものです。しかし、たんに排外主義的、順応主義的、また、ある面では抑圧的ですらある社会を、それだけでファシスト的だとは呼べない、というのが私の見解です」

大江が隠喩としてのファシズムをもてあそんでいるとき、彼女は眼前のファシズムを語っているのである。

ソンタグは戦争に対する苦い思いを嚙みしめながら、「ミロシェビッチが一九九一年に戦争を始めたその時、もし軍事介入が行われていたら、多くの、実に数多くの生命が失われずにすんだ」と述べ、コソボ紛争へのNATOの介入を支持すると決断した。彼女がサラエボを頻繁に訪問していたころ、ついにNATOは動かなかった。コソボではようやく動いた。ドイツもNATOの一員である。「アウシュビッツを阻止するには、たった一つしか方策がない——それは戦争だ——ということを」ドイツ人は理解したのだ、と決断する勇気と厳しさを論じている。

「NATOが戦争を否定していた、、、としたら、それはコソボの人々にとって、どういう事態を意味していたでしょう——助けは来ない、ということです。ボスニアの人々がセルビアとクロアチアの侵略者の攻撃にさらされていた——殺され、爆撃されていた——三年の間、結局NATOが彼らに伝えたメッセージは、助けないということだった」

柔らかなファシズム？

大江は冷戦時代の日本の知識人のある型（責任も無責任も同時に存在しない）を踏襲したままだ。あるいはソンタグのなかにアメリカ的な正義の押しつけを見ることもできよう。だがここは容易にソンタグのリアリティーに軍配をあげることができる。

「日の丸を国旗として、『君が代』を国歌として法制化しようという国会での試みがまんまと成功したら、悲しいかな日本が再び偏狭な道へ進む予感を覚えずにはいられません。いうまでもなくそれは、衰弱している現在の日本政治にとって、現実的な知的破産を意味しています。私としては、法制化がうまくいかないことを望んでいます。とはいえ、古いナショナリズムの道具立てを持ち出して情念をかきたてる、哀れなほど貧弱な動きがあるというだけでは、私のなかでは、今の日本がファシズムや軍国主義に転じようとしているという確信にはつながりません」

大江が言う「柔らかなファシズム」という概念は、あまりにも「あいまい」すぎる。周辺事態法の持ち出し方がムード的で、ファシズムとの関係が少しも論じられていないのだから。

＊ユーゴでは二〇〇〇年十月、野党が政権を掌握、ミロシェビッチ政権は崩壊した。

忘れられたハイジャック事件の教訓　1999. 8. 26

喉元過ぎれば熱さを忘れる、ではないがこの間のハイジャック事件については未だに釈然としない。なぜコックピットに犯人を入れたのか、納得できる説明はないのだから。高度二百メートルを切って、犯人を取り押さえるのがあと十五秒遅かったら墜落していた。そうなればあの御巣鷹山の日航機事故を上回る大惨事である。市街地に墜落していたら世界の航空事件史上最大の出来事になったかもしれない。

日本の航空会社はどこか弛《ゆる》んでいるのだ。ハイジャック犯が再三警備上の盲点を警告していたにもかかわらず、何の対策も講じなかった。

僕の友人が冗談じゃない、と憤慨していたことを思い出した。こんな機長のアナウンスがあったそうだ。

「このたび客室乗務員（スチュワーデス）の××さんがめでたく結婚が決まり退職することになりました。本日は彼女の最後のフライトとなります。皆さん、拍手をお願いします」

日本の航空料金は諸外国に較べると高い。その高い料金を支払っている客に、ごくろうさん、と拍手を求めるセンスは理解し難い。

＊

なぜ犯人をコックピットに入れたのか。四人のベテラン機長（元機長三人、現役の機長一人）に集まっていただく機会があったので訊ねてみた。

「日本の社会通念で考えてみてください。かりにスチュワーデスが殺され、機長が無事に飛行機を着陸させたとしましょう。果たして彼に非難が集まらないと言えますか。犯人の要求を呑んでいれば、若い女性の命は助かったじゃないか、とごうごうたる非難に晒《さら》されるように思います」

なるほどその恐れはある。しかし責任は機長ではなく犯人にあるわけで、メディアもそれぐらいはわきまえていると信じたい。別の機長が言った。

「離陸直後に刃物で脅される、首筋に包丁をあてられる感覚は、経験はないけれども想像を絶するものだ」

それは客室乗務員が女性だからだ。もしも元日航の国際線客室乗務員だった『塀の中の懲りない面々』の著者である安部譲二がいたらどうか。あの頑丈そうな体軀と怖そうな面相で仁王立ちになっていたら、包丁男も臆したに違いないと思うのだが。

「たしかに国際線には男性の客室乗務員がいるが、国内線にはほとんどいない。これは考えてもよい」

日航はそうだが全日空の場合には国内線だけでなく国際線も女性ばかりだ。外国の航空会社の飛行機を利用すると、スチュワーデスは若くて美人とはかぎらない。日本ではスチュワーデスのお尻を追いかける男が少なくないが、どうしてこんな日本的ともいえる特殊な現象が生まれたのだろう。

「DC‐8が主流の一九六〇年代には男女半々だったが、ジャンボの登場から女性が増えた。草創期のスチュワーデスがチーフパーサーなどの地位につくようになり、しだいに女性の採用が増えて男性の比率が下がったのです」

これから変えたらよい。

「そうなると客室乗務員の編成に大幅な変更が必要になります。日航を例にとると全体で六千人の女性がおり、国際線には八百人の男性がいる。国内線の全路線の編成を考慮してバランスよく配置すると、やはり計算上七、八百人の男性が必要になる。それだけの人件費の手当てを考えないと……」

むずかしくはない。代わりに七、八百人のスチュワーデスを減らせばよい。

日本の客室乗務員採用にはどうも勘違いがあるのではないのか。ホンネで答えてください。

コックピット外の客席を女性ばかりに任せておいて不安はありませんか。

「ハイジャックだけでなく酔っぱらった男性客が騒いでトラブルを起こす例も少なくないから、

男性の乗務員がいたほうが安心できる。機長がコックピットを出て行くのはたいへん危険なので、できればしたくない」

客室乗務員に自衛隊のレンジャー経験者を配置するとか、そんな提案をしたらどうですか。

「それは心強い。国際線の長時間フライトなどでは、心理的に違う」

意見が分かれた。別の機長は心配する。

「ある意味で危険でもある。乱闘騒ぎになった場合、たとえコーヒー一杯でも計器にかかったらとんでもないことになるんです」

平和呆けの国民性

コックピットに入れない方法はほかにもあるはずだ。

「国柄にもよるが、イスラエルや韓国は厳しい。いまはどうか知らないが韓国の飛行機には〝何人たりともコックピットへの入室は許されない〟と警告の紙が貼ってあった。そういうふうな徹底している空気があればハイジャックは起こりにくい。日本でも〝コックピットの扉は鋼鉄製だから絶対に破れません〟と新聞に全面広告を出すぐらいの宣伝をしたらどうかな、と」

実際にはコックピットのドアは簡単に壊れてしまう。鋼鉄製はともかくもう少し丈夫なものにしたらよい。

別の機長が危惧《きぐ》の念を抱いた。またもや平和呆けの国民性を気にしている。

「鋼鉄製の扉をつくって宣伝してもいいけれど、客室で乗務員や乗客が一人二人死んでも我慢して飛びつづけ無事に帰着したとして、日本社会は許してくれますかね」

結論は、山より大きな鯨（猪の意）は出ない、となりそうだ。日本の航空会社は危機管理意識がうすい。国民のほうも同程度の意識だろう、彼らを監視する気持がうすいのであれば仕方がない。冒頭のエピソード、拍手してください、と言ったら素直に拍手しているのだから。

異文化としての訴訟社会・アメリカ　*1999. 11. 25*

中国人は日本人と同じ漢字を使っている同文同種だから気持ちが通じやすい、そう考えるととんでもないことになる。中国へ進出した企業で手痛い目にあった話をよく耳にする。ではアメリカはどうか。デモクラシーの国家だし合理主義を基本としているから大丈夫かというとそうでもない。東芝が一千百億円を支払うことになった事件、「司法リスク」とはなんぞや、である。

＊

事件の概要は新聞に報じられている。

「争点になったのは、パソコンの記憶媒体であるフロッピーディスクを駆動する半導体のプログラムに一部不具合があり、保存したデータが破壊される可能性がある点。東芝の説明では、シミュレーションの結果、現実的にはあり得ないほど過酷な使用条件でエラーが発生することは考えられるが、同半導体を内蔵した全世界の一千五百万台のパソコンで一件の苦情もなく、原告側も修理情報の記録がないことを認めている」（日経、10月30日付）

理論上の欠陥にすぎない。原告は二名だが、訴訟を起した弁護士が新聞やテレビで東芝のパソコンを買ったユーザーに原告団に入るように呼びかけた。集団訴訟が前提である。同型パソコンは六百万台が売られ、五百万台がいまも使用中で、一台約二十万円とすれば約一兆円となる。敗訴した場合、一兆円近い賠償責任を負うと、東芝が企業として存続できなくなる可能性が高く、したがって和解に応じたらしい。

和解金の一千百億円は東芝がノート型パソコンで過去十余年間にアメリカで稼いだ利益総額に相当する。内訳は、原告らに支払う直接の和解金六百六十億円、原告の弁護士費用百六十億円、無償で行う修理費用や利用者に配るクーポン券など二百八十億円という。

これが報じられた日に東芝の株価は一時六十七円安の六百三十二円まで急落した。アメリカの格付け会社ムーディーズが、東芝の長期と短期債の格付けを一ランク下げた。踏んだり蹴ったり、である。

アメリカは訴訟社会という病巣をかかえている。事態はどんどん悪くなっている。ハイエナのような弁護士たちの存在はよく知られているが、単にそんなモラルの問題ではなくモノをつくると損する、との考え方のほうが深刻なのだ。行き過ぎた消費者運動とPL法が製造業を追い詰めた。アメリカは最大の貿易赤字国で、日用品のほとんどを輸入している。もはやモノつまりハードをつくらず金融とソフトで食うしかない国なのである。

四年前に出版された『「訴訟亡国」アメリカ』（高山正之・立川珠里亜著、現在は文春文庫『弁護士が怖い！——日本企業がはまった「米国式かつあげ」』）は、すでに豊富な事例で鋭く分析していた。マクドナルドのコーヒーをこぼしてヤケドしたのは熱すぎるせいだとか、猫を電子レンジで乾かそうとして死んだのは説明書に明記されていないからだ、などの言いがかりで勝訴した話は知られているが、ひとつの産業がまるごと瓦解した小型飛行機製造業界の事例がわかりやすい。

パイロットが燃料バルブを閉め忘れて事故を起した。酔っ払っていたせいだがその非は問われず、燃料バルブの欠陥とされセスナ社が敗訴。滑走路上に置かれたトラックにぶつかった自損事故では、前方視界が悪い構造上の欠陥とされパイパー社が敗訴。セスナやパイパーなどアメリカ小型機業界は八〇年代初めまで年間一万八千機を生産し、世界市場の九五パーセントを独占していたのにつぎつぎと敗訴し、八五年には業界全体の総売上の七分の一が訴訟費用に消えた。九〇年代以降、業界そのものが消滅の危機に瀕している。

東芝の今回の事件、アメリカの訴訟社会の理不尽さによるものであったが、記憶を遡れば僕たちが日本の近代化の過程で幾度も味わった感情に通じるところもある。

高村光太郎と時代の気分

一九四一年（昭和16年）十二月八日に日本が真珠湾を奇襲して日米戦争の火蓋が切られた。こんな戦争、勝てるわけがないと怪しんだ人もいたが、多くの知識人をはじめほとんどの国民は、なんだかすっきりした、と感じた。高村光太郎のつぎの詩はその代表的なものだろう。「ついに太平洋で戦うのだ。詔勅をきいて身ぶるいした。／（略）遠い昔が今となった。天皇あやうし」

僕の専門は思想史なので、当時のインテリの書いたものはかなりよく眼を通している。光太郎にかぎらず、日中戦争でもやもやしていた気分が日米戦争になったとたん霧が晴れたらしい。現在から眺めれば、満州事変があり、日中戦争があり、そのうえで日米戦争まで、なにをやっているのかと思う。だがそのころの日本人は、はなはだ理性的とはいえないとしてもアメリカにじわりじわりと追い詰められて鬱屈した気分の捨て場を求めていた。

もうひとつ、そうした事態を打開できない日本の官僚政治に対する不満もたまっていた。光太郎は大政翼賛会に協力して「民意を上通するという」ので「委員」となった。だが……。「霊廟《れいびょう》のような議事堂と書いた詩は／赤く消されて新聞社からかえってきた。／会議の空気は窒息的で、／私の中にいる猛獣は／官僚くささに中毒し、／夜毎《よごと》に曠野《こうや》を望んで吼《ほ》えた」

「真珠湾の日」の詩の前に「協力会議」の詩がつくられている。国内での無責任体制が先にあって、そのうえに理不尽な異文化の攻勢があった。内因と外圧、光太郎の詩にはこうした二重の圧迫感への抵抗が表出されている。

今回の事件を一私企業が被った不運として片付けずに、日本の政治家や官僚は、国民を守るために向こうの政治家に対して、おかしいのではないか、ときちんと言わないと漠然とした暗い気分が横溢《おういつ》すると思う。

東芝「一千億円」損失は誰の責任か　1999. 12. 16

東芝が一千百億円の巨額の和解費用を支払うことになった例の事件は、異文化への対応を怠った人災なのか、それともこうした訴訟社会に吹く竜巻に巻き込まれた自然災害なのか、そこのところがまだ僕には定かではない。

東芝が和解に応じたのはこの集団訴訟に敗訴したら一兆円（悪意による不法行為と認定されると三兆円）を支払うことになり、倒産の危機に瀕するからだと言われている。東芝は戦わずに鉾《ほこ》を収め、早々と和解の道を選択した。よって公式コメント以外の詳細はわからないのが実情である。

したがって新聞報道も隔靴《かっか》掻痒《そうよう》の感があった。「週刊東洋経済」（'99年11月27日号）が「米国巨大司法リスクの恐怖」という十四ページの特集を組んだが、いまのところこの特集がいちばん詳しい。また僕のホームページの掲示板でも、それぞれ情報を寄せ合いこの事件を理解しようとする参加者の真摯な姿勢が感じられる。

あらためて整理し直してみたい。

＊

まず東芝の公式コメント。

「フロッピーディスク装置を制御するＩＣ（ＦＤＣ）のマイクロコードに一部不具合があり、このため書き込みエラーが発生してデータ破壊につながる可能性があるとして」ユーザーから訴えられた。原告のユーザーはいまのところたった二人。しかし、被害者は東芝のパソコンを購入した五百万人とされるので、弁護士が新聞などで原告を募集するクラスアクション（集団訴訟）のかたちになる。

「現在まで全世界で一件も苦情が報告されていないことを理由に争ってきました」が、「アメリカにおいては被害発生の可能性があればその法的救済が求められるという考え方があること」、「集団訴訟のケース」では「陪審裁判」で「巨額の評決が下される可能性が大きい」ため、弁護士などの専門家の意見も聴いて「和解により解決する」ことにした。ただし「本和解は、当社の法的責任やパソコンの性能に問題があることを認めたものではありません」としている。

だったら和解しなければよいのに、と思ってしまう。

どうもこのあたりにひとつのポイントがありそうだ。

事件の焦点となったＦＤＣは、ＮＥＣが一九七八年に開発してデファクトスタンダード（業界標準）になっていた。八〇年代、ＮＥＣはこのＦＤＣを他メーカーにライセンス供与していた。東芝は、業界標準となったＮＥＣのＦＤＣに対して独自開発の互換製品をつくった。これはあくまでも東芝製ＦＤＣであって、ＮＥＣ製ＦＤＣとは機能が同じでも回路などが異なっていた。

「東芝はＮＥＣ製品と互換性を持たせたＦＤＣを独自に開発し、正式なライセンシーになることを拒んだ。それをめぐって何かトラブルがあったのか、八五年、東芝はＮＥＣと互換製品を自社生産できる内容の和解契約を結んでいる」

「週刊東洋経済」には以上のような説明がある。この部分について調べてみると互いに権利を主張し合わないという「権利非主張」の和解であった。

つまり東芝としては、ＮＥＣと別の製品と考えていた。ＮＥＣが八七年にバグを発見したときは自社のライセンシーに伝えている。東芝はライセンシーではないからＮＥＣから伝えられたかどうかは不明。「週刊東洋経済」は、米国ＮＥＣは伝えたとしている。

「ウォールストリートジャーナル」（ネット版、11月1日付）は、ＮＥＣがＦＤＣの設計を変更したとき、東芝では「懸案事項とは思わなかった」（東芝アメリカ情報システム社ゲーリー・エルササー副社長のコメント）との証言を引いている。たしかにこの当時のパソコンは同時に複数の処理を行うレヴェルにはないから（シングルタスクなので）、欠陥という認識が生じにくい。

しかし「ウィンドウズ95」の登場でマルチタスク機能の時代に入ると、東芝製ＦＤＣに使用上の制約が、予見可能性として、生じるのではないのか。東芝側は、理論的にはあるかもしれないが現実には考えられない、よほど過酷な条件下でなければ問題はおきない、と反論していた。

株主代表訴訟は無理？

外務省北米第一課課長補佐から司法界へ転身した蒲野宏之弁護士に訊ねた。

蒲野弁護士はハーヴァード・ロースクール大学院修士課程を修了していて日米双方の弁護士資格を持っている。蒲野弁護士は、訴状の以下の部分が日本人の意識ではまだ希薄だがネット社会先進国のアメリカではかなり普通の認識といえる、と述べた。

「被告らの陰険な工作はすでに膨大な損害を発生させている可能性が大きく、これ以上被害が大きくならないうちに中断されなければならない。FDCは我々すべてに影響をあたえる。FDCを組み入れた装置はコンピュータ・システムを含むが、これに限定されることなく、家庭、学校、企業、診療所、病院、銀行、政府施設、航空管制システム、医学実験室で使われている。（略）合衆国では、コンピュータとその保存するデータは私達の生活の全分野に関わっている」

よほどのことでないかぎり……、という考え方は通用しないのだ。

一千百億円の損失を出したことが不注意ならば東芝経営陣は株主代表訴訟を起されても文句はいえない。だが早期の段階の和解だったために真相が外に出にくくなり、経営責任の追及は困難となった。

こうして欲求不満だけが残された。そしてアメリカの弁護士事務所には〝正義の報酬〟百六十億円が振り込まれる。なにか釈然としない。

死んだ「座礁クジラ」をなぜ棄てるのか

2000. 4. 27

どうしてもニュースは一過性になりやすい。マッコウクジラ騒動は、その後、どうなったのか。あの大きなクジラ、美味しそうだったが、まさか棄てたりはしないだろうな、と気になってしまった。騒ぎ方がどこか欧米的で、僕の気分としてはしっくりこなかったからである。

＊

すると、案の定、小さなベタ記事にこんなことが記されている。

「静岡県大須賀町の遠州灘海岸で8日、救出作戦が実らずに死んだマッコウクジラの腹を切り裂く作業が始まった。クジラは当初、和歌山県内の専門業者が解体する予定だったが、町役場がクジラの肉や皮が市場に出回ることを嫌い、急きょ中止を決めた」(毎日、4月9日付)

「(大学や研究所チームが)解体をしながら、歯や内臓などで生息や成長状況を調べており、二、三日はかかるという。調査終了後は、海岸近くに埋められ、数年後に骨格標本となったところで掘り出す」(東京、4月9日付)

死んだクジラを埋める……。なんということだろう。冷凍車を何台も用意して、すぐに解体して運べばよいのに。クジラの肉も皮もたいせつな資源で、有効活用しなければならないのに。

生きたまま砂浜に打ち上げられたマッコウクジラを救出するのはこのごろの新しい常識、クジラを食する習慣のない欧米の思想が刷り込まれたものとしても、とりあえず美談と理解しよう。だが、死んでしまったあとなら日本の伝統にもとづいた処理の仕方をしてもよかったのではないのか。

生きているときにはそれなりの努力をした。体長十六メートル、重さ四十トンのマッコウクジラを救出するために、大須賀町役場の職員が三十人、地元の土木業者らが二台のパワーショベルで周囲の砂をかき分けて海に戻そうとした。その間、乾燥防止用の毛布を掛け、海水をかけつづけた。パワーショベルでは動かず、翌日は漁船を三隻繰り出して沖合からロープで引っ張ったが切れてしまった。

処理費用まで入れて約一千万円かかるらしい。大須賀町の年間予算は四十五億円、固定費の比重が高く一千百万円しかない予備費のほとんどが吹き飛んでしまう。

国際捕鯨取締条約で日本が認められているクジラの捕獲は、調査捕鯨の名目でミンククジラを南氷洋で四百頭前後、北太平洋で百頭前後のみである。ミンククジラは最も小型の種類で体長が八メートルぐらい、体重は五トンから八トン、マッコウクジラに較べるとかなり小さい。それでも一頭が一千万円ほど、全体の売上高は四十数億円になる。日本鯨類研究所の調査捕鯨のコストは年間五十億円で、足りないぶんの五、六億円を水産庁が補助金として出している。

四十トンのマッコウクジラを市場に出したら二、三千万円はくだらない。処理費用もまかなえる。ふつうならそう考えるところなのに、奇妙なタブーがこのクジラ騒動を覆ったのであった。赤字を埋め合わせたい大須賀町に自決権がなかったのである。

クジラの死亡が公式に確認されたのは四月七日午後二時十八分だった。それから十分後に静岡県庁農林水産部の水産資源室は、「どうしたらよいでしょうか」と霞が関の農林水産省に電話を入れ、判断を仰いでいる。水産庁資源管理部遠洋課捕鯨班の森下丈二課長補佐は、「基本的に埋めるなり焼くなりしてくれ」と指示を出した。県庁の水産資源室が、これを大須賀町役場に伝えたのが午後三時ごろであった。

すでに市場から売却についての問い合わせがあった。役場のほうも専門の学者に、死んだあと何時間ぐらい食用が可能か、と細かく訊いたりしている。ここからが不可解なところだが、新聞もテレビも口々に「まさか食用に回ることはないでしょうね」との質問ばかり繰り返すのだった。大須賀町が死体の処理方法を発表したのは夜の八時になってからである。

なんだか小渕首相緊急入院から森新首相決定までの空白を埋めるような説明になってしまったが、このクジラ騒動の顚末はどこか腑《ふ》に落ちない。

クジラは増えている

水産庁の指導は、九〇年の「定置網の混獲に関する通達」(水産庁振興部沿岸課長)と九一年の「イルカの取扱についての通達」（同庁振興部長）による。前者は、原則として網にかかったクジラは海に戻す、死んだら埋めること、例外的に地場消費にかぎって食用も可、とある。後者は、死んでいるイルカは埋設ないしは焼却、例外的に地元での消費は認めるが販売は不可、である。

こうしたマニュアルが残っているのは、グリーンピースをはじめとした国際世論のプロパガンダで痛い目にあったせいだ。しかし、とここで嘆息する。日本のメディアの若い記者たちはすっかりグリーンピースに洗脳されてしまった……。

農林水産省は、沿岸小型捕鯨で五十頭のミンククジラの捕獲を国際捕鯨委員会（ＩＷＣ）に要求しているが、理不尽な反捕鯨勢力によって阻止されている。正当な要求であることは日本人も知っておきたい。日本近海のクジラにより捕食される魚は日本人が食する漁獲量の三割、全世界では漁獲量の六倍にあたり、海洋資源が相当に無駄にされているからだ。

またクジラの座礁が増えているのは繁殖しすぎて環境収容力を上回ったせいだ、とする学説もある。ミンククジラの資源量は百年前の十倍（シロナガスクジラはまだ回復していない）にも達している。センチメンタリズムはやめて冷静に事実を見つめよう。

NO. 3

経済大国であるという事実を忘れないこと

日本国のＧＤＰ（国内総生産）は五百兆円で、世界第二位の稀にみる経済大国である。そのうえ約一千四百兆円にものぼる個人金融資産を持っている。

それなのにあちらこちらで困った、困った、と嘆く声が聞こえてくる。アジアやアフリカにはその日の仕事がなく、いや数時間後の食事すらあてのない人びとがあふれている。彼らと日本人との間では、幸福観の根本が異なるのである。

経済は少しもむずかしいものではない。五百兆円のうち三百兆円が消費活動である。企業がいくら設備投資をしても、リストラをして財務内容を改善しても、消費者が財布のヒモを緩めてくれなければ景気はよくならない。

もう買うものがないと言うけれど、消費するものを探せないと経済は毀れてしまう。日本国の位置を、こんなふうに大摑みにとらえておく必要がある。

「お台場カジノ」で東京都の財政再建を　2000. 3. 16

東京都の財政は深刻である。石原慎太郎都知事が大手三十行に対して外形標準課税を導入する決定を下したがそれはまだ始まりにすぎない。

都知事に就任した直後に、「お台場でカジノを」と発言したが、そろそろ現実的なプランを示さなければならない時期だろう。

外形標準課税は、もともと地方税法にもとづけば合法であったが、自治省など中央政府を無視してこの伝家の宝刀は抜きにくかった。石原知事の強力なリーダーシップと、公的資金を注入されながらゼロ金利で高額な売上を計上し株主配当までしつつ赤字なので税金は払わない〝悪役〟銀行をターゲットにする戦略で世論を味方につけた。

カジノについても、僕はいまがチャンスだと思う。銀行以上の〝悪役〟が現れたからだ。このところの不祥事は、神奈川県警、新潟県警だけでなく警察庁を含め日本の警察機構の全体が狂っているとしか表現しようがないのであり、国民は呆れ返っている。「お台場でカジノを」に立ちはだかるのは、中央政府ではパチンコ業界で利権をむさぼっている警察官僚と予想されるからである。

＊

日本カジノ学会が設立されたのはいまから四年前である。阪神大震災の復興資金を地方自治体が独自に調達できないか、という関心が学会設立の原動力だった。もちろん「官」からの搾取である税の負担を少しでも軽くしたい、との気持ちがあった。ライフスタイルの豊かさの面でも検討された。なぜなら先進国ではカジノは合法が常識であり、着飾って外出して遊ぶ場所にふさわしい舞台が日本では少なすぎる、一人で黙々と打つだけのパチンコは貧しすぎる……。刑法を改正して一刻も早くゲーミング法をつくる必要がある。英国を例にとれば、新たに三十万人の雇用創出が期待できる、との試算もあった。

野田一夫・多摩大名誉学長（現・宮城大学長）が理事長、評論家の室伏哲郎《むろぶしてつろう》が専務理事（現・理事長）に選出され、以後、研究を重ねてきた。このほど石原都知事の意向で、都庁の政策スタッフが室伏理事長に協力を要請してきたので、臨時の理事会（理事として筆者のほかにエコノミスト紺谷典子《こんやふみこ》、作曲家すぎやまこういち、マーケティングコンサルタント西川りゅうじん、建築家川澄明男が出席）を開き、外形標準課税のような合法化の可能性を探ったのである。

粗っぽい計算だが、お台場に公営カジノができると、仮に二千億円の売上なら、東京都に二五パーセント、五百億円の税収増が期待できる。

いや東京都にかぎらない。全国の自治体が中央政府からの補助金にしばられず独自の財源を模索してよいわけで、そうなれば競輪（通産省）の全国規模の売上一兆六千億円、競艇（運輸省）の二兆円、中央競馬（農水省）の三兆七千億円、オートレース（通産省）三千億円などに較べて遜色がない。これらは順に特殊法人日本自転車振興会、特殊法人日本船舶振興会、特殊法人日本中央競馬会、特殊法人小型自動車振興会の下で運営され、実質的には各省庁が胴元で独自の法律にもとづいた公営ギャンブルなのだ。各省庁はここからあがるテラ銭で、大蔵省主計局を通さない、すなわち国会の予算委員会のチェックを受けない、ヘソクリ予算を確保している。

たとえば通産省所管の特殊法人である自転車振興会を例にとろう。競輪の売上のうち三・七パーセント、六百億円が寝ころんでいても自転車振興会に入る仕組みなのだ。六百億円の約半分は通産省関連の社団・財団法人に分配される。財団法人機械システム振興協会、財団法人機械振興協会、財団法人日本産業技術振興協会、財団法人産業研究所など、それぞれよく似た名称で素人にはなにがなんだかわからない。こうした社団・財団が通産省所管だけで九百一もあり、ほとんどが天下り組織になっている。

新しくできたサッカーくじ（スポーツ振興投票実施法）は二千億円の売上が期待されているが、うち払い戻し金、諸経費、国庫納付金を除いた三百億円強が文部省所管の特殊法人日本体育・学校健康センターの手によってスポーツ振興助成金として各団体に配分される。省庁を胴元とし、特殊法人が運営する、というパターンはサッカーくじも例外ではない。通産省、運輸省、農水省と隣を見れば、文部省もやりたくなる。詳しくは拙著『日本国の研究』『続・日本国の研究』（文藝春秋刊）を参照していただくとして、先へ進もう。

江戸時代には藩札があった

「お台場でカジノを」の場合、参考になるのはパチンコである。二十三兆円の産業規模を誇るパチンコ業界は法律的には相当に不思議な存在ではないだろうか。刑法百八十五条で賭博行為が禁止されているのに、顧客は堂々と現金を入手できるからである。

パチンコの出玉は景品だけでなく現金と交換できる。換金用のツール（東京では金箔片が多い）を介在させて出玉と現金を交換する。パチンコの経験者のほとんどは、そのツールをかかえてパチンコ店の裏側あたりのどこかに必ずある交換所を利用して現金を手にしたはずだ。それで実質的に合法なのであればカジノでも同じシステムを採用すればよい。

カジノは総合的なレジャーセンターといえよう。スロットマシーン、ルーレット、クラップス、ブラックジャック、ポーカー……。儲けた顧客はパチンコ店同様の交換ツールをもらうことにする。そのツールは、いかがわしい金箔片などではなく東京都発行の債券にすればよい。

なにも現金と交換しますよ、とまでは決めなくてもいいのだ。債券と景品の交換は、パチンコ店の裏小屋の換金ほど不自然ではない。最近では、出玉と景品の交換をパチンコホールの内部ではなく近くの商店街と契約し、その商店街での買物に利用してもらう方法も一部ではじまったと聞いている。そうであれば必ずしもカジノのその場で景品と交換しなくてもよいのだ。

東京都の発行する債券は、東京都の信用にもとづいて発行されるものだから、都内全域で通用する地域振興券と同様の特性をもつ。百円券なら百円の商品と、千円券なら千円の商品と交換できる。

経済効果が疑わしかったあの評判の悪い地域振興券は、まさに天下の愚策の見本ではあったが、皮肉にもこうして恰好のヒントを与えてくれたと理解するのだ。なお地域振興券の使用にあたって実施主体の自治体はそれぞれ条例を制定しているので、新たにカジノ債券条例をつくればよい。

こうした思想をさらに発展させれば、自治体が中央政府の補助金付きでない独自の地域振興券（＝債券）を発行してもよいことになる。ただし日本銀行券との交換レートが、自治体の財政情況によって変化してもかまわないと思う。

第二次大戦中、日本軍は占領地にのみ通用する軍票を発行したことがある。敗戦で軍票が紙屑となったので結果的には甚だ評判がよろしくないけれど、それを教訓にすれば発行者である自治体に厳しく自己責任能力を問うことになる。

あるいはこう考えたほうが前向きだろう。江戸時代には各藩が独自に藩札を発行した。幕藩体制はまさに地方分権の時代で、これから地方分権を考える際にカジノ債券は大きなヒントとなりえる。

警察はなぜパチンコの換金を見逃すのか

パチンコの換金は本来は違法行為である。刑法百八十五条で賭博が禁止されているが、「ただし、一時の娯楽に供する物を賭けたにとどまるときは、この限りではない」とあり、風営適正化法十九条で、パチンコの景品の上限を一万円（国家公安委員会規則）としているのは、「一時の娯楽」にとどまるときは「この限りではない」との許容範囲と解釈されているのだから奇妙である。

また風適法二十三条に「現金又は有価証券を賞品として提供すること」「客に提供した賞品を買い取ること」「遊技の用に供する玉、メダルその他これらに類する物を客に営業所外に持ち出させること」などが禁止されている。そうであれば、パチンコの換金は完全に違法行為ではないか。

それでも警察がこうした違法行為を見て見ぬふりをするのは、行政指導の範囲が広がるからである。行政指導とは、いわゆる手ごころを加えることであり、行政官としての裁量の余地を広げるやり方である。そこで警察庁は勝手に私的諮問機関をもうけて有識者に以下のガイドラインをつくらせた。パチンコ店経営者と換金所は別法人のタテマエをとれば問題ない、と。

「提供した賞品を買い取った第三者から営業者が買い取る行為は直ちには現金の提供と同一視することができるとまでは言えず、現在のパチンコ遊技の形態を維持していると言えるのではないかと考えられる」

警察がこうした違法行為に無理な解釈を施すのは、パチンコ業界の利権にありつくためである。プリペイドカード企業をはじめとしてパチンコ関連の団体は警察の天下りコースになっているのだ。

＊

もう一度言おう。「お台場にカジノを」は理論的に可能である。パチンコの現状を分析すれば、現行法規で間に合う。警察庁がパチンコ業界に認めてきたことを、カジノにおいても認めればよい。邪魔に入ったら、さらに不祥事を追及するまでだ。

すでに記したが競輪、競艇、競馬、オートレースは各省庁が実質的な胴元となりうまい汁を吸っている。彼らにもつべこべ言われる筋合いはない。

都心にはもぐりのカジノがたくさんある。こうしたもぐりのカジノの背後には暴力団がいる。しかし、合法的なカジノは明朗である。先進国をみれば明らかで、ラスベガスは街全体がディズニーランドのようだ。ヨーロッパでは社交の場でもある。できるならばお台場のカジノは、民主的な手続きで選ばれ公的権限を持つカジノ・コミッティに業者の選定を任せ、また顧客への還元率や東京都への納税率を決めてもらうとよい。

いまや第三次産業がＧＤＰ（国内総生産）の六割を占める。なかでもレジャー、アミューズメント、リゾート産業の比重はますます高まり、その面での消費は増える。税収も増える。遊びの場が少ない東京にとってお台場でのカジノは新しい消費の殿堂、これからのライフスタイルを示す場所となるだろう。

「右vs.左」から「大きな政府vs.小さな政府」へ　2000. 6. 22

総選挙の争点がわかりにくい、と思われている。そうではない。総選挙の争点は、はっきりしている。政党の軸と争点が分離しているだけだ。

そこでわかりやすいマトリックスをつくってみた。

＊

冷戦時代のままの発想ならば、軸はイデオロギーに支配された右か左である。右は自民党や自由党だ。左は社民党や共産党である。

しかし、自民党は公共事業で五十七万社、六百六十万人の土建屋にからむ雇用を支えねばならないし、共産党は地方公務員の数を減らすことに反対する。自民党の亀井静香政調会長はこの四月から始まった老人介護保険制度で、お年寄りがたいへんだ、と保険料の徴収を半年引き延ばして穴埋めに税金を五千億円投じた。いったい財源はどうするのか。共産党も、もっと福祉を、と主張してばかりで財源の問題を避けてきた。言うとしたら、大企業からもっと取れ、お金持ちからもっと取れのワンパターンでしかない。

先日、若い記者が僕のところへ来て、森喜朗首相の「神の国」発言にはあきれた、だから共産党へ投票する、と言うのである。「神の国」発言は、森喜朗という人物の軽さの証明にはなったが、総選挙の争点はそこではない。自民党の反対は共産党ではないよ、と説明してあげた。

紙切れにこのマトリックスをさらさらっと書いてあげたら、わかりました、と納得した。

旧ソ連が崩壊したのは大きな政府のせいで、ノーメンクラツーラと呼ばれた特権官僚と非効率な国営企業により経済活動の手足ががんじがらめに縛られ、身動きがとれなくなったからである。

いまの日本も、旧ソ連と似た側面が見られる。特殊法人等の国営企業はあまりにも非効率でコスト意識が乏しい。政策コスト分析の手法が取り入れられたのは最近で、まだ不徹底なのだ。

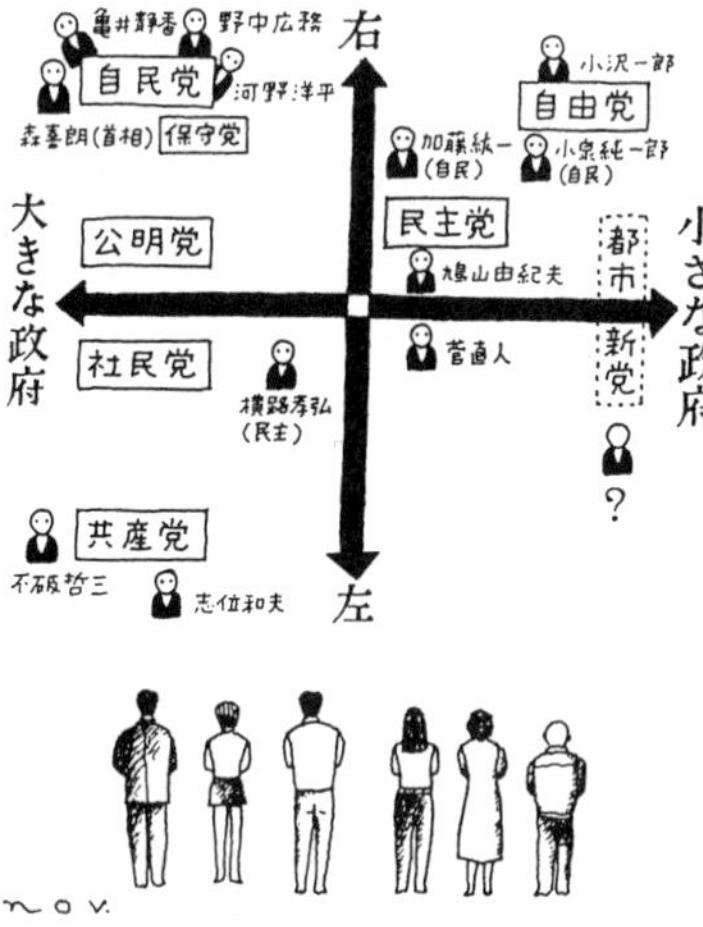

情報公開法で透明度を高め、財投機関債の発行を義務づけて市場の競争に晒《さら》すなど、経営意識を高めるほかはないが見通しは暗い。地方レヴェルでは第三セクターと呼ばれる財務内容の怪しい会社がたくさんあり、あちこちで危機に瀕している。国債、地方債などを合わせてGDP（国内総生産）五百兆円を上回る六百四十五兆円の借金は、大きな政府がつくり出したツケである。

左右のイデオロギーがいまだに投票行動を支配しているのは日本の有権者の意識が遅れている証拠だ。一国平和主義に浸かっていて冷戦体制崩壊の衝撃波をあまり感じなかった。もうひとつは不況、不況と騒がれているのに個人金融資産が一千三百兆円もあるため、足下に火がついていても火傷の自覚がないこと。六十五歳以上の高齢者世帯の平均貯蓄残高（生保、国債、株式等を含む）は二千五百万円もあるのだから。

六百四十五兆円の債務も、米国のように外国人投資家の比率が高いわけではないので、日本国内での富の配分が変化しているにすぎない。借金地獄でも危機意識は薄い。欧米では財政赤字は一刻の猶予もならぬものであり、規制緩和を推進して市場の活力を取り戻す必要に迫られた。国家存亡の危機が小さな政府を志向させたのである。

英国ではサッチャーの保守党が、またドイツではコールのキリスト教民主同盟を中心とする連立与党が小さな政府を志向した。いま英国はブレアの労働党、ドイツはシュレーダーの社民党だが、大きな政府の側に戻ったわけではない。先のマトリックスでみると、小さな政府の側のカテゴリーに入る。日本の社民党や共産党とは似て非なるもので、民主党の占める位置ぐらいだろう。冷戦体制崩壊後の争いは、先進国ではマトリックスの右側半分で展開されるのが常識とされている。

ところが日本はどうだろうか。小さな政府のカテゴリーに入る政策を積極的に打ちだしているのは自由党と民主党の一部のみ。自民党は反主流派の加藤紘一など宏池会は民主党と同じカテゴリー、小泉純一郎はさらに小さな政府側寄りだろう。また政策新人類と呼ばれる石原伸晃や塩崎恭久なども同じ。彼らの先には、いっそうの規制緩和と自己責任原理を求める幻の都市新党が存在して、無党派層へ期待をつなぐだろう。

高い課税最低限は政治家の人気取り

大きな政府と小さな政府の分岐点は自己責任原理にもとづいた政策を打ち出せるかどうかにかかっている。その点で民主党が課税最低限の引き下げを主張しはじめたのは、責任政党の意欲を示したものと評価できる。

現在、年収三百六十八万円（夫婦子供二人）以下が所得税を免除されている。課税最低限は米国でおよそ二百万円、英国で百万円程度であり、日本は異常に高い。以前にこのコラムで自民党総裁選に打って出た梶山静六の以下の正直な発言を引いたことがある。

「予算委員会は与野党の天王山だった。メンツをかけた戦いでもある。予算を通すとき、課税最低限の数字をいじることが社会党との取引に有効だった。中身の検討よりも幾ら譲ったか、幾ら負けさせたか、と双方で数字のやりとりが行なわれ安易な符号になった」

貧しい層を優遇する、はタテマエで与野党の取引のため機械的に課税最低限を引き上げた結果、年功序列賃金の下では若年層の税の負担が軽減され、よって痛税感がないので有権者の自覚が薄く政治的無関心を助長して投票率の低下をもたらしたのである。

課税最低限を現行水準で維持するのは一種のばらまきで思想性のない人気取り政策でしかない。民主党の提案に対し自由党が同調する気配だが、自民党をはじめ他の政党は論争を避けている。大きな政府と小さな政府の分岐点を示すひとつの事例であろう。

「大きな政府」は国民の財布をあてにしている　2000. 7. 6

総選挙の結果がどうであろうと、じつはたいしたことではない。政治は、生活の全体の幅からみればごく一部分に過ぎないからだ。とくに都市生活者にとっては足枷《あしかせ》にならぬぐらいでいてくれるほうがよい。

僕は小さな政府を望む自由主義者である。無政府主義者と呼ばれてもかまわない。大きな政府は嫌いである。

税金は支払うが対価は期待していない。健康保険は、日本文藝家協会に入っているため文芸美術健康保険組合に所属しているとしても国保なので、公務員やサラリーマンのように自己負担分の支払いは二割ではなく三割。年金は共済年金でも厚生年金でもなく国民年金である。しかも入ったのは三十歳をだいぶ過ぎてからなので、まだ給付の条件を満たしていないし、もらえても金額は月額数万円程度でしかない。

年金ももらえないし退職金ももらえない。その代わり、僕には覚悟というものがある。船乗り稼業は板子《いたご》一枚下は地獄であり、この心境は小さな商店主や町工場の親父に近い。

大きな会社に勤めていたのにいきなりリストラされた人は気の毒だけれど、覚悟の構えをつくっていない人生のほうが、ほんとうは変なのだ。日本が戦争に負けたとき、政府は何もしてくれなかったし、何もできはしなかったのだから。

＊

いま日本は経済大国である。政治が貧しくて経済も不況とはいえ大国なのである。国民は裕福である。しかし風格はどうか。

地方に行くと一家に三台も車があり、軽自動車もあるが必ず3ナンバー車も含まれている。道路や橋梁《きょうりょう》がたくさん造られて便利になったせいで、公共事業はその面では充分に役割を果たし終えていると思う。ちょうどテレビや冷蔵庫など家電製品が普及しきったように。

従来型の公共事業はもう結構ではないか。これからはそこを認めて出発しないと無責任な結果を生む。

日本国の借金（国債等と地方自治体が発行する地方債等の借金の合計）は六百四十五兆円である。五百兆円のＧＤＰ（国内総生産）を上回ってしまった。異常である。だがいっこうに危機感がないのは国民の貯蓄率が高くて個人金融資産が一千二百兆円（現在は一千三百兆円だが、以下98年度の数字を使う）もあるからだ。

つまり、政府はこちら側のたっぷり詰まった世界一の財布をあてにしているのである。景気はおカネが回るか回らないかなので、消費者が財布のヒモを締めれば締めるほど政府は景気対策の名目で無駄遣いをしてしまう。情けない構造になっている。

経済企画庁で出している厚さが三センチもある『国民経済計算年報』をひもといていると、まるでこの日本列島が不思議な相貌に見えてしまう。

少し数字を並べたい。いずれも兆単位でピンとこないかもしれないが、いちおう知っておいたほうがよい。なぜなら政党も新聞もこうした数字をほとんど示さず、わかりやすく説いてくれないからである。『国民経済計算年報』のなかに「国民総資産」の項目がある。

一九九八（平成10）年度の「国民総資産」は七千四百兆円（正味資産三千二百兆円、負債四千二百兆円）である。それに対して一九八九（平成1）年度は六千九百兆円（正味資産三千二百兆円、負債三千七百兆円）でしかない。バブル経済の絶頂期より、現在のほうが「国民総資産」は五百兆円も増えているのだ。まるまるGDP一年分にもあたる金額である。それなのに不景気、というわかりにくさ。

内訳をのぞいておこう。

バブル期の八九年度には金融資産が三千七百兆円、土地等（土地のほか森林、地下資源、漁場）は二千二百兆円、在庫・純固定資産（在庫とは製品在庫、仕掛品在庫、原材料在庫、流通在庫等。純固定とは住宅、住宅以外の建物、その他の構築物、輸送機械、機械器具等）が一千兆円、である。

九八年度は、金融資産が四千三百兆円、土地等は一千七百兆円、在庫・純固定資産一千四百兆円である。

増税はご免だ

十年の間に、どこが変化したか。金融資産が六百兆円増えた。土地等が五百兆円減った。在庫・純固定資産が四百兆円増えた。こうして差し引き五百兆円増えたのである。

土地等が五百兆円減ったぶん、不良債権が生まれた。金融機関もゼネコンもその処理に手間どった。いまも解決していない。一般家庭でも、せっかくローンを組んで購入した一戸建てやマンションの資産価値が半減した。いつか土地を売れば老後の資金になると考えたが、そうはいかないと悟ってあわてて財布のヒモを締めて貯金した結果個人金融資産が増えた。

さて四千三百兆円もある金融資産の中身が問題だ。内訳は政府（地方含む）が金融資産四百兆円に対して負債六百兆円、金融機関は二千兆円に対して二千兆円、一般企業は七百兆円に対して一千二百兆円、家計は一千二百兆円に対して四百兆円である。

家計のみが八百兆円の黒字で、その他の部門の赤字が家計の八百兆円に支えられる形になっているのだ。このまま消費意欲が沈静化しつづければ、政府はさらに簞笥《たんす》に置かれた個人金融資産を吐き出させようと企むだろう。

それでも足りなければ最後は増税に行き着くしかない。困ったらお上に頼りたい、と少しでも弱い心でいると逆に身ぐるみ剝がされる。そのぐらいの警戒感を抱いていてようやくバランスがとれると思うのである。

なぜ町長は隠れなければならなかったか　2000. 9. 7

クレオパトラの鼻がもう少し低かったら世界の歴史は変わっていただろう、と言われる。外国語の表現は「世界の歴史」ではなく「地球の顔」である。鼻の高さに地球の表情、すなわち世界の歴史をひっかけた。翻訳だと言葉遊びの面白味が伝わりにくい。

さて、メディアは第四の権力と呼ばれている。報じ方ひとつで世界の表情が変化する。人びとの生活が、運命が変転する。果たしてどれだけのジャーナリストがその自覚をもって仕事をしているか。

福岡県の筑穂《ちくほ》町長が「殺される予感がする」と姿を隠した事件があった。報じ方にこの国のメディアの水準の低さが表れているので検証しておきたい。

＊

事件は早くも朝日新聞の八月一日付の西部版に載った。見出しに「筑穂町町長『失そう宣言』」でサブに「入札の責任逃れ?」とあった。翌八月二日付の読売新聞も西部版で「町長は職場放棄」、さらに朝日新聞は「議会に不信感広がる」とつづけた。

毎日新聞西部版は八月六日付で「なぞ多い失踪一週間」と題して大きく取り上げた。この記事は公共事業（屎尿《しにょう》処理施設の建設工事の入札）の背景を比較的詳しく報じたが、「失踪中のゴルフ三昧」に触れ、『心配しているのは役場の人だけ。町民には何の関係もない』（60代男性）と、町民はあきれた様子だ」と締めくくっている。

失踪宣言をしたのにゴルフに明け暮れている、という〝わかりやすさ〟はたちまちテレビの恰好のネタにされた。新聞を詳しく読んでいない人も、殺されると言いながらのんびりゴルフをしている町長、町議会を無視して遊び回る困った町長、とのテレビ報道に接したはずだ。

たしかに町長の行方がつかめない状態では真相に迫る報道はむずかしかったかもしれない。しかし入札の日に町長は現れた。そして三十七億円の予定価格（上限価格）は競争入札の結果、二十四億円に下がった。町長は失踪することで十三億円を浮かしたのである。

こうした事実が明らかになったのだから新聞やテレビは報じ方を変えざるを得ないだろう、と僕は期待した。だがゴルフ三昧町長が今度は議会に喧嘩をふっかけている、とおちょくるだけであった。

メディアはなぜ使命感を抱いた個人にこうもシンパシイがなく冷たいのか。ことなかれ主義のサラリーマンジャーナリズムなのだ。個人の勇気をよってたかって潰したら日本という国が根本のところで成り立たなくなる。おおげさかもしれないが僕はそう考えている。

筑穂町は福岡県の旧炭坑地帯の町で、これといった名産があるわけではない。幕末に日の丸の旗を国旗として軍艦に立てようとしたとき、風雨に晒《さら》されても色落ちしない茜染《あかねぞめ》の材料が求められた。それがこの地域の特産物で化学染料の時代では過去の話でしかない。

人口は一万二千人ほどである。隣接する穂波町と桂川《けいせん》町の人口はそれぞれ二万七千人と一万五千人、三町合わせて五万四千人。規模が小さく予算の乏しい三町は生活密着型の施設を割り振った。火葬場は桂川町、ゴミ焼却施設は穂波町、屎尿処理施設は筑穂町と分担したほうがコストが安くつく。

せっかくコストを抑えようとしても上限価格が漏れてしまう。六年前に穂波町長が自殺した。その直後に三町プロジェクトの事務局長が鉄道事故で死んでいる。二人は上限価格を知る立場だった。五十八億八千万円の上限価格と落札価格が同一だった。談合は明らかである。このとき筑穂町長は、競争入札ならば四十億円ぐらいで済んだのではないか、と述べている。競争入札であれば今回のように十数億円が浮くことになるし、逆に談合であればそれだけ余分な資金が落札業者に入り、そのうちの幾何《いくばく》かが分け前として脅した暴力団に入るのだろう。

メディアのレベルの低さ

僕がコメンテイターをしている土曜日のニュース番組（フジTV系午前10時より）で僕は、町長に瑕疵《かし》はなく、それどころか公共事業のあり方に一石を投じた信念の人である、と述べた。殺されるリアリティをひしひしと感じれば（四年前に、元NHK解説委員の岐阜県御嵩《みたけ》町長が産廃処理施設の建設に慎重だったことから襲撃され重傷を負った事件がある）、目的達成の日まではんの十日間、隠れて当然である。警察は殺傷されてから動く組織で、あてにはならない。

事実関係が明らかに間違っている部分について記しておく。町長が姿を隠して助役を町長職務代理者として正式に発令したのは七月三十一日月曜日付である。二十九日土曜日の夜に助役宅を訪れ三十一日付の文書を渡した。月曜日の早朝から出勤しないのだから土曜日に渡しておくのは準備としてあたりまえだ。助役は翌三十日日曜日午前十一時ごろに課長らを集めその旨を伝えると、いまのうちに町長と打ち合わせておきたいとの意見が出たので昼頃にゴルフ場へ向かった。町長は以前から約束のコンペがあった。それだけのこと、新聞やテレビは失踪してからゴルフへ行ったと報じたが誤報である。

なお町長の永芳達夫《ながよしたつお》について僕が確認している事実を述べておきたい。熊本大学医学部を卒業するとき東京の病院に就職が決まっていたが、炭坑地帯の無医村ではたらこうと決意して筑穂町の診療所に勤めた。第二の決意は十四年前である。病院の待合室で患者らが騒然としているので並んでテレビを凝視すると、筑穂町長の首吊り自殺を報じているではないか。この事件がきっかけで町政を使命とすべく町長に立候補して今日に至ったのである。

2000. 10. 26

国民の漠たる不安が貯蓄を増やした

日本人は昔から貯蓄好きだった。だが最近の貯蓄癖は、もともと好き、以上にかなり異常である。なぜ貯えるのか。

企業の設備投資意欲がやや上向いているものの景気がよくならないのは、GDP（国内総生産）の六割を占める個人消費が低迷しているせいだ。おカネを使わずに銀行や郵便貯金に預けるのは、将来に対する漠たる不安、があるからだといわれている。けれど不安の正体はわかりにくい。一九二七年（昭和2年）七月に作家の芥川龍之介は「唯《ただ》ぼんやりした不安」のために自殺したが、天才作家でもないふつうの国民の全体がよくわからない病気に罹っているとしたら、その病原菌はどんなものなのか知りたいと思う。

＊

漠たる不安は、家族や個々人によって異なるが、とりあえず最大公約数的に表現してみれば、第一に少子高齢化であろう。人口が減れば、国内マーケットが縮減する。産業も停滞する。日本も英国のように徐々に衰退していくのではないかとの疑念が、現実的には、年金受給者を支える側に負担がのしかかる不満となって表われている。

身近な体験では、地価が上がらないのでマイホームという形で実現していた資産価値が半減した。地価上昇を前提に、若いとき小さなマンションを買い、子供ができたらつぎに少し大きなマンションへ移り、やがて一戸建てへと住み替える、年功序列と終身雇用を前提にした人生設計は崩れた。ぼやぼやしていると家が買えなくなる、と思うから無理して投資してきたのである。

地価上昇の期待感がなければ、土地は買わない。たぶんこれから先、都心の一部の一等地を除けば、地価の下落はあっても上昇はない。

電化製品に自動車、これは普及し尽くしている。さらにパソコンを買わせようと政府はパソコン減税の期間を延長した。減価償却は五年だが単年度の経費として落してよいとした。どうせ所得税をとられるなら、とパソコンを買った者が僕の周辺にもいるが、パソコンも行き渡ったし、携帯電話も満杯だろう。iモードのユーザーが一千二百万人は行き過ぎの感があるぐらいだ。

それでは貯めているおカネをどんな具合に吐き出せばよいか。吐き出すというより金利のつかない銀行や郵貯に預けても意味がないから、投資信託を含めて株式などで運用したらよい。そのはずなのに、実際にはそうならない。

個人金融資産一千三百兆円のうち、郵貯が二百六十兆円、銀行など民間金融機関が四百五十四兆円で合わせて五割を超えている。投資信託は三十一兆円、株式は八十八兆円で両者を合わせても一割に満たない（残りの項目は信託、保険・年金、債券、現金など）。

また不況で倒産寸前の企業がたくさんあっても、マクロでみると企業は黒字で、借入より貯蓄のほうが多い。

国民の漠たる不安が貯蓄を増やしたが、預けられた側はおカネの運用先を求めてウロウロしている。まだまだ国債を発行できるぞ、と亀井静香自民党政調会長が吼《ほ》えているのは、それなりに根拠があるからだ。

バランスシートの不思議

政府が最近、日本国の貸借対照表（バランスシート）を発表したと新聞に報じられた。その記事を読んで、意味がわかった人はおそらくほとんどいないのではないだろうか。

「国民に対して政府及び地方公共団体の財政・資産状況をわかりやすく開示する観点から、企業会計原則の基本的要素を踏まえつつ財務諸表の導入を行うべき」「具体的には、複式簿記による貸借対照表を作成すべき」との経済戦略会議の答申（'99年2月）にもとづいて大蔵省が財政政策の説明責任を果たすために公認会計士のグループに委嘱してつくったものが、今回、発表された日本国のバランスシートである。

「財政の実態見えず」「特殊法人は対象外」（10月11日付朝日新聞）、「負債は最大1400兆円、4特殊法人が債務超過」（同毎日）、「債務超過最大776兆　資産総額658兆」（同読売）、「国債・年金、次世代に重し」（同日経）、「評価方法に課題残す」（同産経）など見出しの一部を拾ったが、各紙とも論調は似たり寄ったりで、説明に苦慮していた。要するに、日本政府の資産と負債の正確な数値を知りたいという素朴な疑問への回答は得られなかった。

民間企業は債務超過ならば倒産するが、政府の場合は債務超過の意味づけがむずかしい。納税者にしてみれば、実質的に不良債権にあたるものがどのぐらいなのか、国債を発行して公共事業などの景気対策をしたらどれほどの効果が上がるのか、それらがわかる仕組みになっていてほしいのである。

バランスシートのデータをめくっていて、ああ、そうか、と不思議な感覚に襲われたのは新聞が触れていないつぎの数字であった。借金から地方債などを除くと国債発行残高は三百十五兆円（'99年度末）になるが、そのうち民間（銀行や生保・証券など）保有額は百八十七兆円で、残りの百二十八兆円が政府保有額（郵貯、簡保、年金など）ということだ。

本来なら消化できずにだぶついているはずの国債はこうして吸収されてしまう。実際に国債の金利はあまり上昇していない。郵便貯金の半分は国債の購入にあてられている。国民は郵貯に預けているつもりでいても、ほとんど直接に国債を購入している、公共事業を買っていると同じなのである。

なんのことはない、漠たる不安を抱えながら、さらに漠たる不安を増やしているにすぎない。もちろんこれは最大公約数の人びとの生き方であって、賢明なる個人はこうした状況からどう逃れるか、考えればよい。

僕が政府税調委員になった理由　2000. 12. 7

加藤紘一の乱はあえなく潰《つい》えて、構造改革は進みそうにない。だがそんな賑やかさとは違ったところで駒をひとつひとつ進めていくことが重要である。僕が政府税制調査会委員を引き受けたのは、こうした委員会が往々にして圧力団体代表の意見開陳の場にされやすいからである。それでも直接に利益代表の力に左右されやすい自民党税制調査会に較べると、政府税調はニュートラルで公平性を担保しようとしてきた。

いま政府税調は住宅ローン減税の打ち切り、外形標準課税の創設などの議論に入ろうとしている。だが不動産・建設関係の後押しで自民党税調は住宅ローン減税の延長、財界は外形標準課税の導入反対を表明した。どちらも税の公平性からみてその論拠はうすい。

＊

住宅ローン減税は、最高五千万円のローンに対し十五年間にわたり総額約六百万円の控除を受けられる。夫婦子供二人（高校か大学）の家族で年収九百三十五万円までなら実質的に所得税がゼロ、独身者でも年収七百十六万円まで税金を納めなくてよい、というのだからかなり思い切った減税で、政府はこれで年間六千億円の歳入減、公明党の地域振興券ぐらいの規模になる。

この住宅ローン減税は景気刺激策として打ち出されたもので、住宅を購入すれば不動産・建設業が活性化するだけでなく、新しいモノを購入するから関連産業にも消費が波及する。当初、一九九九年（平成11年）から導入され、二〇〇〇年十二月までの二年間とされていた。半年延長が決まったのはちょうど九九年の十二月である。更地から建てはじめて完成が間に合わない、というケースにも配慮して二〇〇一年六月までとなった。適用を受けるには入居していなければならないからだ。

いま初めて知った人でもまだ間に合う。新築の売れ残り物件、中古戸建、中古マンションは余っているから。なお、今年いっぱいなら住宅購入に限っての生前贈与も三百万円まで無税となる。ふつう生前贈与は年間六十万円まで、それ以上なら税金がかかる。親から頭金をもらえるようにとの配慮である。

住宅ローン減税は、いわば期間限定のバーゲンセールのようなものだ。バーゲンはその期間が終わらぬうちにあわてて買うところに意味がある。永久につづくならば駆込み需要の効果はなく、景気刺激策にはならない。自民党税調は、これを引き延ばそうとしているがおかしな話で論理的ではない。公平性の観点からみても、すでに六割の世帯が住宅を購入しており残りの四割のみを対象とした減税をいつまでもつづけるのは健全ではない。また住宅着工件数も前年実績を下回りはじめていてこれ以上の効果は見込めそうにない。

外形標準課税については十一月二十一日に自治省案が示された。石原慎太郎都知事が資金量残高五兆円以上の銀行を対象に打ち出してから急に知られるようになったが、この論議には長い歴史がある。政府税調ではかなり早くから検討していて中期答申（2000年7月）でも詳細に報告されている。自治省案はそれを踏まえてつくられた。

なにが問題なのか。税の公平性の観点から述べれば、まず法人税をまったく払っていない大企業（資本金1億円以上）が三分の一もあることが異常である。『ミカドの肖像』（新潮文庫）の読者なら承知しているが、西武グループは法人税を払わないための巧みなシステムをつくりあげてきた。

それだけではない、税金をまったく払わない巨大企業はけっこう多い。売上高が十兆七千億円の住友商事、八兆円の日立製作所、六兆円の日産自動車、東芝、五兆円のＮＥＣ、四兆円の三菱電機、三兆五千億円の日石三菱、三菱自動車工業……。高い賃金で知られる一兆六千億円の日本航空、一兆三千億円の東京海上火災保険も払っていない。住商は九七年に銅の不正取引で一千五百億円の赤字を出した。欠損金は五年間繰り越せるので業務純益を穴埋めに使い当期利益をゼロにした。

外形標準課税は正しい

国税である法人税に対応した地方税は法人住民税で、法人税の一七・三パーセントを払う。法人税がゼロなら法人住民税もゼロとなる。別に地方税として法人事業税がある。これは法人税の九・六パーセント。やはり法人税がゼロならゼロ。ところが法人事業税については必ずしも法人所得と連動しなくてよいとの法的根拠（地方税法72条の19）があり、「資本金額、売上金額、家屋の床面積もしくは価格、土地の地積もしくは価格、従業員数等を課税標準」にしてよい、と記されている。ＧＨＱ時代のシャウプ勧告の痕跡だ。

法人税を払わないと住民税も法人事業税も払わなくてよい、というのはおかしい。大企業の三分の一と、中小零細企業の三分の二が、法人税も地方税も払っていない現状を考えると、外形標準課税の導入は早いほどよい。

法人事業税の過去十年間の平均税収は四・四兆円である。行政サーヴィスを受けている黒字の企業も赤字の企業も、同じようにトータルで四兆円払えばよいのだ。

これなら増税ではなく組み換えにすぎない。そうしないと頑張って黒字を出している企業に他の赤字企業がたかっているのも同然ということになる。税の公平性の立場で考えれば外形標準課税は正しい。

ところが導入に反対しているのが経済団体では経団連、日本商工会議所である。経済同友会はホンネは賛成でも他団体との兼ね合いもあり沈黙している。経団連にはすでに列挙した重厚長大型の巨大企業が、日商には納税ゼロの中小零細企業が多い。文句を言うなら利益を出して税金を払え、と正直に税金を払っている読者は思うだろう。

日本の税制を歪める圧力団体

2000. 12. 21

あれだけ景気対策を施しても芳しくない。僕が『日本国の研究』を書いたのは四年前である。そのときには国債を含めた借金が四百兆円で驚いていた。いまは六百五十兆円。離陸しかかった日本経済は橋本行革によって再び失速したということで、小渕内閣はカンフル注射を打ちつづけ、森内閣もそれを引き継いで、たった四年間で二百五十兆円も借金を増やした。

それでも椀飯振舞の景気対策がなかったらもっと酷《ひど》かっただろう、と答えるエコノミストは少なくない。病巣はかなり深いところにある。日本中の名医（迷医？）が集まり診断しても処方が見つからないのだから。

＊

国債濫発《らんぱつ》は景気回復をあてにしてのことだ。景気が回復すれば税収が増え、いずれ借金は返せる……。ほんとうにそうか。先日の補正予算を含め二〇〇〇年度の国家予算は、歳出が九十兆円、それに対して歳入（税収）は五十兆円しかない。四十兆円も足りない。

僕は、はたと考えた。きっと「普通の国」だったら、こんなわかりやすい矛盾があれば議論の輪が国民的な拡がりをみせて、テレビ討論も新聞・雑誌も毎日この話題で持ちきりだろう、と。日本国では、メディアはなぜ合理的な議論をしないのだろうか。田中真紀子が入閣しなかったなどどうでもよいことで、単なるポピュリズムではないか。

四十兆円の差を解消するには、それに見合った税収を期待するしかない。消費税一パーセントで約二・五兆円、国の取り分が四パーセント（地方税として別に一パーセント）だから十兆円である。

きわめて単純な話、足りない四十兆円を消費税で補うとしたらあと一六パーセントの上積みが必要となる。二〇パーセント程度にすればとりあえず辻褄《つじつま》は合う。もちろん九十兆円の歳出を前提にした場合で、あくまでも単年度の収支のこと、累積債務を返すなら三〇パーセントでも足りない。

理論的にはそうなるが、税金を増やすなどと発言すれば政権が倒れるから与党議員は賛成しない。野党議員も人気が大事、賛成しない。政治家は国民が喜んで同意するわけがないと信じているし、じじつ日本人は税金は召しあげられるもの、と思い込んでいる。社会への参加費とは考えていない。

日本国に住んでそれほどよい思いをしていない階層の人びとならば仕方がないが、ハイヤーで送迎を受けているエリートの納税者意識が低いのは驚きであった。情けなかった。先進国ならばエリートにはノーブレス・オブリージュ（高貴なる者の義務）があるものとされ、それを誇りとしている。

前項に法人事業税の外形標準課税について書いた。巨大企業が反対している。黒字を出して法人税をたくさん払っている企業にとっては、法人事業税が現行の所得割でなく外形標準課税とされれば納税額が少なくてすむ。赤字企業はどんなに巨大でも法人税がゼロなら法人事業税もゼロだ。赤字すれすれの黒字企業も、法人事業税は限りなくゼロに近い。彼らは法人事業税をこれまでよりずっと多く払わなくてはならない。

日本経済新聞の試算（２０００年11月22日付）によれば、九九年度のトヨタの法人事業税は四百六十三億円（申告所得４８３１億円）だった。外形標準課税が導入されると四百十七億円に減る。逆に新日本製鐵は二億円（申告所得はたったの23億円）が四十一億円に増える。法人事業税は外形標準課税を導入してもトータル四兆円は変わらない。薄く広く課税して、地方政府からのサーヴィスの対価をより公平に負担する仕組みである。

日本の前途は暗い

今井《いまい》敬《たかし》新日鐵会長は経団連の会長でもある。じつは政府税調の委員でもある。経団連は外形標準課税に反対している。したがって会長自らが政府税調で、堂々と外形標準課税に反対の論をぶつのである。

僕は、なんだ四十億円ぼっちじゃないか、ケチ臭いなあと思いながらその発言に耳をそばだてている。私の会社はたいへんなんです、勘弁してください、と素直に言えばよいのに、と思いながら。

今井会長はこう述べた。

「地方自治体側で徹底した歳出削減の努力を行ってからでないと納税者の納得が得られない」

また牧野力・元通産省事務次官（現、新エネルギー・産業技術総合開発機構副理事長）もこう述べる。

「（外形標準課税は）賃金に課税される比重が高いので、特定の産業がわりをくう。だから経済的に中立的でないところに問題がある」

僕は牧野委員に質問した。

「通産省は以前に外形標準課税に賛成していたはずですが、以前の論理とどう整合性をもたせるのか」

約三年前、通産省産業政策局長が以下の論理を講演で述べているのである。

「日本企業の今後の経営方向を考えるとむしろ高収益を上げる方向を目指すべきで、収益への課税から外形標準課税へのシフトは日本経済の活力の維持に貢献するのではないかと考えている」

牧野委員は「通産省が外形標準課税に賛成していたことは知らない」と言い張ったので僕は啞然とした。

今井委員に問うた。

「一企業の代表者の立場で発言されているのか、経団連会長として、あるいは政府税調委員として、日本経済全体をどうするかという立場で発言されているのか、傍《はた》から聴いているとわかりにくいと思われても仕方がない」

すると今井委員は「ただいまの発言は私に対する個人攻撃のようなので」と反論した。

日本国の前途は暗いと思った。

NO. 4

肥大化した行政を構造的にとらえる

政治は「永田町」、官僚機構は「霞が関」、では「虎ノ門」は?

新橋駅烏森口から虎の門病院にかけての裏通りに雑居ビルがひしめいている。そのいずれのビルでもよいから、入り口を覗いてみるとよい。エレベータ脇にふだん耳にしたことがない社団法人、財団法人のプレートがずらりと並んでいる。

ものつくり大学で有名になったKSDも財団法人のひとつで、いまは墨田区に立派な自社ビルを構えているが、間借りの財団法人はたいがい虎ノ門界隈を根城としている。霞が関の官僚の停年後の人生をみてくれる天下り先、永田町の政治家にはパーティ券を買い上げてくれる資金源、それだけでなく各種の規制の温床としての「虎ノ門」が果している隠された役割を知っておきたい。

こうした構造がわからないと、新聞記事に似た表面的な時事論文になってしまう。

「真昼の怪談」——法相辞任の真相　2000.3.25

新聞やテレビで報道されたことは、「報道された事実」にすぎない。中村正三郎法務大臣の辞任にいたるプロセスほどわかりにくいものはない。彼は誰に、あるいはどんな組織に狙われたのか。

ちょっとドジで非常識な大臣、とたちまちレッテルが張られ袋小路へと追い詰められていくプロセスのなか、メディアはまるで魔女狩りの尖兵《せんぺい》のように浅薄で僕はとても怖い図式を見せられた気分、不愉快きわまりなかった。

＊

ディズニーランドのいわば大阪版、二〇〇一年に開業するユニバーサルスタジオの起工式のためにアーノルド・シュワルツェネッガーが関西空港に自家用ジェット機で降り立ったのは九八年十月末のことである。パスポートを持っていなかった。直前に盗まれたと弁解したが、忘れたのかもしれない。ふつうなら入国できないが、世界的な俳優でスケジュールも詰まっている。追い返したら国際問題になりかねない。困った入国管理当局は、大臣が特別に許可するという最後の手段に頼ることになり、深夜、中村法相に電話をかけ、始末書（法務省では顚末書《てんまつ》と呼んでいる）をとることで決着をつけた。

始末書の保管など、ごく一部の人間しか知らない。来日から四カ月も経って、大臣から返却されていない、と野党議員にリークしたのは法務省の役人のほか考えられない。

今回の辞任劇で、国会で法務大臣を追及した議員は、なぜかみな法曹関係者だった。シュワルツェネッガーの始末書を問題にしたのは社民党の照屋寛徳《てるやかんとく》・参議院議員。彼は沖縄県弁護士会副会長・日弁連人権擁護委員の経歴。大きなパネルをつくって質問する姿がテレビに映し出された民主党の江田五月・参議院議員は元判事補。社民党、民主党につづいて静観していた公明党が動いた。元検事の神崎武法《かんざきたけのり》代表、代表代行の浜四津敏子《はまよつとしこ》と幹事長の冬柴鐵三《ふゆしばてつぞう》は弁護士、トップの三人がいずれも法曹界出身だったことと無縁ではない。

中村正三郎を法務大臣から外したい、という勢力が法務省の内外にいた。法務省の役人のみならず法曹業界（あえて法曹界と呼ばず業界と呼びたい）を敵に回してしまったのである。法曹業界では、ふだんタカ派と人権派がぶつかっている。ところが同じ業界のこととなると奇妙な素早さで一致団結する。市場社会ではなく長年の慣行を共有した中世的なギルドの世界だからである。

行政改革の旗手の一人でもあった中村議員が法相に就任してすぐに着手したのは、司法を法曹業界から国会議員と国民の手に戻すための施策であった。橋本行革を引き継いだ中央省庁改革本部は、二〇〇一年の省庁再編に合わせて各省庁に設置されている二百十一の審議会の六割を廃止、八十に減らす方針を打ち出している。法律の番人である法務省には法曹業界がべったりと張りついた形で法制審議会がある。

一般に審議会は官僚の意思決定の隠れ蓑になっていた。しかも審議委員の選定や報酬、審議内容はきわめて不透明であった。審議会の委員には、大学教授や評論家などの有識者だけでなく、現役官僚や元官僚がいる。お飾り的な委員は非常勤でたいした日当も出ない。常勤の委員は公団・公社など特殊法人への天下りと較べても遜色《そんしょく》がない、年収二千万円クラスの報酬をもらう。

法務省では法制審議会の下に、刑事法部会、少年法部会、民法部会、民事訴訟法部会、商法部会、倒産法部会、国際私法部会と七つの部会がある。

刑事法部会を例にとると大学教授が九人、裁判官が四人、検察官が四人、弁護士が五人、警察庁、警視庁、最高裁事務総局、内閣法制局から各一人、そして法務省事務次官以下四人という構成になっている。さらに下には幹事が同様に控えている。幹事は、だいたい委員と似た配分になっており、同じ東大教授でも年齢が若い。なんだか北朝鮮の政治局の序列を連想させる法曹業界のピラミッドなのだ。

法制審と七部会の委員の総数は百八十九人（他に幹事が百六十四人）で、およそ半数を役人が占めている。

審議会という詐術

法務省組織令第六十二条にもとづけば、法制審は「法務大臣の諮問に応じて（略）調査審議すること」と定められている。

答申を出せ、とか答申を尊重せよ、とはもともと記されていないのだ。中村前法相は、したがって大臣はいちいち法制審議会に諮問する義務はない、とこのピラミッドを無視する素振りを見せた。

不況で倒産する企業が多い。会社更生法などを簡略化して迅速に対応する法律が求められているが、法制審の審議は時間ばかり食う。そこで法相は、法制審・倒産法部会に一年前倒しを指示、今夏までに法案を出せるよう急がせた。少年法の刑事罰適用年齢を十六から十四歳へ、との検討は自民党の少年法に関する小委員会に頼んだ。なぜなら法制審少年法部会はこの二十二年間に一度も開かれなかった。時代感覚が国民とかけ離れ、惰性に流されてきた少年法業界に諮《はか》る必要があろうか。

中村前法相は、つねづねこう主張して憚《はばか》らなかった。

「役所が諮問する相手の審議会の委員・幹事の半数が役人であれば、体のよい官僚主導の意思決定ではないか。本来、法律をつくるのは国民から選ばれた国会議員の仕事の領分である」

政治家が官僚に対して正論を吐きかつ実行したら、辞任へと追い詰められた。記者クラブは「政」の改革よりも「官」の延命に加担した。審議会をつぶすチャンスを逃したことは忘れないでほしい。

骨抜きにされる「特殊法人等」の情報公開

2000. 5. 4/11

司馬遼太郎の『この国のかたち』はじつにうまいタイトルで、光のあて方や角度によって日本という国がさまざまに異なる輝きを示す仕組みになっている。日本の近代化は、アジアではまれな成功例であった。だがその司馬遼太郎も、昭和前期については「別国の観がある」と述べた。「文藝春秋」二〇〇〇年五月号（「官僚『複合腐敗』は50年周期で来る」）で僕は、戦後の日本も、復興と高度経済成長を経てのち、あらゆる組織は制度疲労に陥り、いまや再び「別国」のごとくである、と書いた。

昭和前期はなぜ「別国」であったか。軍国主義という言葉は便利で、なんでも説明された気になってしまう。つまり民主主義とおなじぐらい、いい加減な言葉である。だから僕はあえて違う言葉で述べたい。中央政府の意思決定に、おのおのの省庁の出先機関が命令をきかずにものごとを勝手に推し進めるような状態、と説明したい。陸軍大臣が知らぬうちに特務機関が中国大陸で謀略事件を起すような。

＊

現在の特務機関は「特殊法人等」である。特殊法人、認可法人、公益法人（社団・財団など）は、政治家や国民の眼の届かぬところで税金を浪費している。各省庁のごく一部の担当者しか知らないケースもあり、どこにどんな公的資金がどのぐらい投入されているのか謎だらけという場合が少なくない。

司法・立法・行政を三権分立と呼ぶ。日本はつねに行政優位であったこと、戦後も基本構造には変わりない。そこで行政とは何ぞや。霞が関に各省庁、虎ノ門に別動隊、特務機関がある。この一帯は、ぼんやりと靄《もや》がかかってついに晴れることのない世界なのだ。

情報公開法が国会を通ったのは九九年五月、二〇〇一年四月に施行される。霞が関は情報公開に備え、終戦の際の陸軍のようにあわてて書類を燃やしている（いまならシュレッダーがあるけれど）と噂されている。とはいえ情報公開法の成立はそれなりに効果もあり、記者クラブに流す情報は各省庁のホームページに公開されるようになった。

当初、情報公開法はザル法ではないか、と疑われた。実際に例外規定が多く、このコラムでも指摘した。だが制度というものはおもしろいもので、例外規定の部分は改善されないとしても、役人は馬車馬と同じで方向を指し示されるとやみくもに走る習性があり、ホームページに、あれ、こんなことも載っているよ、と思うほどにつぎつぎと情報公開を進行させているのである。だが安心してはいけない。情報公開法が成立したとき、その四十二条で、特殊法人等は別途定める、とした。虎ノ門を後回しにしたのである。

情報公開法は行政機関の全体に網をかけるものだから、霞が関にのみ公開を迫っても十全ではなく、虎ノ門を含めないと意味がない。そこで情報公開法が成立した直後の九九年七月、政府の行政改革推進本部（総理大臣が本部長）の下に特殊法人情報公開検討委員会が設置された。

検討委員会での議事概要はホームページに公開されている。しかし、すべて名無しの権兵衛の発言で、どの委員が何を発言したかまでは明らかにしてはいない。かつての情報公開法の審議会がいっさい非公開であったことと較べれば格段の進歩だが。

パブリックコメントへの期待

さて、いよいよ問題の核心に入ろう。

まず、この特殊法人等に関する情報公開法の審議の中間報告が四月五日に発表された。この中間報告から最終報告が出る七月まで三カ月しかない。いま問題点を指摘しておかないと骨抜きにされた法案が国会に提出され二〇〇一年春までに成立してしまう。

では中間報告のどこが問題か。

たとえば関西空港は株式会社だが政府がほとんどを出資している特殊法人でもある。この場合、株式会社に比重をおくか、行政機関のほうに比重をおくか、はっきりさせなければいけない。関西空港では五年前に元運輸事務次官の服部経治《はっとりつねはる》社長が収賄容疑で逮捕された。贈収賄は公務員に適用される罪状で、株式会社ならば特別背任罪だが特殊法人としての設置法にもとづいてつくられているのだ。行政機関の一部なので説明責任が問われなければならない。当然ながら情報公開の対象である。

ところが中部国際空港株式会社の場合は、同じ株式会社スタイルで実質は特殊法人とみなしてよいのに設置法のなかの設立行為の部分を商法にゆだねているため公開対象外にされそうだ。東京湾横断道路株式会社（アクアライン）も対象外とされそうである。通行量が想定の三分の一しかないアクアラインの経営内容を公開しない？　ちょっと待ってくれ、と言いたくなる。公益法人（社団・財団）には法律で指定された特定の業務を行なう指定法人が七百二十ある。これは行政の代行機関であり、税金が投入されているので公開の対象としなければおかしい。中間報告は「特殊法人等」の定義があいまいである。日本道路公団など存在がわかりやすい特殊法人だけでは氷山の一角にすぎない。隠れた行政機関を炙《あぶ》りださなければ意味がない。

特殊法人情報公開検討委員会は、五月八日まで、パブリックコメントというかたちで国民から意見を求める。検討委員会での討議ではパブリックコメントを、無視できないことになっているから、皆さん、総務庁にアクセスして検討委員会のホームページに書き込みをしてください。ただし、なんでもハンタイの空疎なコメントでなく具体的に意見を述べたほうが効果的だと思います（議事概要には前向きな意見もあるが、中間報告から削り取られ、少数意見は代わりに補論として残された。そこを衝《つ》いたらよい）。

パブリックコメントで行政の監視を　2000. 5. 18

前回、特殊法人等の情報公開法の制定について、パブリックコメント制度があるので意見を述べるよう、読者に勧めた。この耳慣れない制度はいつ出来たのだ、そんなものが役に立つのか、という質問が届きそうなので先回りして説明しておきたい。

＊

たとえば通産省のホームページに、「電気事業の部分自由化に関する制度設計について」のパブリックコメントが掲載されている。欧米では電力の自由化は常識で電力会社だけでなくメーカーも発電事業を許され、電力会社の電線を利用しての託送システムができている。通産省が素案をつくり九九年五月より一カ月間、パブリックコメントを募集した。すると百四十四もの意見が集まった。

「報告書案の段階では最終的に託送料金がいくらになるか不明。新規参入を促すような水準になるよう行政が充分チェックすべき」との見解を寄せたのは「シェルジャパン株式会社の常務取締役」と「米国政府」などであった。また「省令の作成は必要に応じ、透明かつ中立な審議会で検討すべき」との主張は「米国政府」「トヨタ自動車常務取締役」など。ほかにも様々な意見が寄せられ、「イトーヨーカ堂副社長」もあれば「埼玉大学工学部大学院生」も「静岡市議会議員」も、なかにはただの「消費者」という肩書もある。いずれも団体名（「米国政府」）か個人名（肩書入り）を明記しており、匿名ではない。

新制度ができたのは、九九年四月（閣議決定は3月23日）である。通産省は一足早く九八年九月に導入していた。もともとは行政改革会議の中間報告（'97年9月）に盛り込まれていた。

パブリックコメントを翻訳すれば公聴会だが、位置づけが異なるのでそのままカタカナを使っている。アメリカ政府が、対日規制緩和の要望書で、このアメリカの制度の導入を求めていた。

パブリックコメントが役に立つのかと問われれば、使い勝手をよくしておかないと形骸化する、と僕は答えるしかない。政治家には行政の動きを監視する力量が充分に備わっていないのだから、国民が行政にアクセスするかたちで事態を改善していくほかはなく、それならばパブリックコメントは意味をもつ。この新制度がほんとうに機能するならば（あえて仮定形にする）、直接民主主義の一種だから立法府としての国会は要らなくなる。

なぜなら、法律のほとんどは各省庁が原案を作成する。その場合に、いちおう審議会を開いて専門家の意見を求めました、との体裁をとる。ところが、知られているように政府の審議会の委員は御用学者が推薦される場合が多い。ときにはそうでない委員も加わることもあるが、少数意見として封殺されてしまう。外部の意見を無視して内輪だけでものごとを決めていたら、時代の動きに即した改革ができず、世界の趨勢から取り残されてしまう。それが日本の政治と官僚機構の現在の姿である。

各省庁の原案は内閣法制局で成文化され、官僚の利益を代表する事務次官会議の関門を経て閣議決定され、政府提出法案となり国会の各委員会へ回されてきた。国会議員が自ら作成して提案する議員立法という手もあるが、ほんのわずかである。

政府案として国会に提出された法案は、与野党に賛否それぞれあって委員会で白熱した議論が展開されることもあるが、脚光を浴びるのは一部の法案に過ぎない。たいがいの法案はまるで自動車工場の大量生産のベルトコンベアのようにつぎつぎと流れてきて、ちょっと待て、などとやっている時間がなく、せいぜい参考人を呼び意見を聴取するとか公聴会を開くなど、形式的にやって終り。国会議員が政府委員に質問しても、よほど勉強していないと細かいところまでチェックするのは不可能なのである。

そこで野党議員のなかには、ハンタイ、ハンタイ、とできるだけ大きな声で叫んで印象づけのパフォーマンスをして切り抜ける者が出てくる。そのくせ法案が通過してしまうと知らん顔をしているから無責任なのだ。

喝を入れろ！

国会があてにできないとなれば、法案は成文化される前にパブリックコメントで、できるだけ修正するほかない。

法律はおよそ四千余りある。毎年、百数十も誕生する。政令以下は数えきれない。国民生活の隅々にまで法と規制の網がかかっている。それぞれの法令・政令等は門外漢にはわからなくても、ビジネスマンも自営業者も自分の活躍している商売の領域にかぎっては、むしろ弁護士より詳しい。パブリックコメントの意味は、そこにある。現代社会は、高度に細分化、専門化された社会なのであって、国会議員やジャーナリストではついていけないほど複雑である。

僕は『日本国の研究』（文春文庫）でたまたま特殊法人の専門家になったから、特殊法人等の情報公開法になにが盛り込まれればよいか、手に取るようにわかる。中間報告でなにが誤魔化されたのか、指摘することができる。それと同じで、読者のひとりひとりがこの道一筋何十年の仕事をしていれば、代議制度において議員に代弁してもらうばかりでなく、自分で直接に意見を述べたほうが事態を改善する近道なのである。

試しに各省庁のホームページを覗いてほしい。あちらこちらでパブリックコメントを募集している。募集をわかりにくくさせている部署も散見する。あなたが最もふさわしい提言者であるかも知れないのに、意見がゼロとかたった一人で終わったケースも少なくないのが実情だ。やる気のない省庁には喝を入れてやれ。

「日本母性文化協会」の向こう側にある闇　2000. 7. 13

幽霊はほんとうにいる。人間ではないけれど。また現れた。例の放射性鉱石モナザイトが大量に保管されていた事件をきっかけにして。文部省所管の財団法人・日本母性文化協会とは何ぞや？　八十四歳の池田弘理事長はいまのところ経歴不明の謎の人物である。財団という名の奇妙な法人のなかに幽霊が紛れ込んでいるのだ。

＊

以前に財団屋を称する男に会った。『日本国の研究』（文春文庫）に詳しく書いたのでごく短く説明する。

ふつうの企業は株式会社にしろ有限会社にしろ、商法に拠っている。別に民法の法人がある。明治二十九年につくられた民法三十四条に、「祭祀、宗教、慈善、学術、技芸其他公益ニ関スル社団又ハ財団ニシテ営利ヲ目的トセサルモノハ主務官庁ノ許可ヲ得テ之ヲ法人ト為スコトヲ得」と定められている。公益のための事業、営利を目的としないこと、主務官庁の許可を得ること、この三つを満たせば設立できる。

なぜ財団法人にうま味があるのか。軽減税率が適用されるからだ。普通法人の基本税率三〇パーセントに較べ財団法人は二二パーセントと低い。しかも収益事業から生じた所得にのみ課税される。財団法人も宗教法人と同様に公益法人なのであり、本体の公益事業そのものは無税なのだ。財団法人をひとつ入手すれば、宗教法人を隠れ蓑に商売をして詐欺罪で逮捕された福永法源容疑者のようにタックスヘイブン（税金回避地）を目指すことができる。

財団法人は主務官庁の認可が要る。設立目的にそれなりの大義名分が求められる。申請してから認可が下りるまでに時間もかかる。そこで財団屋が眼をつけたのが休眠法人だった。

財団法人は明治時代からずっとつくられてきたし、戦後のどさくさのなかでさらに数を増やした。財団法人で基本財産が消滅し事業の継続が困難になったり、理事長が死んで継承者が絶えたりした場合、その財団は休眠状態に入る。寝てはいるが死んではいない。実質的に自然消滅しても解散の届けはしてないから登記がそのまま残っている。こうした仮死状態の財団法人を甦《よみがえ》らせて売買するのが財団屋である。

なぜそんなことが可能なのか。設立が古かったり、戦中・戦後の混乱期であったりすると主務官庁のどこかに記録があるはずだが見つからない、というケースも少なくない。なかには所管官庁が不明の財団法人すらある。活動実態がつかみにくくリストラしたくてもなにがどこにあるかさえわからない。

だが法務局に登記簿が残されている。財団屋は登記簿をめくり、仮死状態の財団法人を探し出す。理事の名前を確認して、住民票や戸籍にあたり生存か死亡かをチェックする。たいがいは全員が死亡している。そこで死亡前の時点に遡って、架空の理事会を開いたことにして理事全員を解任、新しい理事を選任したと見せかけるのだ。財団は転売されてつぎつぎと人手に渡っていく。

先に示した民法三十四条に「社団又ハ財団」とあり両者は似ているが、社団は人の集まりで民法六十条に総会を開かなくてはならないとの規定がある。株主総会に少しだけ近い。対して財団は基本財産をもとに管理運営され理事会のみで執行できる。だから財団屋の狙い目は社団でなく財団なのである。

いずれにしろ社団・財団の数は二万六千法人（中央所管七千、都道府県所管一万九千）もある。税法上の保護を与えられながら民間企業と競合するものもあり、公益とはなにか、もう一度考え直したほうがよい。いまや公益どころか弊害をもたらしている法人が多数放置されているのは、天下りの一翼を担っているからでもある。

休眠法人の全国的チェックを

文部省所管の社団・財団だけで一千法人以上ある。参議院議員の友部達夫はオレンジ共済事件で逮捕されたが、少し前に休眠法人を三千万円で買収して新規事業に乗り出すところだった。その財団は三年以上にわたって活動の事業報告をしていなかったので文部省から待ったがかかった。一九七九年（昭和54年）に民法七十一条の一部が改正され、主務官庁は「正当ノ事由ナクシテ引続キ三年以上事業ヲ為サザル」法人については設立許可を取り消すとの規定がつけ加えられていた。友部議員が買収した休眠法人は解散させられた。

だがモナザイトの日本母性文化協会の場合、休眠期間が長かったのに解散させていない。同協会の設立許可は一九四九年（昭和24年）だが、どう変遷したか不明。記録として残っているのは現在の池田弘理事長が六六年に届けた基本財産についての東京信金の残高証明で、現金がわずか三十八万円でしかない。ガリ版刷りの粗末な事業計画は十行にも満たない。文部省が解散を指導すべく迫ると、あわてて作成したタブロイド版四ページの会報を持参し活動実績を示した。それが八七年で、再び解散を求めたのは九五年、その際にもまた「再刊一号」と銘打った八ページの会報をつくってきた。これでは事業活動とは認定できない、と係官が叱ったが、結局、放置されて今日に至っている。

それからまた五年が経過して母性文化とやらとは無関係のモナザイトで一商売たくらんでいたわけで、三年間休眠であれば解散との規定に照らしてみると、文部省は指導がお座なりだったと反省しなければいけない。

休眠法人の解散に取り組んだ実績では中央省庁のほうがまだましで、都道府県認可の休眠法人はかなりの数が残されている。役人にも誠実な者と無責任な者とがいる。自分の部署をもう一度点検してほしい。犯罪と不正の温床になっている事実を早急に認めなければ、つぎは名指しで書く。

そもそも運転免許証の更新は必要なのか

2000. 7. 20

なぜ運転免許証の更新が必要なのだろうか。日本独特の免許証更新の手続きの背景にあるものは？

結論は意外に簡単である。同時にとてつもなく腹立たしい。お人好しの国民が単に警察ＯＢから搾取されるためだけに三年ないしは五年（優良運転者）に一度、わざわざ納付金を納めにいく儀式なのである。

財団法人の不可解さについて、前回は放射性鉱石モナザイトの関係から浮上してきた日本母性文化協会について触れた。今回は、これぞ財団法人のきわめつきともいうべき交通安全協会を俎上《そじょう》に載せたい。

＊

もう一度繰り返すが、運転免許証の更新を必要とする積極的な理由を見つけることはむずかしい。悪質な酔っ払い運転で他人に迷惑をかけたりしたら別で、そんなやつは懲らしめたほうがよいけれど、せいぜいスピード違反や駐車違反を一、二回した程度ならば、あらためて登録しなおす意味は見当たらない。百歩譲っても、パスポートと同様に十年でよいはずだ。

なぜ免許更新をさせようとしているのか。免許の更新に収入証紙代として金二千九百円也の負担が強いられる。おカネがどこにいくのか、それを考えれば答えが出る。

そしてすでに答えは出ている。交通安全協会という存在。七千三百万人の運転免許保有者（年間の更新者数はおよそ二千万人）が全国の交通安全協会の雇用を支えているのである。

まず財団法人全日本交通安全協会があり、その下に都道府県の交通安全協会が配されている。都道府県の各協会はそれぞれ独立した財団法人で各県警（東京都は警視庁）に対応しており、あたかも県警の組織の一部であるかのように装っている。交通安全協会は警察官の定年延長のために存在するようなものだから一種の擬態とみてよい。

たとえば財団法人東京交通安全協会は桜田門の警視庁のなかにある。廊下に出ている交通安全協会の看板を見過ごせば、そこは警視庁の一部門としか見えないだろう。警視庁にあるのは中枢の管理部門で、一般の職員は府中、鮫洲《さめず》、江東の運転免許試験場ほか、東京都では免許証の更新事務を扱っている丸の内、田園調布、世田谷、成城、新宿、板橋、石神井、下谷、竹の塚、本所、立川、青梅、高尾、町田の十四の警察署ではたらいている。

僕たちが運転免許試験場の窓口で出会う人びとは、警察官ではなく交通安全協会の職員なのだ。少し年配の職員はたいがい元警察官だし、年齢からみると女性の職員のなかにはプロパーの人が多いのだろうか。十四の警察署に行った場合も同じ、あそこではたらいている人たちはなんとなくそこの警察署に勤務していると勘違いしやすいが、考えてみれば免許更新で行くときは入り口が違うことに気づいてほしい。

警察は予算で動いている行政組織の一部である。だが交通安全協会はそうではない。僕たちが二千九百円を支払って養っているのだ。ひんぱんに免許更新をしたほうが彼らのふところが潤う仕組み、と考えたらよい。

交通安全協会の不可解

そうであれば全日本交通安全協会も東京交通安全協会をはじめとする各府県の協会も収支の明細を公開する義務が生じる。だが東京交通安全協会で資料をコピーさせてもらいたい、と申し込むと拒否した。情報公開条例にもとづき正規の手続を踏め、とにべもない。二週間ぐらいはかかるらしい。しかも桜田門ではなく都庁がある新宿へ回らなければならない。形式を前面に押し立てて引き延ばそうとするので、その場で閲覧を求めた。

閲覧ではメモをとるのにかなりの労力と時間がかかる。結果的にメモをとってもコピーをしても同じなのだから、やはりコピーをさせるべきではないか。「筆写はよいがコピーは駄目だ」と繰り返したのは、交通安全協会の鈴木孝庶務課長である。「その規則はコピー機がない時代につくられたのではないか」と問うと、「ここにはコピー一枚幾らと書いた規則はないので、規則がないかぎり自分の一存でコピーをさせるわけにはいかない」と言い張った。

二千九百円が彼らの雇用をどのように支えているのか。まずここで基本的な疑問が浮かんだ。更新料そのものは二千二百円だという。では残りの七百円はなにか。

とりあえず毎年二千二百円を支払う国民が二千万人いるのだから、それだけで四百四十億円である。この金額については警察庁ホームページの「運転免許証の更新制度の効果等に関する調査結果について」('99年5月、警察庁交通局）のなかにチラッと洩らされている。

全国的規模では四百四十億円、うちどのぐらいが東京交通安全協会の取り分なのだろうかと調べはじめてつまずいた。東京都の免許更新者は一年間で百八十万人、二千二百円を掛けると四十億円になる。だが閲覧した収支計算書の「事業収入」百二十六億円の内訳の「証紙収入」の項には百五億円と記されている。四十億円よりはるかに多い理由はいまのところよくわからない。

また「事業収入」の内訳の別の項には「交通安全教本等収入」三億二千万円、「一般交通安全講習」三千万円なども ある。七百円にあたるものが免許証更新の際に配られる「交通安全教本等」の収入と三十分のタテマエでやっている「一般交通安全講習」ならば、これに百八十万人を掛けて十二億六千万円になるはずだが、収支計算書によれば両者の合計は三億五千万円にしかならない。

それぞれ数字が対応していない。意図的にわかりにくくさせているようでなんとも不可解ではないか。

国民は交通安全協会に搾取されている

2000. 7. 27

僕の運転免許証を見ると、免許取得は一九九四年(平成6年)となっている。そんなはずはないのだ。運転免許歴三十年に迫ろうとしているのだから。

誕生日が年末に近く、免許証更新を忘れたので九三年更新のはずが失効していて、九四年一月に運転免許試験場へ駆け込んだ。失効すると新規に免許を取得したことにされる。失効後はつぎの更新まで三年である。九三年の誕生日から起算すると九六年となる。その間、無事故無違反だったのでつぎは五年かと信じて行ったらまた三年、九九年更新となった。失効のため三年を満たしていないと判断されたのである。今度こそと思ったら、九九年までに軽いスピード違反が一回あった。また三年、次回は二〇〇二年である。

免許証の更新期間は誕生日の一カ月前から誕生日まで。僕にかぎらず皆忙しくはたらいている。こんな狭い期間に限定したのは失効者を増やすため？

＊

この五月に警察庁は「運転免許証の有効期限及び更新手続に関する今後の方向」（平成12年5月）と題した指針を発表した。「現行の原則三年（優良五年）から、優良運転者に準ずる者は五年」とする方向で検討したい、と述べている。軽いスピード違反一回なら五年でよい、と少しだけ前向きになった。更新の申請も誕生日前一カ月でなく二カ月に改めるとも述べている。また「更新申請書の写真添付を不要にできるようにする」とも述べている。あたりまえだ。古い免許証を提出するのだから、更新申請書に写真を添付する意味がない。免許証更新のために試験場近くの代書屋に行き、あわてて写真を撮ってもらったことがある。その写真は免許証に使われるわけではなく、書式として強いられたにすぎない。いまはスピード写真機が備えられているが六百円の負担はまったく無駄である。スピード写真機は交通安全協会が備えたもので六百円は彼らの懐へ入る。

前回、運転免許証の更新は、警察官の実質的な定年延長を目的に行われている、したがって運転免許証の更新は必要ない、するとしてもパスポートと同じ十年に一回でよい、と提言した。

普通免許はフランスとドイツでは更新がないし、イギリスは十年、アメリカは州によって異なるがニューヨークは八年である。

免許証の更新は、財団法人全日本交通安全協会と各都道府県交通安全協会が担当しており、職員のほとんどは退職した警察官で、二千九百円の手数料が彼らの給料の原資になっている。頻繁に更新手続きをすればするほど彼らの収入が増える仕組みなのだ。

去る六月十九日に、交通・警察問題をテーマにしてきたフリージャーナリストの今井亮一ら三人が国、都、交通安全協会を相手取って、免許の更新手続きで手数料を徴収するのは財産を侵害されないことを保障した憲法に違反する、と損害賠償請求を求める訴訟を起した。「本訴訟の目的」は「警察機構とその最大の天下り団体である交通安全協会との癒着の実態を明らかにし、自動車の運転免許更新手数料等として、日本全国のドライバーが、毎年、負担する必要のない費用を支払わされていることを明らかにする」とされている。

存在自体が闇手当て

判決はかなり先になるから、現在、僕が調べた範囲で意見を述べたい。

二千九百円のうち更新手数料が二千二百円、三十分の安全講習とテクスト代金が七百円である、と東京交通安全協会は説明するが、そんな内訳は運転免許試験場に掲示されていない。七百円の内訳もあいまいで、安全講習とテクスト代金の比率は不明である。更新すると無理矢理に「交通の教則」と「人にやさしい安全運転」の二つの小冊子を押しつけられるが、読まずにゴミ箱に捨てる人が多い。講習も名ばかりで、待ち時間にビデオを瞥見《べっけん》する程度、したがってまず七百円を削ってもらいたい。しかし当局にはその気がないだろう。全日本交通安全協会は丸投げで外注したテクストを各府県の協会へ配って利鞘《りざや》を得ているからだ。

前回、東京安協の収支計算書は故意にわかりにくくしているのではないか、と疑念を表明した。そこで鈴木孝庶務課長に細かく質問を繰り返してようやくつぎのことがわかってきた。

東京では年間百八十万人が運転免許試験場か指定警察署へ出向くが、二千九百円で済む人は優良運転者（更新五年）か違反が三点以内の準優良運転者（更新三年）のみで、一般運転者は三千九百円、失効は五千五百円、再交付は三千四百円、仮免は三千二百円、新規免許は三千九百円、免停は期間によるが長期なら二万七千六百円、などとかなりの者が高額の出費を強いられる。その結果、収支計算書の「証紙収入」が百五億円になった。これはそのまま東京都の歳入となり、代わりに受託金等五十七億円が東京安協に入る。

さらに収支計算書には「指定車両移動料収入」二十一億円とある。ここからレッカー業者に十三億円を支払う。仕事を丸投げしただけで差額八億円が東京安協に入る。ほかに証紙売捌《うりさば》き手数料が二億円、受託金の五十七億円を加えた六十七億円が東京安協の主たる収入、と考えられる。

支出のほとんどは人件費だ。東京安協には警視庁定年組ノンキャリアの天下りが一千人余、プロパーは二百人ほど、人件費は六十億円。更新期間が十年になれば収入は三分の一、天下りシステムは崩壊する。

結論。東京安協（全日本安協と各府県安協も）の存在自体が闇手当てのようなもの。通行手形（免許証更新）で都民（国民）を人質にしているから始末が悪い。

天下り警察ＯＢを養う「闇手当て」のカラクリ　2000. 8. 3

運転免許証の更新について、さらにもう一度、書くことにする。

＊

どうやら行政情報の公開という習慣がなかった日本では、考えられない専横がまかり通っているようである。

「東京都一般会計予算説明書」（平成12年度）というＡ５判の三百七十五ページの冊子があって、びっしりと数字が書き込まれている。これは奇妙なことだからあえて述べておくが、政府ならば大蔵省主計局にあたるこの東京都財務局主計部では、初めこの冊子を見せたくなかったらしく、そのためにわけのわからない理由を幾つも並べ立てたのである。納税者に対するサーヴィス精神は微塵《みじん》も感じとれなかった。

僕は所得税も地方税もきちんと徴収されている。あまつさえ五年に一度は税務署が調査にやって来て、プライヴァシーもなにもあったものではなく、終日、腰を据えて無遠慮に帳簿をめくり、血眼になってたったひとつの瑕疵《かし》でもあれば有無を言わせず咎《とが》めようとするのだ。すなわち、こちらの個人の財務情報は徹底的に透明化されているのである。そうであれば徴収する側の情報も公開されて当然である。

もうひとつ、はっきり言っておきたい。都庁に記者クラブはあれども「一般会計予算説明書」をつまびらかにして不審な使途を、果たしていかほど追及してくれたか。この冊子は納税者が地方行政をチェックするための基本的な道しるべでなければいけないはずで、メディアには監視の義務がある。

歳入の部から「警察手数料」の項目を見てみよう。東京交通安全協会で閲覧した「収支計算書」はあくまでも結果のみ記されたものであり、「証紙収入」が百五億円と合計だけで細目がわからなかったが、こちらの資料には、免許の更新だけでなく新規の免許、仮免、失効（再交付）、国外運転免許などなどあらゆる項目と値段、人数まで漏れなく示されている。

しかし、歳出のほうは明らかに変である。「警察費」のなかの「運転免許費」の「財源」として「使用料・手数料」百七億円が記されている。ところが支出の実費は三十七億円、余った七十億円が「一般財源」に繰り込まれているのだ。

免許証の更新は東京交通安全協会が仕事を代行させるかたちになっている。だが「予算説明書」のどこにも、東京安協が代行しているとは書いていない。代行させるために幾らの支出があったか計上されていない。

東京安協の側から見ると、警察の代わりに仕事をして得られた収入が「収支計算書」の「警視庁受託金収入」五十七億円にあたるのは明らかで、これは前回にも示した。この五十七億円によって東京安協に天下りしている六十歳から六十五歳までの警視庁ＯＢ一千人の人件費が支払われている。

さきに示した「予算説明書」の「運転免許費」のうち余った七十億円が、東京安協の人件費の原資である「警視庁受託金収入」五十七億円に間違いないとしたら、七十億円をいったん「一般財源」として溶かし込んでのち人件費を中心とした「警察本部費」へ入れるのはおかしい。東京安協の「警視庁受託金収入」への回し方は、六十歳を過ぎて退職したＯＢへの一種の闇手当てであり、尻尾をつかまれないように巧妙に隠そうとしているのだ。

したがって結論。初めに東京安協への天下りの人件費ありき。そこから免許証の更新等の手数料の価格と頻繁な更新期間を割り出していると疑うしかない。「予算説明書」に明示しないのはスキャンダルに発展するからである。

交通安全協会が財団法人として認められた業務内容は道路交通法に定められた「車両の移動及び保管」（第51条の3第1項）、「道路又は交通の状況についての調査」「道路における工作物又は物件の設置の状況についての調査」など（第108条の31第1・2項）である。免許証の更新は「総理府令に定める法人に委託」と記されているのみ。

『警察白書』（平成11年度版）には、警察の仕事の中身が示されているが免許証の更新についてはまったく触れていない。「更新時講習」の説明があるだけだ。免許証の更新をすべて安協に任せている、とは書けないのだろう。

警察の不祥事は終っていない

読者からさまざまな意見がメールなどで寄せられた。スイスには免許証の更新はないぞ、と詳しく説明してくれた人がいる。前回紹介したフランス、ドイツのほかにオーストリア、デンマーク、フィンランドも終身更新なし。イギリス、ノルウェー、オーストラリアは十年である。

岩手県交通安全協会釜石支部の「定期総会議案」を送ってくれた人もいる。総収入六千万円の小さな支部だが、スピード写真でしっかりと百六十万円稼いでいる。

『日本国の研究』（文春文庫版）二百二十三ページで、警察天下り職員約五百人を擁する自動車安全運転センターを取り上げた。認可法人なのにパンフレットには「特殊法人自動車安全運転センター」と印刷されている不思議については説明してある。

さてここに最近ちょっとした人事異動があった。同センターの理事長は警察キャリアの天下りポストになっているが、オウム事件当時に三発の銃弾を浴びて重傷を負った国松孝次元警察庁長官が九八年一月に就任していたことはあまり知られていない。国松元長官は九九年九月にスイス大使として赴任し、その後に前田健治前警視総監が理事長に天下っている。政府の補助金を食うだけの自動車安全運転センターも不必要である。警察の不祥事は終ったわけではない。

アクアライン通行料三千円は詐欺師の手口

2000. 8. 10

日本人はお人好しなのだと思う。なにをされても怒らないのだから。

七月二十日、東京湾アクアライン（東京湾横断道路）の通行料が四千円から三千円に値下げされた。喜んではいけない。これは詐欺のような話である。

＊

もともとアクアラインは九七年十二月の開業の半年前までは通行料金を五千円と予定していた。そのころ建設大臣は亀井静香議員で、僕がコメンテイターをしている番組（フジTV系、土曜午前10時より）に出演してもらい、五千円では高すぎる、利用予測の計算根拠がおかしい、などと追及した。

「猪瀬さんのように原稿を夜に書いて昼間寝ている人が利用せんだけだ」

亀井大臣は意気軒昂であったが、取柄は率直なところで形勢不利とみると、わかった、四千円にする、と叫んだのである。

なにしろ五千円の通行料で一日当たり三万三千台の交通量を見込んでいたのだ。夜も昼もずっと十秒に一台走っている勘定で、料金所で急いで支払いをしても平均十二秒かかるのだからどう考えても無理である。しかも二十年後には六万四千台に増える計算はあまりにも虫がよすぎる。工事でかかった一兆五千億円を三十年ローンで償還するという計画から逆算してこんな数字をはじき出したのだ。ここまで言われると、さすがに亀井大臣も、無理だと思ったらしい。

そもそも一兆五千億円の工事費がおかしい。当初、一兆一千億円の見通しで工事を始めたのに出来てみたら一兆五千億円になってしまいました、では無責任すぎる。こうしたコスト計算を、なぜ会計検査院がきちんと見直させなかったのか、いまとなってはもう取り返しがつかない。潤ったのはゼネコンである。そのツケを利用者が支払いつづけるのだ。

一カ月ほど前、デンマークとスウェーデンの間がやはり海底トンネルと途中から橋梁により結ばれた。アクアラインとまったく同じスタイルで、距離もほぼいっしょであるのにかかった工事費は三千億円にすぎなかった。

さて四千円でスタートするにあたって日本道路公団の事務方は、どう辻褄《つじつま》を合わせようとしたか。一日の交通量を少しだけ控えめに二万五千台とした。ところが二十年後は五万三千台とするのだ。なぜ二十年経つと増えるのか、このあたりの合理的説明がないところは共通である。そして三十年ローンを四十年ローンに変えた。

机上の計算というのはほんとうに不思議で、こんな計算をした人間は、どうせ一年、二年もすれば違う部署に移って、もう関係ない、と逃げを決め込むのに違いない。

五千円を四千円にして開業したけれど、四千円自体がすでにして常識の金額ではない。北欧の三千億円にあらず、一兆五千億円が重荷なのである。たった十分間で四千円、往復すれば八千円、平気なのは社用族のゴルフ客ぐらいなものであろう。

結局、開業当初四カ月の一日の平均交通量は一万二千台で見込の半分だった。翌年度は一万台となり、三年目は九千六百台に減った。そうすると一兆五千億円を四十年ローンで返す計画など画に描いた餅にすぎない。

一年間の収支は、利用料金収入が百四十八億円、支出は管理費五十六億円、金利負担が四百十二億円、合計四百六十八億円。差額の三百二十億円は欠損金繰入に計上され、償還すべき金額は増加している。

ツケは五十年先へ

三千円に値下げするとどんな計算になるのだろうか。一日の交通量が一万二千台となかなか謙虚ではないか。ほぼ実態にあっている。と思ったら、また机上の計算。八年後の二〇〇八年度には四千円に戻り、一日の交通量は三万五千台とはじいている。値段が上がったのに交通量が増える？　おかしなロジックである。さらにこれを五年間つづけた二〇一三年度には四千九百円に値上げされ、二〇二〇年度の交通量は四万一千台になっているというのだ。こうして今度は五十年ローンで一兆五千億円を償還するらしい。

一流大学を出た、しかも数字に強い理系の人びとが、こんな計画を立てて夜ぐっすりと眠れるのは大いなる不思議というほかはない。小学校六年生の教室で議論させたほうがわかりやすい結論を出すのではないだろうか。

誤魔化しは、まだある。五十年ローンで返済を引き延ばすだけでなく、三パーセントの利率を超える金利負担には公的資金、すなわち税金が投入される。まだある。悪名高いプール制の導入である。プール制とは、日本道路公団の高速道路網にあてはめられた方式で、東名高速などはとうに償還期限が切れたはずにもかかわらず料金が値上げされるのは、日本の高速道路網がすべて一筆書きのように繋《つな》がっているタテマエだからだ。新規着工区間があれば、それは東名高速の延長と理解されるのである。するといつまで経ってもタダになることがない。

京葉道路は第三京浜などと同じで、日本道路公団の高速道路網ができる前からあった古い有料道路である。単独の有料道路だからそろそろ償還期限が切れてタダになるか、せいぜいメンテナンス代だけの負担になる時期であった。当局はそこに眼をつけた。京葉道路と一部開通している千葉東金《とうがね》道路とアクアラインの三者を強引にひとつのプールにしてしまった。

テレビも新聞も、この夏、賑わう海ほたるの光景を報じるだろう。背後に隠された虚偽に無自覚で。どうですか、日本人はつくづくお人好しだとは思いませんか。

2000. 8. 31

パスポート「一万五千円」は高過ぎる

夏休みを利用して海外旅行に出かけ帰国したばかりの人、出かける直前の人のなかで、パスポートの期限切れに気づきドキリとした人がいるのではないだろうか。僕の周囲にもいるし、僕自身もあわてて旅券発行窓口へ駆け込んだ経験がある。

運転免許証の更新もそうだが、基本的には非日常の世界に属するものだから、必ずしもうっかりミスとは呼べない。たしかこの前にもらったのはいついつであったと、日常生活と交錯しないため漠然とした記憶のままに放置されていて本気でたしかめる機会は案外少ない。イギリスなどはパスポート残存期間が三カ月ないと入国できません、と旅行社に言われあわてた人もいる。

パスポートのサイズが小型化したのが九二年、有効期限が五年から十年に伸びたのは九五年である。外務省の前向きの判断を歓迎したい。しかしまだ充分とはいえない。この際、いくつかの疑問を呈しておきたい。

●十年旅券一万五千円、五年旅券一万円は適正か。高過ぎはしないか。

●申請から交付まで六日間は長過ぎる。即日交付があってもよいのではないか。

●戸籍謄本（抄本）と住民票を用意させるのは偽造防止のためと思われるが、受取りが本人出頭だとしたら申請は郵送でもよいのではないのか。

＊

パスポートは外務省領事移住部旅券課の管掌事項である。実際の発行手続は各都道府県に機関委任事務（法定委託事務）として下ろされる。東京都の場合、東京都生活文化局国際部旅券課になる。新宿の都庁の窓口を含めて全部で四カ所、年間約八十万件を処理している。全国では二百八十九カ所に窓口はあるが決して便利とはいえない。アメリカは出頭は郵便局でも可、イギリスは出頭せず郵送も可、である。

日本では交付されるのに六日間かかる。九八年三月末までは七日間だったが一日だけ縮まった。六日間の中身がよくわからない。ずいぶんと長く感じられるのは月曜日に申請してもその週のうちにはできず翌週になるからだ。書類が窓口から外務省へ送られてそこでチェックされ戻って来るためなのか、と僕は漠然と考えていた。

実際にたしかめると、地方自治体の窓口と外務省のホストコンピュータとは回線でつながっていて、一人で二冊ダブって申請している場合などはすぐにチェックされる仕組みになっている。外務省へ運搬してつくってもらうのではなく、大蔵省印刷局作成の無記入状態のパスポートが都道府県の旅券課に配られており、写真を含めた個人データをフィルム印刷機械で記入・定着させるだけなのである。ならば即日交付や三日後交付などのサーヴィスがあってもよい。イギリスでは即日交付があるし、アメリカでは三日後交付がある。

期限切れのために真っ青になった経験がある人なら、この彼我の落差を聞けば泣いてくやしがるであろう。

イギリスは通常、パスポートの手数料は二十八ポンド、四千七百六十円（1ポンド＝170円）である。即日交付は割り増し料金を十二ポンド、二千四百円を支払う。またアメリカは六十ドル、六千六百円（1ドル＝110円）である。三日後交付には割り増し料金三十五ドル、三千八百五十円を支払う。ここで気づくのは日本の十年用の価格一万五千円が、イギリスやアメリカの割り増し料金よりはるかに高いということだ。

行政はサーヴィスだ

申請の窓口で二千円の収入証紙と一万三千円の収入印紙を購入するので、都道府県のコストがわかる。証紙は地方自治体、印紙は中央政府である。申請と作成を任されている都道府県には二千円しか入らない。残りの一万三千円の使途はどうなっているのか。

外務省旅券課の説明によると、大蔵省印刷局が作成した無記入状態のパスポートの実費が一千円だそうだ。たかだか四十八ページ、お札や株券や宝クジと同じ偽造防止用の複雑な波模様の印刷が施されているとしても百円とか二百円程度ではないのか。年間五百六十万冊(99年度実績)も発給されているのでスケールメリットが見込まれるから。

印紙分一万三千円はどこへ消えるのか(ただし5年旅券は残り8000円。10年対5年の比率は6強対4弱)。五百六十万を掛けると六百二十億円になる。これが一般財源に入るということは税金と同じ扱いで、サーヴィスに対する対価とは違ってくる。おかしいと思う。

外務省の旅券課長に一万五千円の根拠を訊ねた。すると九二年の衆議院外務委員会、及び参議院外務委員会での政府委員(外務省)の答弁が根拠だ、と述べた。五年旅券の時代に八千円が一万円に値上げされた際の説明である。また九五年の参議院外務委員会の答弁も根拠だ、と述べた。新規に一万五千円の十年旅券ができた際の説明である。国会答弁により国民には説明済み、というのが旅券課長の言い分であった。

九二年の答弁では「旅券を持って海外に渡航される方に対して必要な場合には我々在外公館が邦人保護のために支援しなきゃならぬ、こういう間接経費的な部分もございます」とあり、九五年の答弁は、国際比較で高いのではないかとの質問に「(為替レート、GNP比率などを勘案すると)大まかに申しますとアメリカの水準と大体同じ」と強弁している。

行政に欠けているのは公僕《パブリックサーバント》の意識である。納税者《タックスペイヤー》が決められた比率の税金を支払うのは、対価としての行政サーヴィスを受けるためである。その意味で税金はすでに支払っている。高価格のパスポートは税金の二重取りだと思う。先ほど示した国会答弁程度でこと足れり、とするならば外務省は説明責任の放棄と批判されても仕方がない。

在外公館の困った「サーヴィス」

2000. 9. 21

シドニーでは日本の女子マラソン勢の活躍が楽しみだが、朝寝坊の僕は朝七時の生中継がちょっと辛いが我慢。選考に納得がいかないところがあったので、その無念の思いを忘れないために女子一万メートルの弘山晴美選手の走りにも注目したい。決勝は九月三十日土曜日、忘れないようにしておこう。

＊

シドニーに行く日本人はどのぐらいいるのかな、と調べてみた。チケットはJOM（ジャパン・オリンピック・マーケティング）のみの発売で、一般向け（チケットぴあが代行）と公認旅行社六社を通じての販売に大別される。

JTBなど六社が扱った旅行者数は一万七千人ぐらいらしい。六社が座席を買い占めただろうから、個人でチケットを入手し格安航空券でシドニーへ向かう旅行者は少ないはずだ。直行便も東南アジア経由便も空席はない。

ビザの問題もある。オーストラリアはビザが必要と知らないまま入国審査で引っかかり国外退去処分になりかけたカメラマンがいた。五、六年前のF1オーストラリアGPで、周りに同業の取材陣がおり、数名が身元保証をするかたちで空港内で入国許可がおりた。

もし日本の当局だったら杓子定規な態度を崩さず、こんなふうに融通をきかせてくれるか、と考え込まされた。

オーストラリアでは短期の観光と商用にはETASビザ（電子入国認可システム）があり、旅行代理店がパスポートの記載事項をコンピュータに打ち込むと自動的に取得できるようになったので、うっかりミスはなくなった。

このコラムでパスポート取得手数料一万五千円は高過ぎる（前項）と問題提起したところ、さまざまなご意見が寄せられた。外務省は、手数料が高い理由を「在外公館が邦人保護のために支援する間接経費である」と説明するが、ならばつぎのケースはどうか。

Aさんの場合。サウジアラビアに駐在中に妻が出産。病院で英語の出生証明書をもらった。出生届に戸籍謄本とこの出生証明書を添付したところ、「日本語訳をつけろ」と言われた。自分で翻訳して提出すると「サウジアラビア」ではなく「サウディ・アラビアが正しい表記である」と訂正を求められた。

出生届は日本大使館から本省に転送され、本省から本籍地の自治体に送付、自治体の戸籍に出生が記載される。記載された戸籍謄本を自分で取り寄せてから旅券申請ができるのだ。

そろそろ本籍地の戸籍に記載されたころかな、と日本の両親に電話をして自治体に問い合わせてもらうと、外務省から出生届が来ていない。大使館に訊ねると、本省への便は週に一度で、たまたま発送が遅くなっていると説明された。結局、自治体の戸籍に記載されるまでに一カ月半近くかかった。

旅券申請で戸籍謄本を取り寄せるのはわかるが、なぜ出生届の提出の際にも戸籍謄本を取り寄せなければならないのか。二回も戸籍謄本を取り寄せる必要はないのではないか、とAさんには疑問が残った。たまたま両親が本籍地に住んでいたから助かったけれど。

Aさんは、この間、緊急に出国しなければならない事態が起きなくてよかったと胸を撫でおろしたのであった。

即日交付もあり

つぎにBさんの場合。ミネソタ州セントポール市に住んでいた。夫が日本の大学に勤めることになったのでビザを申請。夫の就職先からの書類が遅れているので、日本人の配偶者というステータスでビザをとったほうが早いと判断してまだ提出していなかった婚姻届をセントポール市役所へ出した。シカゴの日本領事館に問い合わせると、夫の出生証明書、市役所の結婚証明書及びその日本語訳、自分の戸籍謄本二通が必要、と言われ、送ったところ書類に不備があると電話があった。

婚姻届に新しい住所として埼玉県の両親の住所を記入しておいたのは役所へ行ったり来たりするのに便利だからである。それだともう一通戸籍謄本を取り寄せなければならないと指摘され、ではもとの住所にしますと伝えると提出した婚姻届の訂正を求められた。

宅配便で送り返されるはずの婚姻届が届かないので一週間後に電話。書類の不備を指摘した職員が休暇中で「三日後にお電話ください」と言うので机の上を見てくれと頼むと「あります。休暇明けに送るのでしょう。それまで待つか、お急ぎでしたらおいでください」と告げられた。シカゴまでは東京―神戸間ほども距離がある。しかも出産を控えている。戸籍係からビザ係に電話を代わってもらい、ビザが至急必要だと訴えると、なんのことはない、婚姻届をその日のうちに宅配便で返送してくれ、書類不備を訂正して送り返すと、すぐ夫の旅券とビザが入手できた。

このドタバタの直後に出産。来日の時間が迫っている。木曜夜に生まれ、金曜日に病院の証明書を市役所に持参、事情を説明しておいたので月曜日にはもう出生証明書を出してくれた。その間、土曜日に生後三日目の赤ちゃんのパスポート写真を撮った。月曜日に用意された出生証明書と写真とで旅券を申請する。ミネソタ州では最短で三日後交付だがテキサス州ならば即日交付がある。テキサス州のパスポート申請代理請負人に宅配便を送ると火曜日の昼過ぎになる。即日交付は午前中提出だから受け取りは水曜日だ。水曜日は十二月二十四日で午後から翌二十五日まで宅配便が休み、土日も休み、請負人はぎりぎり午前中に送ってくれたので金曜日に無事パスポートを入手。日曜日に家族三人は機上の人となった。

日本領事館の形式主義、アメリカの役所の融通と市場原理に則《のっと》った迅速な処理。Bさんは両者の相違を身をもって体験したのである。

消えた国鉄に「隠し財産」一兆円のカラクリ　*2001. 2. 8*

「国鉄清算事業団が、日比谷通りに面した一等地のビルでまるまる四フロアも占拠しているなんて」

読者からそんなEメールが入った。

国鉄清算事業団は九八年十月に解散したはずなのに……。手元にある特殊法人総覧（平成12

年版）を開いたが、たしかに国鉄清算事業団は存在しない。

メールはこうつづいている。

「あそこのビルの賃貸料は一フロアが一千万円ぐらいではないか」

日比谷通りのビルに出向いた。看板には特殊法人日本鉄道建設公団（鉄建公団）の国鉄清算事業本部とある。

オフィスはそのままで鉄建公団に形式的に吸収されていたのだ。最近まで五フロア借りていて、いまは四フロアに縮小していた。それでも確認すると家賃の年額は約五億円である。ペンペン草の生えた旧国鉄の未売却地にバラックでも建てたらどうか。そんな感想を抱きながら調査をつづけると驚くべき事実が浮き彫りになった。

＊

国鉄は昭和六十二年（一九八七年）四月からＪＲ各社に分割民営化された。彼らの世界ではこの起点を六二四《ろくにいよん》と呼ぶ習わしになっている。

六二四の際、国鉄債務は三十七兆一千億円の巨額に達していた。民営化して出発するＪＲ各社の背中を軽くするため、うち二十五兆五千億円の債務を国鉄清算事業団をつくって引き継がせた。ＪＲ各社が返済するのは五兆九千億円のみ、残りの五兆七千億円は新幹線保有機構という特殊法人を誕生させて負担させた。

国鉄清算事業団はこのとき、九八年（平成10年）三月末までに清算業務を終える、とされていた。ＪＲ各社の株式、旧国鉄用地などの財産を売却して二十五兆五千億円の債務を帳消しにするはずだった。汐留など都心の一等地を含む土地資産は当初七兆七千億円とみられていたが折からのバブルで地価が高騰、時価総額三十兆円とも見積もられた。ここがチャンスだった。ところが国土庁などが「地価高騰の呼び水になる」と反対し、政治決断で延期された。供給を増やせば下がるのが市場法則なのにおかしな結論であった。

あとは読者が承知しているが、地価は大幅下落し叩き売り同然で人手に渡った。秋葉原や大阪市に多少値段がつくものが残っていても、残りは山間地や過疎地ばかりで資産価値はほとんどない。

結局、六二四時点の二十五兆五千億円の債務は減るどころか、有利子負債の金利が雪だるま式に膨らんで、土地や株式のかなりの部分を売却したにもかかわらず、約束の九八年三月末時点では逆に二十八兆三千億円と増えていたのである。国民一人当たり二十万円の負担になると新聞が騒いだが、もうすっかり記憶から消え去った。半年後の九八年十月、二十八兆三千億円の債務は一般会計に流し込まれ、年額四千億円の元本の返済とほぼそれと同額の利子の支払いを六十年間にわたってつづける破目に陥った。

さて残るは四兆一千億円である。これは旧職員たちの年金等の負担金分。清算事業団はこれを受け継いで鉄建公団に吸収され、高い家賃の日比谷通りのビルに居住しているわけだ。しかし、話はこれで終わらない。

運輸施設整備公団の怪

日比谷公園脇の飯野ビルといえば旧長銀の隣に古くから存在する細長い建物として知られている。一等地ビルの三、四階の各二分の一を占めている特殊法人がある。家賃は年額二・五億円。名称は運輸施設整備事業団。何者か？

もともとは新幹線保有機構が鉄道整備基金となり、その後、行政改革で船舶整備公団と合併した。ただくっついただけ、特殊法人がひとつ減りました、というやつである。だから収支は鉄道勘定と船舶勘定との二つに分かれている。その鉄道勘定の「損益計算書」に注目した。なんと収入が一兆円を超えている。補助金という名の税金が一千三百億円も入っているのも凄いが、柱となっているのは年額七千億円にものぼる「新幹線譲渡収入」という科目なのだ。民間から税金を吸い取りながら官僚機構がどんなふうに奇怪な知能を有しながら周縁に向けて無責任に自己増殖していくか、その最も端的なケーススタディと断定してよい。無から有を生じるような打ち出の小槌《こづち》の謎を解こう。

六二四の時点で新幹線保有機構が五兆七千億円の負債を引き継いだ、と冒頭で述べた。ＪＲ各社は新幹線保有機構から新幹線を借りて運営し、その代わりにリース料を払う。そのリース料で新幹線という資産を持つ新幹線保有機構は自分の負債を減らしていく。ところが九一年(平成3年)にＪＲ各社は新幹線保有機構に対して新幹線設備をリースでなくローンで譲渡してくれ、と要求した。なぜならバブルで商売繁盛のＪＲ各社は、新幹線設備を借金まるごと含めて買ってしまったほうが期末に減価償却できるから好都合なのだ。

すると新幹線保有機構側は、自分の資産を時価で売ると言い出した。その結果、新幹線保有機構は一兆一千億円の余剰利益を得た。

新幹線設備を売ってしまった新幹線保有機構は、保有していないのだから名称を変えざるを得ない。そこで鉄道整備基金という名の特殊法人になった。

そして一兆一千億円の巨額の自前のファンドをもとに、整備新幹線やら都市鉄道（例えば常磐新線）やらへの助成という名目でファイナンス業務をはじめた。その内訳を書き込んでいくときりがないので説明はこのあたりに留めよう。国鉄の大借金の返済を税金であてさせておいて、行革も誤魔化してすり抜け、運輸施設整備事業団と立派な名称に変身した。焼け太りとはこのことだ。

運輸施設整備事業団で訊ねた。

「ここに新聞記者が来ましたか」

「いいえ、一人も」

かくして世間に知られずに化物が蠢《うごめ》いている。ちなみに理事長は天下りで、元海上保安庁長官である。

NO. 5

少年犯罪によって照射された領域

新潟の少女監禁事件は前代未聞の奇異な出来事だった。だが新潟にかぎらず、京都の小学生刺殺事件にしろ、埼玉・桶川の女子大生刺殺事件にしろ、警察のゆるみたるみが目立った。神奈川県警からはじまって新潟県警、京都府警、埼玉県警のさまざまな失策は日本の警察の病巣、宿痾《しゆくあ》と深いところでつながっていると思われる。

警察官の仕事は危険と対峙するという意味で使命感がなければできない。同時に暴力装置をゆだねられているわけで少しでも奢りがあってはならない。その二つのタガがはずれた場所は権力という暗くて視えない奥の院で、解明がむずかしい。

少年犯罪もまた光が遮られた場所に置かれていた。人権という匿名性の壁、家庭裁判所という密室——。

タブーとは蓋の開けられていない領域のこと。未開拓の分野こそ挑戦する義務がある、ともいえる。

少年犯罪とうさぎ小屋の「個室幻想」 1998. 4. 2

二十年近く前である。東京近郊で、二浪の息子が金属バットで両親を撲殺するという悲惨な事件が起きた。

裁判を傍聴しながら考えた。たかが受験勉強で行き詰まったぐらいで両親を殺すものなのか。レールが一本しかないと錯覚しなければ、人生の選択肢は他に幾らでもある。法廷に立った被告人は、色白で不健康に太っていた。ぼそぼそとしゃべるが、明快に自分を説明できないようだった。父親は東大卒、母親は短大卒でもこの世代では高学歴に属する。そういう両親の下では有名大学以外の選択肢はありえない、と信じて追い詰められた。法廷ではそんなふうに物語られていたと思う。

＊

殺人の動機を理解するには情報が不足していた。ひとつの事件の背後には、そこまでには至らなかった類似例が無数に埋まっている。じじつ予備校などをあたると危機一髪の事例は幾つもあったので、事情を訊いて回ると共通点らしきものを探し出すことができた。高学歴の家庭ほどアメリカの育児書の影響を受けている。

スポック博士の死亡記事（享年九十四）に接して、金属バット殺人事件のことがよぎったのである。

だいたい戦後の日本人は高学歴者ほどアメリカかぶれであった。アメリカについてよく知らないが、なんとなくアメリカ的なことが進歩的でインテリ的と信じられた。しごく単純なことが信じられた。アメリカの家庭は個室である。ベッドがある。赤ちゃんはうつぶせで育てる。おんぶよりだっこがよい……。

一九四六年に発行された『スポック博士の育児書』は世界的なベストセラーで三十カ国で翻訳され五千万部も売れた。育児書の内容は穏健で常識的なものと思うが、民族や文化によって受け止め方はさまざまであろう。問題はスポック博士の言い分そのものではなく、日本人が表層でとらえたアメリカ的な子育てにあった。ハリウッド映画や初期のテレビのホームドラマが運んで来たムードと重ねられた。

スポック博士は、母乳よりもミルクがよい、などとは述べていないのに、ミルクが流行した。それが進歩的と思われた時期があった。伝統的なものは野蛮なもの、と考えられた。赤ちゃんに抱き癖がつくといけない、と添い寝の習慣を捨てたりした。その結果、ベッドに置き去りにされる時間が長くなったりもした。

実際、僕が小学校に上がる前、母親が布団のなかでよく外国の童話を読み聞かせてくれたが、そんな物語のなかに幼い子供が、おやすみなさい、とあいさつして自分の部屋のベッドへ去って行くシーンがあり、向こうの子供はえらいね、と感心した記憶がある。

高度経済成長でマンションが簇生《そうせい》し、さらに量産型の一戸建てへの買い換えも増えた。縁側がなく気密性の強い住宅が求められたのは冷暖房の普及とも関係がある。当然、障子や襖でなく個室が基本となった。こうした形で、徐々に表層の欧米化が実現していった。

だがそれは欧米とは似て非なるものであった。日本人の一家団欒《だんらん》と、アメリカ人の一家団欒は形態が違う。個室の文化には大げさな愛情表現が不可欠である。彼らは頻繁に、愛している、と言いながら抱き合う儀式を繰り返す。日本人には抱き合う習慣がない。家屋の構造にプライバシーがないことが控えめな愛情表現を補っていたのである。

親子が川の字になって寝るという日本の伝統的なスタイルは高学歴者の家庭から順に失われていった。子供の自由を尊重するというイデオロギーに縛られ勉強部屋を用意したが、それが受験勉強の強制も兼ねていたのは皮肉な事実であった。その結果、動物的な、あるいは生態学的なスキンシップが欠落して、慢性的な愛情不足の情況がつくられた。

金属バット事件の家族の知人は、被告人が小学生時代に母親におんぶされていたのを目撃して不思議に思ったと証言している。日本の伝統的な子育ては、三歳ぐらいまでは徹底的に甘えさせることで、母親のおっぱいと同様に愛情も吸いとらせてしまう。それをやりきらないと、甘えが積み残される。すると小学生になっても母親におんぶを求めるし、大人になっても不足感がつきまとう。

予備校関連の取材のうえで児童心理学者などとも討論した結果、僕が得た結論はおよそ以上のようなものだった。

少年犯罪を教訓にするには

最近のナイフ事件にも思い当たるふしがある。

豊かさが広く一般的に分配されるにしたがい、個室が〝うさぎ小屋〟の家屋構造として完全に定着した。もはやアメリカかぶれではなく、また核家族には伝統の智恵が入り込む余地などどこにも見当たらず、孤立して茫洋とした子育ての風景だけが残されている。

中学生が拳銃を奪うためナイフで警官を刺した事件で、家庭裁判所は少年の殺意を認定して初等少年院送致を決めた。格闘技系のアニメーションやサバイバルゲームが好きで、その延長でほんものの拳銃がほしくなった。そういうちぐはぐさを育てた一因も個室幻想に求められる。

事件は〝短絡的な犯行〟とされるが、少年は拳銃を奪う目的で警官の右胸を刺したのである。警官は防護服を着ていたので助かった。弁護側は、最終処分を決めずに家庭内などでしばらく様子をみる試験観察にすべく抗告するようだが、僕たちには成育環境を知る術《すべ》がない。少年事件では相変わらず審判内容を公表しないからだ。少年法は、こういう問題については関心を持つな、と禁止しているようなものである。

十四歳の「心の闇」と「凡庸な両親」

1999. 4. 8

精神障害者と違ってサイコパス（精神病質人格）について説明することはきわめて難しい。怪しげな宗教家だけでなく、隣人のなかにもサイコパスは棲息している。

自分が出会った人物が尋常ではないと気づき、結果、小さないざこざが生じて、その情況を友人や家族に話したとしても、もう少しうまくやったらどうかと言われるぐらいで同情や理解を得ることはおそらく無理だろう。日常生活には多少の波風はつきものだから、具体的な犯罪として現れてこないかぎり（もしも犯罪として現れたらたちまち悲惨な結末を迎える）、サイコパスはその正体を見破られることなく生き抜くはずである（ときには社会的な名声を得てしまう場合すらある）。彼らが通常のルールから逸脱しても必ずしも咎《とが》められるわけではない。なぜなら法律の網の目は日常生活のすべての領域を覆いつくしてはいないからだ。

神戸の児童連続殺傷事件の犯人少年Ａ（酒鬼薔薇聖斗）の両親が書いた手記（『「少年Ａ」この子を生んで……父と母　悔恨の手記』文藝春秋刊）を読んでまず最初に感じたことは、サイコパスを前にしての無力感であった。

＊

Ａが逮捕されて三週間ほど経ったころ、マスコミの追跡から避難していた両親が友が丘の家へ戻ってみると、嫌がらせのハガキが舞い込んでいた。

「お前たちが交尾してできた化け物の責任を取れ」

まだ事件の印象が生々しい時期で、いたいけな淳クンを残虐な方法で殺害したＡに対する憎々しい感情がテレビ画面の周囲にあふれていた。人びとが不運な淳クンや彩花ちゃん及び家族に同情するのは当然で、同情はまた怒りをぶつける対象を探すことでもあった。犯人がわずか十四歳の中学生とわかってからは、一気に両親に集中した。いったい、どんな子育てをしたのだ、と。問うべきは親の責任だ、と。

ふつうの躾《しつけ》をしていればAのような子供はできない、と誰もが考える。それはそうだ。Aのような子供はA以外にいないのだから、どこの家の親も自分はAのような殺人者を育てはしなかったと胸を張っていられる。結果を見れば、たしかにAの両親が子育てに失敗したことは間違いないのだから。

問題はその先にある。手記を読む意味もまたそこにある。

Aが逮捕される日の早朝、突然、インターホンが鳴る。刑事が二人、玄関に出た父親に警察手帳を見せた。「息子さんに話を聞きたいのですが……」と刑事は言った。「はあ、ウチには息子は三人おりますが……」と父親は答えている。Aが逮捕されるとは露ほどにも思わない。Aを起こしに二階の部屋に行くと、寝ぼけ眼のAが「ふーん」と着替えをはじめた。このとき「別段、変わった様子はありませんでした」と手記に書いている。Aはグレーの乗用車で須磨警察署へ向かった。「私はこんな朝早くからちょっと変だなと思い、すぐ追いかけて玄関に出ましたが、車が走り去った後でした」と、まだピンとはきていない。

その後、またインターホンが鳴り、別の刑事が「お母さんにもお話をお伺いしたい」と言い、母親はワゴン車に乗せられた。その間、父親は「自分の長男が容疑者として取り調べを受けているとは、これっぽっちも疑っていなかった」のである。母親は別の警察署で「三月の通り魔事件知ってますか」と聞かれた。「ああ、ニュースで……。可哀想で」と答え、戻ってから「何かAが疑われているとか向こうが言いだして……、びっくりしたわ」と父親に話し、いつものように晩御飯の支度を始めた。そこへ家宅捜索令状を持った警察官が来て「A君を容疑者として今、取り調べている」と告げる。父親は「Aが何したんですか。えー、何したんですか」と頭が真っ白になり、母親は「お父さん、これ、どうなってるの。もう一回言うて」とうろたえるばかり。しばらくしてテレビ画面に「淳君事件の犯人逮捕。友が丘中の少年」のテロップが流れるのである。

まさかうちの子が、というシーンは両親が凡庸なだけに身につまされる。予兆がなくはないがAの両親の能力を超えていたとみるべきではないか。

Aは中学に入ったばかりのころ、同級生の女生徒の体育館用のシューズを燃やした。隠すならともかく燃やすのは異常だと、母親はある病院の小児神経科へ連れて行った。「注意散漫・多動症」と診断された。宿題や提出物を忘れるので学校生活に差し支える部分もあるが大人になるとおさまる、と言われ安心した。万引きをしたり友人を殴ったりしたので児童相談所へ連れて行った。「画才があるので美術の専門学校へ進めば直る」とご託宣を受けて、母親は安心する。淳クン殺害の直前だった。

Aはよく塀の上にいる猫をめがけ小石を投げた。隣家の樋《とい》に石が詰まったのはそのせいだが、母親は知らずに隣家に報《しら》せ、自宅の二階に案内して樋の状態を指差し、親切心で注意している。Aにとって、両親を騙しつづけるのはチョロイこと、難しくはなかった。

『「少年A」この子を生んで』と『淳』

神戸少年鑑別所でAに家族画を描かせた。テレビを囲んで両親、本人、弟二人の五人の首だけが並んでいる。精神鑑定医は「家族における深い相互作用の欠如」と診断した。愛情の注ぎ方、育て方のどこかに勘違いがなかったとはいえまい。だがAがサイコパスとして脱皮を繰り返しながら紡いだ世界に、もはや両親が介入する余地がなくなっていたことも事実である。したがってこの手記は、十四歳の少年によっていかに大人が手玉にとられてしまうか、という実例としても読む価値があろう。

現行の少年法では十四歳の犯行には刑事責任が問えない。欧米ではすでに基準の年齢をかなり下げている。

「この国ではA少年が罪に応じた罰を受けることはない」と嘆息している淳クンの父親の手記『淳』（土師守著、新潮社）と併せて読むことを薦めたい。

＊二〇〇〇年十一月、十四歳以上を刑事罰の対象とする少年法改正案が国会を通過した。

被害者より加害者に手厚い少年法の倒錯　1999. 7. 1

十九歳六カ月の男が犯した通り魔殺人は、眼をそむけたくなるとしか表現しようがないほど凄惨なものであった。

＊

事件は九八年一月八日、大阪府堺市で起きた。事件発生直後に「新潮45」編集部の編集者と執筆の依頼を受けた髙山文彦はただちに現地へ取材に向かっている。

髙山は事件を目撃した中華料理屋の主人の証言を得た。

二階へ上がり蒲団を干そうとして窓を開けるとピンクの傘をさして歩いて行く女子高生が見えた。

「なんの気なく見とったんですわ。そしたらガレージのなかから男が不意にあらわれて、女の子の左腕つかんで引っ張り込みよった。三回ほど、キャーッという悲鳴が聞こえたんですわ」

（「新潮45」'98年3月号）

上半身裸の犯人は、いきなり女子高生をターゲットにした。刃渡り十七センチの文化包丁で背中を刺し、頭部にも数回斬りつけた。女子高生は足をもつれさせながらも必死で助けを求め、逃れようと走った。女子高生を追いかけてきた犯人は、幼稚園の送迎バスを待っていた母子十一人に襲いかかった。みな一目散に逃げた。運悪く幼女がひとり曲がり角で転んだ。犯人は馬乗りになって背中に包丁をグサグサッと突き刺した。わが子を守ろうと母親が蔽いかぶさると、その背中にも包丁を突き立て、走り去った。

「近所の女のひとが道に出てきて、女の子が刺された、と叫ぶやんけ。ガレージの斜め向かいの道をはいってみると、お母さんが女の子を抱きしめてうずくまっとった。女の子の顔は、真っ白やった。お母さんは背中に包丁が刺さったまま、救急車まだ、救急車まだ、と叫んどった」（同）

犯人はシンナーの常習者だった。警察署で「（女子高生を）たまたまいたから刺した」と述べている。十五歳の女子高生は重傷、五歳の幼稚園児は死亡、三十五歳の母親は重傷、であった。「新潮45」は、実名報道と顔写真を掲載したことについて記事の末尾に「稀にみる残虐非道の犯罪であること」「犯人はあと半年で二十歳になるにもかかわらず匿名化で事件の本質が隠されること」「昭和二十四年に施行された少年法は著しく現実と乖離していること」などの理由を付した。

少年法六十一条は、少年の氏名、年齢、職業、住居、容貌が特定できるような記事や写真を掲載してはならない、としている。したがって「新潮45」は少年法違反ということになるが六十一条に罰則規定はない。罰則規定がないのは、事件の性質によってはジャーナリズムに自主判断の余地が残されていると「新潮45」側は解釈した。

ここからが奇妙な成り行きなのである。少年の人権を守れ、と大弁護団が大阪で結成された。

ひとつは民事訴訟、ひとつは刑事告訴である。刑事告訴には六十八人もの〝人権派〟弁護士が名を連ねた。

民事訴訟では原告側が「少年の名誉、プライバシーが侵害された」として「新潮45」に二千二百万円の損害賠償を支払え、と訴えていた。原告は十九歳の殺人者とその養父母。もちろん訴状を記したのは代理人（弁護士）である。おまけに小学生が書いたような稚拙な文字の原告の「陳述書」も用意されていた。つぎに引くが、ほんとうかね？　と首を傾げたくなる文面である。弁護士が本人に言い聞かせ、書かせたのではないかと推測される。

「将来、まじめに働こうと思っていますが、その時に、知らない人とかからどんな事を言われるかが、不安です。

現在僕は今、拘置支所で、事件を反省して、三人の被害者の人の痛みとかを毎日考えて行ます。事件を起しておいて、ご勝手な事を書き誠にすみません。裁判官の方には、新潮社のような事は、全体やめさせるようにして頂たいと思います。どうか自分のお気持ちに答えて下さい、お願いします裁判官様」（原文ママ）

九九年六月九日の大阪地裁の判決は、新潮社側に二百五十万円の賠償命令。「記事に少年の法的利益を上回る公益上の必要性は認められず、極めて悪質」とされた。少年法六十一条の実名報道、写真掲載に関わる初めての判決である。〝人権派〟がどうしても勝ち取りたかった判決なのである。

刑事告訴のほうは地検が起訴しないかぎり、公判は始まらない。そして未だ地検が新潮社側を起訴していないところをみると、どうもはじめから刑事告訴になじみにくい、との判断が弁護士らの間にもあったのではないか、と勘繰りたくなる。では刑事告訴の六十八人もの〝人権派〟弁護士の動員は何だったのか。民事訴訟での上記の判決を得るための裁判官へのデモンストレーション、無言の圧力ではなかったかとも思われるのである。

諸外国は十八歳未満

僕が出演している番組（フジTV系、土曜午前10時から）では、判決後に「新潮45」編集長と原告側弁護士とのディベートを試みた。短い時間だが、法廷を再現したのである。視聴者からきたファックスの賛否は九対一で判決と逆の結果であった。陪審制なら「新潮45」は無罪だろう。加害者の人権よりも被害者の人権を考えてほしい、との意見が多かった。法曹界では世論とかけ離れた常識が支配しているのだ。

僕はかねがね少年法の適用年齢を二十歳未満ではなく、諸外国並みに十八歳未満にすべきと考えて、このコラムでもその主張を繰り返してきた。実名報道と写真掲載については性急な結論を求めないが、少なくとも十九歳六カ月の残虐な殺人犯は外国ならば少年法が適用されないことだけは確かである。

法曹界は量刑の相場主義から脱却せよ　2000. 3. 30

本号が発売になる直前に、山口県光市で起きた母子殺人事件の判決が下されることになっている。新聞に大きく報じられていることだろう。

犯人は元会社員の十八歳の少年で、水質検査を装ってアパートに侵入、部屋にいた二十三歳の主婦を暴行しようとして抵抗されたため絞殺、さらに泣き叫んだ十一ヵ月の幼女を床に叩きつけたうえで絞殺、財布を盗んで逃げた。

殺人と窃盗などの罪で検察は死刑を求刑していた。被害者の二十三歳の夫は、法廷の傍聴席に妻と子の遺影を持ち込もうとして拒否され、風呂敷につつむことで認められた。そんなエピソードも含めて、被害者の無念の立場をテレビでも訴えたので、この残虐な事件が広く知られるきっかけにもなった。被害者の夫は「少年が死刑にならない場合、というのは想像もできない」と述べている。

これまでこのコラムで法曹界には暗黙の〝量刑の相場〟というものがある、と述べてきた。殺人罪の最高刑は死刑だが、実際に死刑が適用される例は少なく、相場にしたがえば普通の殺人は三人殺して死刑、強盗目的殺人は二人殺して死刑、身代金誘拐目的殺人は一人でも死刑、とされてきた。

〝量刑の相場〟の存在により、裁判官は数量的な目安に従いすぎているのではないか。山口県の事件は、二人殺したうえで窃盗、である。これを相場に照らしてみれば、強盗目的殺人と解釈すれば死刑だが、普通の殺人としたら死刑は適用されない。今回の判決が死刑であれば前者、無期以下であれば後者が適用された、と解釈してよい。

＊

〝量刑の相場〟は、もうやめたほうがよいのではないか。恐ろしいことだが殺され損という事実があるのだ。

九九年九月に、死刑が確定した三人に刑が執行された。彼らはみな二度殺人を犯している。終身刑があったなら、と思わずにはおれない。

このうち佐藤真志（62）は、一九五九年（昭和34年）に七歳の幼女を殺害し無期懲役で服役したが、仮出獄中の七九年に三歳の幼女を絞殺、九二年に最高裁で死刑が確定。森川哲行（69）は、六二年に義母を殺害し無期懲役で服役したが仮出獄中の八五年に前妻の縁者の女性二人を刺殺、現金と貴金属を奪った。九二年に最高裁で死刑が確定。高田勝利（61）は六七年に職場の同僚の女性を殺害し無期懲役、仮出獄中の九〇年、飲食店の女性経営者をハンマーで殺害、現金入りのハンドバッグを奪った。九二年に地裁で死刑判決、控訴せず確定。

こんな具合で、殺人犯が出所して再び殺人を犯す、という現実をどう理解したらよいのだろう。

つい最近、二月二十八日に東京高裁で死刑判決が下された持田孝（57）の場合は、「逆恨み殺人」あるいは「お礼参り殺人」として報じられた。背筋が寒くなる事件であった。持田は七六年に女子高校生を絞殺して服役、出所して八九年に婦女暴行事件を起し、被害者の女性が警察に届け出たために逮捕され懲役七年の判決を受けまた服役、九七年に出所して、わずか二カ月後に「警察に届けないとの約束を破った」と女性を待ち伏せて刺殺した。東京地裁では無期懲役だった。

高裁判決では「被害者が一人の事案でも諸般の犯情、情状を考慮して極刑選択もやむを得ない場合がある」「その悪質さにおいて利欲的動機による殺人と同等」と述べている。最初に一人殺していても服役すれば罪をつぐなったことになる。以前の罪は消えてしまう。そのうえで新たな殺人を犯した場合、あらためて一人の殺人とされてしまう。そうであれば死刑ではなく無期懲役、と東京地裁はきわめて機械的に〝量刑の相場〟にもとづいた判決を下したのではないか。高裁では「被害者が一人の事案でも、諸般の犯情、情状を考慮」とは、以前の殺人数も累積し換算してよい、との判断と思われる。

僕は、相場はやめたほうがよいと思う。裁判官のことなかれ主義を誘いやすいからだ。よその判決とあまりにかけ離れてはまずい、という横並び意識がはびこってはいけない。

画期的だった高裁判決

「新潮45」で実名報道されたことが少年法六十一条違反であるとして損害賠償請求訴訟を起した十九歳の少年は、五歳の幼稚園児を刺殺、母親と女子高校生に重傷を負わせている。この二月二十四日に大阪地裁（堺支部）で懲役十八年の判決（求刑は無期懲役）が出た。民事の実名報道のほうは地裁で少年側の勝訴だったが、二月二十九日の大阪高裁の判決では「新潮45」側が勝った。弁護側は一勝一敗だ、として最高裁で争うかまえである。

山口県の事件にしろ、堺市の事件にしろ、少年法六十一条により、原則としては実名報道ができない。だがそれぞれ十八歳、十九歳なので少年法による刑の軽減措置の対象にならないのが、被害者側にとってはせめてもの救いであろう。なぜならどんな残虐な罪を犯しても、十八歳未満であれば、死刑相当の罪は無期に、無期の場合には十年から十五年に、と少年法の適用により自動的に軽減されるからである。

実名報道に例外を認めた大阪高裁の判決は画期的である。少年法の改正は、現状では不可能に等しいからだ。現在の政府案すら、家裁の審判に検察官が関与できるか否かなどが盛り込まれているだけで、刑事罰対象年齢の引き下げは含まれてはいない。

国民のふつうの感覚とかけ離れた、旧態依然とした法曹界が立ちはだかり党派を超えて国会議員の一勢力となっており、身動きがとれないのが実情である。

犯人を捕えても出世しない日本の警察システム

2000. 5. 25

手柄をたてる、という言葉はもう古いのだろうか。

バスジャック事件が発覚したのは福岡を過ぎ関門橋にさしかかる三日午後三時ごろである。広島県の奥屋パーキングエリアへは夕方の五時五十分に入った。通報から三時間近い。バスをそのまま広島県まで通過させた山口県警は何をしていたのか。山口県警には、自分のエリア内をバスが走る持ち時間は二時間あった。

乗っ取られたバスは放っておけばどんどん東へ進む。早いところ別の管轄地域へ行ってしまえば、との自己保身の意識が山口県警の中枢にあったとしたら、とんでもない話だ。SAT（特殊急襲部隊）の活躍ばかりに眼を奪われていると、ことの本質が視《み》えない。

＊

山口県警は「午後三時二十七分、高速道路上に警察車両を並べて封鎖し、（山口県内の）下松《くだまつ》サービスエリアに誘導する作戦を取った。しかし、高速道路の車の流れが速く、バスもスピードを落とさなかったことから、サービスエリアへの誘導を断念せざるを得なかった」（読売新聞5月5日付）と弁解しているが、どうも怪しい。

警察ジャーナリストの黒木昭雄（元警視庁巡査部長）から得た情報によると、現場では阻止態勢に入っていたが、直前、山口県警本部指令室から、通過させよ、との指示が出たという。

神奈川県警にはじまった警察の不祥事の発覚は、その後、全国的な拡がりを見せ、新潟県柏崎市の監禁事件、埼玉県桶川市のストーカー事件、名古屋の中学生五千万円恐喝事件と、警察官の不作為により被害者が簇生《そうせい》するなんとも無念な事件がつづいた。警察官が少しでもやる気を示せば、いずれも被害は最小限で食い止められた。

警察はどうかしている、と誰もが思っている。ではいつからおかしくなったか。なにが警察官にやる気をなくさせているか。キャリアシステムの問題はすでに幾度も指摘されているが、それだけではない。二十三万人の現場の警察官たちがぶつかっている壁を改善させなければいけないのである。

昨年、四十一歳で警視庁を退職した黒木昭雄の経歴を知って、僕は素朴な疑問を抱いた。彼は警視総監賞を二十三回（一級4回、二級2回、三級17回）も受けている。一度の職務質問で拳銃五丁・弾丸六十発を所持した男を逮捕した。これはいまでもレコードになっている。そのほか覚醒剤の取締りでかなりの実績を残した。にもかかわらず階級は巡査部長だった。それも勤続二十三年で依願退職した際、巡査のつぎの巡査長から巡査部長に格上げされただけである。

「現場で懸命に仕事をしている警察官は、一種の職人。使命感をいだいて頑張ると出世とは縁遠くなるのです。昇任試験は法律問題を中心としたペーパーテストで、現場の業績とは結びつかない。泥棒を捕まえても階級は上がらない。だから警邏《けいら》をさぼって街路灯の下で参考書を読んだり、トイレに逃げ込んで問題集をこなしたりするようになる始末です」

仕事をしない人間ほど出世するという構造ができてしまったわけですね。

「とくに大卒があたりまえになりはじめて以降、顕著になったと思う」

いまや警視庁の採用者の七割は大卒である。ノンキャリアであろうと四十歳で年収が一千万円に近く、倒産の心配がない職場で一生安泰に過ごす、そんな意識で警察官を目指す時代になった。

たしかにそれならば柏崎でも桶川でも名古屋でも、ややこしい話は持ち込まないでくれ、民事不介入なのだから、と逃げ口上を打つようになるだろう。

腐食した組織

警察関連の業界誌に「楽して合格!?　昇任試験マル秘対策」などといった企画が組まれており、まるで予備校生の座談会のように臆面もなく体験を披瀝していて、ちょっと怖いものを感じる。

「年内中に過去の問題を分析して、会議の資料のほか考えられる資料を全て集めて、少しずつノートを作っていった。それで一月から三月までは夜中の十二時から一時まで、四月、五月は二時から三時まで、直前は納得いくまで何時間でもやりました」

睡眠不足ではとても靴をすり減らす捜査はできまい。しかも現場にいては不利で、事務部門のほうが出題に関する情報を得やすく試験に有利なのだ。

「(本部の)企画(部門)にいれば、たとえば通達がくれば、とりあえずは自分のところを通っていきますけど、現業部門では総合的な施策についての資料は回ってきませんから」

「(本部でなく)署だと(情報が)ほとんど入りませんね。人脈を使って集めるしかない」

彼らのための模擬試験問題集まで売られている。たとえばつぎの一文は正しいか誤りか。

「被疑者が六カ月前に覚醒剤約〇・一グラムを所持していたとの協力者情報に基づき、被疑者自宅の捜索差押許可状を請求することは妥当である」

これは誤り、としなければいけない。なぜなら「三〜四回程度の使用量の覚醒剤が六カ月を経過した現在もまだ存在する蓋然《がいぜん》性を認めるに足りる合理的な理由は存在しない」から。ほんとうにそうか。覚醒剤取締りのプロである黒木昭雄は、誤りではないと言う。

「覚醒剤は常習者がふつうだから六カ月前ならば有力情報だ。ただし捜査令状を申請するときに杓子定規《しゃくしじょうぎ》に六カ月前などと書くやつは融通がきかない」

こんな具合に、マニュアル型の知識を優等生的に学習した者が合格するから日本の警察は末期的な症状を呈しているのである。評価のシステムを変えなければ、また誰かが被害者となる。

学歴信仰の崩壊と少年殺人事件の相関

2000. 6. 1

日本中がバブル景気に浮かれていた時代、といっても僕は会社員ではないからタクシーチケットが大量に配られたり、どんな飲み代でも会社が払ってくれたり、といった恩恵には浴していないが、そのころふと夜道で気にとめたことがあった。フランス料理を食べ、さらにその後に別の店で呑んだ若い男女が深夜にタクシーをとめている。横で黙々とヘルメットを被って道路工事をしている人びとがいる、みな六十歳を超えていた。

ああ、彼らはずっと下積みの人生を送ってきたんだな、それに較べ、キャアキャア、ケラケラと笑ってタクシーに乗って帰る若い男女は、ずっと安楽な人生を送るのかなあ、と思った。生まれた年代によってこんなに差が出るのだから、神さまは不公平である。眼前に繰り広げられている風景のなかのこの落差、一世代が三十年とすれば、たかだか一世代、二世代でこれほども違う、そんな国ってほかにあるだろうかとそのときに考えた。

＊

戦後は農村人口が減少して都市へと人が流れた。最初に都市で求められたのは、地下鉄工事や道路工事などインフラ整備のための肉体労働の担い手であった。しだいに産業が高度化して多少の学歴も求められホワイトカラーの仕事も増えた。先に生まれた世代は、ずっと肉体労働、あとから生まれた世代ほど効率がよく快適な新しい職種を見つけることができた。

僕のころは大学へ進むのがあたりまえ、そのほうがなにかと得をするらしい、という考えがようやくその兆しを見せはじめたころであった。僕が進学校に行ったのは損か得かではなくすぐに就職したくなかったからで、優秀な友達のなかには工業高校や商業高校へ進んだ者もいた。いっぽうで学歴信仰は徐々に蔓延しつつあった。

なぜなら、大学を出たほうが明らかに得、と大企業が臆面もなく示していたから。損をした親も得をした親も見倣《みなら》わないわけがない。子供たちを絶対に大学に行かせよう、と決心した。

こうして学歴信仰が生まれた。右肩上がりの時代がずっとつづき、とりあえず大学さえ出ていれば年功序列・終身雇用の恩恵を受け、役員になれなくても部長に、部長になれなくても課長にはなれた。退職金も年金ももらえた。

唐突になるが、僕は殺人事件の話をしたいのである。

たまたまおもしろい仮説を知った。長谷川眞理子・早稲田大学教授が「殺人を犯さなくなった若年層」(「WEDGE」2000年5月号)で述べている見解は、学歴信仰が殺人の抑止力になったというもので、直観的に納得するところがあった。

日本の殺人率は戦後一貫して減少している。世界的に見ても殺人率そのものが低い。

「戦後日本における殺人率の減少は、その大部分が二十代前半の男性による殺人の大幅な減少による。その結果、一九五五年には、年齢区分別殺人率のピークは二十代前半」だったが、六五年、七五年と二十代前半の尖っていたピークがだんだん低くなり、八五年、九五年には二十代、三十代、四十代、五十代の各年代による殺人率の差が少なくなりフラットに近づいた。

どこの国でも二十代前半に殺人率のピークがあるのに、「なぜ日本ではこのパターンがくずれたのか?」と長谷川教授は疑問を投げかけ、高学歴化が殺人の抑止力となったとする試論を展開している。

「若い人ほど高学歴になり、高学歴ほど先の生活が保障される。先の生活が保障されているほど、現在リスクを冒すと失うものが大きくなる。失うものが大きいと感じている人は、同じ葛藤状況下でも、リスクは冒さない」
冒頭で述べた僕の見たバブル景気のころのコントラストは、長谷川仮説にあてはまるだろう。新聞紙面やテレビ画面で、連日のように悲惨な殺人事件が報じられるから、殺人事件が増えたと錯覚するが、実際には減っている。統計上の数字でそれは証明できる。

幻想の破壊

だがバスジャック事件の十七歳の少年も、愛知県豊川市の「人を殺してみたかった」十七歳の少年も、大学進学を前提とした高校へ入ったにもかかわらず、高学歴幻想が抑止力にはならなかった。長谷川仮説を否定しているのではない。その通りに推移してきたからこそ、新しいタイプの葛藤が生まれているのではないか、そこに現代社会の変化を読み取ることができるのではないか、と考えてみたいのである。

ＩＴ革命の波が年功序列・終身雇用を一蹴しはじめた。学歴信仰は瀬戸際にある。秀才型少年に幻想の破壊が押し寄せ、いっぽうで落ちこぼれ少年は不況で失望感を味わっているのだ。

貧しい時代に較べたら年少世代の殺人事件が減ったのは事実である。二十代前半のピークはたしかに低くなった。二十歳未満の少年の殺人事件も同様であった。ところがここ二年ばかりはちょっと違う。

数字で示すと、九五年は百五十四人、九六年は百九十六人、九七年は百七十三人、九八年は二百八十四人、九九年は二百七人と、急に二百人を超えはじめた（警察庁生活安全局少年課のデータ。この場合の殺人とは、普通殺人、強盗殺人、傷害致死の合計）。

少年による殺人は新しい段階に入ったと思う。以前から僕は少年法を改正して、適用対象年齢を他の先進国並みに十八歳未満にせよ、と主張してきた。もちろん代わりに選挙権を与え大人の自覚を持たせることが前提である。それだけで解決するとは言わないが、処方箋はたくさん用意したほうがよい。

「殺され損」の犯罪被害者を救え　*2000. 6. 15*

少年法の適用対象年齢を二十歳未満から十八歳未満に引き下げよ、と提言したりすると、こんな反論が返って来たりする。

「罪を犯す少年が悪いのではない。少年は悪い大人を真似ているにすぎないのであって、悪いのは大人である。少年法の適用対象年齢を引き下げるだけでは少年犯罪は解決しない」

俗耳に入りやすいが焦点を曖昧にするだけ、問題解決に近づく思考法ではない。年齢引き下げを含め、ひとつひとつ具体的な事柄で論点を詰めていくほかはないのである。

改革を避け、壁として立ちふさがるのはそれで事足れりとしてきた人びと、すなわち〝業界〟である。戦後五十年の間にこうしたタコ壺《つぼ》があちこちにできてしまった。

＊

この場合の〝業界〟は、弁護士、検事、裁判官、法務・警察官僚など法曹界である。政府・与党が提出して今国会では審議未了で廃案とされた少年法改正案は、法案作成の過程で法曹界の干渉があり、年齢引き下げが見送られた。いちばん重要な項目が抜け落ちていたのである。

つい先頃、五月二十六日に民主党が総選挙に向けて独自の少年法改正案を提示したが、そのなかには対象年齢を十八歳未満とする、と明記した。議員立法ならば、国民の思いが吸い上げられるチャンスが出て来る。

また今国会でストーカー法が成立したが、これも議員立法だから可能であった。官僚に法案づくりを任せると、前例があるかないか、である。ストーカーなどというカタカナの概念は前例に照らせば存在しないのだから、まず相手にされない。

これから総選挙で国民は議員を選ぶ。官僚を選ぶわけではない。あたりまえのことだが国民から選ばれた議員は議員立法で国民のニーズを汲みとらなければいけないのである。

それでどうしても述べておきたいのは、これまた法曹界から無視され放しであった犯罪被害者の救済を、一日でも早く議員立法で成立させることだ。今国会で政府・与党案として提出された犯罪被害者保護法が成立したが中途半端なしろものである。

これまで犯罪被害者はまったく無視されていた。公判の日時も特別に教えられず、傍聴しようにも優先的に傍聴席を空けてもらうこともなく、法廷で思いのたけを吐露する意見陳述の機会も与えられず、民事訴訟のために刑事裁判の公判資料のコピーを請求しても相手にされなかった。被害者の家族は完全に蚊帳《かや》の外で、被害者不在のまま裁判が進行していったのである。犯罪被害者保護法の成立で一部がクリアーされたが、被害者ではなく加害者の人権のほうが優先されてきたこと、まさに少年法と同じ図式なのである。

犯罪被害者保護法では不充分で、被害者の権利を明確にした被害者基本法が議員立法でつくられなければならない。刑事訴訟法が被害者を当事者としてまったく位置づけていないからだ。少年法も放置されている。被害者陳述権は少年審判廷の場合には認められていない。基本法で被害者救済の枠組みをつくり、被害者の遺族への補償金、重障害の被害者が社会復帰するための金銭的、精神的支援などの権利を制度化する必要がある。

倒錯した人権意識

犯罪被害者等給付金支給法が施行されたのは一九八一年（昭和56年）で、死亡者の遺族への上限が八百六万円、九四年に改正されて一千七十九万円と少しだけ増えたが、平均支給額は二百万円程度。殺され損ではないか。別の数字を掲げよう。自動車の購入の際に強制的に徴収される自賠責保険の死亡保障の上限は、七三年に一千万円、七五年に一千五百万円、七八年に二千万円、八五年に二千五百万円、九一年に三千万円と時代に合わせて引き上げられてきた。

交通事故で死亡した約一万人に対して支払われた自賠責保険の金額は三千億円。死者一千人に対して三百億円だ。ところが犯罪被害による死者一千三百人、支払われた金額はわずか六億円。なんとオリックスのイチローたった一人の年収ぐらい!?

別の数字も挙げよう。年間百億円。これは加害者にかかる国選弁護人など諸々のコストである。せめて被害者にも同じぐらいの手当てがあってもよいのではないか。

二十年前につくられた犯罪被害者給付金制度は被害者の権利をきちんと認めたものではなく見舞金的な位置づけでしかなかった。重障害の被害者が社会復帰するために必要な精神的なケアもないし、休業補償的な要素もない。

さらには警察官は犯罪者から調書を取り、送検すれば業務が終わると思っているので、被害者にこうした制度をきちんと説明しない。被害者は事件のショックもあり、そんな制度に気づく余裕もないから請求し忘れ状態も少なくないのである。

加害者に対して民事訴訟を起しても、加害者は刑務所暮らしで支払い能力がほとんどない。一括払いができず、分割払いになったとしても毎月きちんと振り込まれるか気にしなければならず、いつまでも被害の記憶を消し去ることができない。

最後に。被害者が癒されないのは刑罰が軽すぎる現実があることだ。新潟の監禁男は最高刑でも十年、アメリカ型の加算刑があってもよい。殺人事件の最高刑は死刑なのにたいがいは十年以内に出所する。終身刑があってもよい。簡単に出て来られては天国の被害者にどう説明してよいのか、遺族は困惑するばかりである。

NO. 6

教育はやさしそうでむずかしいテーマ

キリスト教は日曜日が安息日で働いてはいけない。イスラム教だったら金曜日はモスクで集団礼拝しなければならない。日本人にも規範としての禁止事項がかつては日常生活を支配していたが、いまはほとんど消えてしまっている。

だから、月曜日はコンビニに行かない、火曜日は携帯電話を使わない、水曜日はテレビを消しておく、と毎日なにか自分の手足を縛る掟をつくるとよい。そうすると日常化したコンビニも携帯電話もテレビも、ほんとうに必要な側面と不必要な側面が浮き出てくるだろう。なんでも選べるということは、じつはなにも選んでいないに等しいのである。

日本の教育に立ちはだかっている難問は、ストイシズムの意味付けの根拠を喪失していることなのだ。

政策課題としては少子高齢化をどうするか、である。

「十分間読書」は荒れる学校の特効薬

1998. 5. 28

読書は最近の景気といっしょで右肩下がりの曲線を描いている。歯止めがかからない。

毎日新聞が毎年行っている「読書世論調査」（'98年版）がこのほど発表されたが、それによると一カ月の読書量は「中学生は（前年比）〇・三冊減の一・六冊、高校生は〇・一冊減の一・〇冊で、中・高校生は一九五四年の調査開始以来、最低」となった。

さては携帯電話・PHS・ポケベルのせいか、と疑って調べてみたが、特別な因果関係は見つけられないそうである。

生徒の読書離れの原因のひとつに、本を読め読め、と言われ仕方なく読むとつぎに必ず、感想文を書け、となる。その一連の流れが嫌いなのだろう、と井上ひさしが以前に『本の運命』（文藝春秋刊）で述べていて、なるほど、と思ったことがある。

どうしたらよいか。現実に成功している事例には説得力がある。二年前に菊池寛賞を受賞した十分間読書運動で、船橋学園読書教育研究会編『朝の読書が奇跡を生んだ』（高文研刊）に詳しく報告されている。先生方はぜひ知ってほしい。校則で縛っても効き目がなかったのに一日に五十人から百人の遅刻者がすっかり姿を消した、いじめもみられなくなった、という。読書は生活態度まで変える力があるのだから。

＊

たしかに十分間ぐらいなら集中力は維持できる。感想文を書け、とは言わない。きっかけが大切である。十分間でも一週間なら一時間になる。

私立船橋学園は伝統校だが、一九七〇年代半ばごろに千葉県が入試制度に学校群方式を取り入れた結果、生徒を公立高校に奪われ低迷していた。クラスに何人かいたリーダー的存在の生徒はすっかり姿を消し、人の話をきちんと聞けない子供が急増する。授業中も、ホームルームも、絶え間ないおしゃべりに振り回されるようになった。教師たちはさまざまな工夫を凝らすが、なかなかうまくいかない。

個々の教師たちの試行錯誤が十年ほどつづいたころ、ある教師が十分間読書を提唱した。職員会議ではすぐに結論は出ない。強硬に反対する者もいる。全校一斉という合意はむずかしい。ようやく実施されたのは八八年であった。定着するまでの苦労はそれなりにあったが、成果は予想以上に早く現れた。

「本を読むことによって考え方が変わるなんて嘘だと思っていた。どうせ物語だからとか思っていた。でも私自身変わったと思う。どう変わったかは説明できないけれど、本の中で自分が喜んだり、悲しんだり、感動したりして、自分の中でそういう感じとる力がパワーアップしたような気がする。学校の決まりもたまにはいいところがあると思った。もしこの決まりがなかったら、私は一生、本は嫌いだったと思う」

こんなのやるんだったら始まりの時間を朝十分遅くしてよ、眠いんだから、と激しい声で叫んだ女子生徒が素直にこう書くまでに変わった。

いまでは百数十校がこの十分間読書を実施している。全国に小・中・高校が四万校だから、まだほんのわずかでしかないが。

同書には船橋学園の教師たちの座談会が収録されている。そのなかである教師は生徒が、「結果的に強制的だからよかった」と述べた事実を紹介し、「強制という言葉は好きではありませんが、やはりこちらが〝動機づけ〟をしてあげることが必要だと思った」と発言している。この言葉がすべてを物語っていると思う。

生徒といっしょに考える、とは戦後に流行した思想でそれはとても正しい響きがするけれど、教師と生徒という役割として必然な対立構造を溶解させる無責任な考え方なのであった。

川端康成と大宅壮一の「日記」

僕は最近、ノーベル賞作家の川端康成とマスコミの帝王と呼ばれた大宅壮一の〝自分探しの時代〟を『マガジン青春譜』（小学館刊）として上梓《じょうし》したが、彼らの日記が存在しなければ心の動きを描くことはできなかった。

川端も大宅も、ともに大正時代前半に同じ学校に通った。大阪府の旧制茨木《いばらき》中学（現・茨木高校）である。この学校では、日記を強制的に書かせた。文士になるために日記を書かせたわけではないが、結果として二人の傑物が出たのはこの中学の教育方針が正しかった証左であろう。

あの時代の中学生はハングリーでいまの子供たちと心構えが違う、と思うかもしれないが必ずしもそうではない。明治天皇が崩御したあと、大正は権威なき時代でどこかふわふわしていて拠り所がないこと、そのほか拝金主義の風潮、昭和天皇亡きあとの平成とよく似ている。

彼らは日記の経験から書くことに目覚め、雑誌への投稿を繰り返すようになる。当時の雑誌は、読者を確保するために投稿欄にスペースを大きく割いた。少年たちにとっては、雑誌に掲載され、そして未知の誰かに読まれること、つまり出会うこと、それが一種の自己確認の儀式のひとつとなった。そんな少年が全国に無数にいたわけで、これもまた現代のインターネットへの関心ときわめて共通する。

思春期の生徒たちは、放っておいても外の世界へ刺激を求めに行く。だが内面を見つめるきっかけ、その手ほどきは教師の権威的な〝動機づけ〟によってのみもたらされるのである。

「十分間読書」運動——その後の報告　2000. 10. 5

「朝の読書」運動を推進している林公《ひろし》教諭から「はるか」二十号が送られてきた。ミニコミ誌の「はるか」一号が創刊されたのは九八年一月で、数枚のファックスを寄せ集めた薄いものだったが、最新号は六十八ページと厚くなっている。加えて一枚の統計用紙が挟まれていた。「朝の読書」の実践校が一割を超えたといううれしい報告である。まさしく燎原《りょうげん》の火の如し、ではないか。

千葉県の船橋学園女子高校（現・東葉高校）の一人の先生（林教諭は現在、市川学園勤務、著書『朝の読書が奇跡を生んだ』）からはじまったこの教育実践は、九六年度の菊池寛賞（「児童・生徒の自由選択で読書に親しむ習慣を定着させた」功績に対して）を受賞したが、あまり知られてはいなかった。

＊

林教諭が「朝の読書」を思いつくまでにさまざまな試行錯誤があった。登校時間を五分早く、ホームルームからも五分の時間を割き、十分間の読書時間をつくってみると成果が現れた。

「今の日本の多くの学校では、朝から生徒に落ち着きがなく、常にガサガサ、ザワザワしており、授業中でさえ勝手なおしゃべりがやまないといった状態ではないでしょうか。それが、たとえ十分間とはいえ、毎朝シーンと、それこそ全校水を打ったような静けさに包まれ、しかも生徒全員が読書に集中するのですから、この実践に取り組む前と較べたらまるで夢のような話です」

全国に拡がる過程で、熱心な先生がホームページをつくりはじめた。福岡県の穴見嘉秀教諭は「朝の読書実践研究会事務局」（http://www.hf.rim.or.jp/~yosihide/asadoku.htm）を、また三重県の西根輝男教諭は「朝の読書総合情報室」（http://www.geocities.co.jp/Bookend/5341）を作成している。そこをクリックしたら、わかりやすいケーススタディがあり、読んでいて胸が熱くなったので、どうしても紹介せずにはおれなくなった。

ある高校二年の担任の先生はたまたま同僚から『朝の読書が奇跡を生んだ』を勧められた。それまで朝のホームルームで「五分間テスト」をやっていた。九九年一月、三学期のはじまりをきっかけに「十分間読書」開始を決意した。いきなりでは動かないと思って、最初のホームルームは図書室へ本探しに行こう、と提案した。生徒たちは「図書室なんて来るのは何回目かなあ」とつぶやいたり、「漫画以外と言うけれど写真集はいけないの」と訊いたりする。

翌日からスタートなのに本を借りた者は数名程度だった。家から本を持って来るかどうかが心配である。先生は自宅の本を紙袋に詰めて出勤した。机上に本を出すように、と言うと、教科書を取り出す者が十名ほどいた。何も出さない女生徒が一人いる。

「本は？」

「忘れた」

教科書すら出さない。先生は自分も本を読むふりをしつつそっと生徒たちの様子を窺った。シーンとしている。長く感じられた十分が過ぎ、まずはほっとした。遅刻常習者のAとBがいないのが気になった。

二日目、野球部の生徒が熱心に読んでいるのでほっとした。遅刻したCが入って来た。遅刻者は教頭室で入室許可証にハンコを押してもらわないといけない規則になっている。Cは入室許可証を取りにいかない。

「早く取りに行け！」と注意すればどうなるか。「こいつはキレる」と思った。いつもそうだから。先生は考えた。

「今のこの雰囲気の中で、キレるのはまずい。恐らく生徒たちも、担任がキレるか、Cがキレるかの、どっちかだと注目している。二人の緊張感は充分に教室内に伝わっていた。私はCに体を向け、彼女が行くのを待った。しばらくすると、いかにも厭《いや》そうに、のらりくらりと、彼女は全身で不快感を表現しながら、教頭のところへと向かった。教室には、安堵の静寂が戻った」

机上を見て回ると何も出してない生徒がいる。どうした、と訊ねると、忘れた、と言って日本史の教科書の地図の部分を眺めていた。ひと回りすると教科書組が五、六人に減っていた。

ペタペタと無遠慮にスリッパの音を響かせて、入室許可証を手にしたCが戻って来た。席についても不貞腐《ふてくさ》れている。本は？　と訊いても返事をしない。それ以上は注意しなかった。

「私の言葉よりも、彼女がこの静けさから、自分の行動を自主的に判断すべきだ、と考えたからだ」

三日目。AもBも来ている。二人とも十分間読書を知らない。Bはおずおずと本を貸してくれ、と言いに来た。Aはカシャカシャと音を立ててうるさい。キティちゃんグッズをいじっている。

「本はどうした？」

「ロッカーに取りに行っていいですか」

神妙な答えに先生は驚いた。教室の〝空気〟に気圧されている。先生が無理に押さえ込んだのではなく、生徒たちがつくりあげた静けさだからだ。

小さなスプーン

記録はつづいて二週間目、二カ月目、そして二年目、と変化の様子がわかるのである。本を読め、と押しつけても読まない。二カ月が過ぎたころ、先生は少し自信がわいた。少し悟った。「離乳食をはじめる赤ん坊に、いくら人参が栄養があるからと言って、口に入れても食べるわけはない。うらごししたスープをあげること。またそれには、赤ちゃんの口にあうように〝小さな小さなスプーン〟を用意すること」

十分間は小さなスプーンなのである。林教諭は、全校いっせいの実践が最ものぞましい、と考えている。なぜなら、本を読まない先生がいる、その先生にも小さなスプーンが必要だから。

教育に活力を取り戻す秘策は通過儀礼の復活　2000. 2. 24

たまたま土曜日の深夜、テレビをつけたら「信州・道祖神《どうそじん》祭」の実況が映っている。スキー場で有名な長野県の野沢温泉村の火祭りで、長い儀式の過程では、若者たちが火のついたたいまつを振り回し、殴り合いに似たかなり荒っぽい場面が展開されていた。

そういえば以前にもＮＨＫが「大阪・岸和田だんじり祭」を放映していたが、これなど乱暴狼藉といったふうで、若者たちが引っ張る山車《だし》は商店街の看板や電柱をなぎ倒しそうな威勢だった。

深夜枠や衛星放送ならこうした各地の祭はいくらでも放映できるだろうから、どんどんやってもらいたい。

＊

昨夏、青森のねぶた祭と弘前のねぷた祭をみた。青森のねぶた祭は、規模は大きいが様式が崩れている感じがした。大企業が主役だからだろう。弘前のねぷた祭は城下町で道も狭く人口も少ないので青森に較べると武者絵が描かれた大灯籠はこぢんまりとしている。だがこちらは祭の主役が若者たちだった。男の子は上半身が裸、女の子も胸にきつくさらしを巻き、灯籠の灯火が彼らの顔や肉体をゆらゆらと照らしていて、野放図でありながら幽玄な感じを漂わせていた。この日、燃えつきたら死んでもよいぐらい、夏の蟬《せみ》のようなそんな儚《はかな》さが祭の真髄ではないか。

あらためて通過儀礼という言葉を思い出させられたのである。一般論を承知で述べるが、新潟の少女監禁事件にしろ、京都の小学生刺殺事件にしろ、犯人はいずれも閉じ籠もりがちな青年期を過ごしている。集団的な通過儀礼の機会を持たなかったのだろう。

学校制度は近代につくられたものだが、伝統的な通過儀礼の要素が学校空間に流れ込んでいたのは、もう過去の話である。学校は地域が支えていた。村人（コミュニティ）がおカネを出し合ってつくったのである。夜に集まって手仕事をしたり祭の準備をしたりして寝泊まりする若衆宿は、地域の学校のOB会を兼ねるかたちに接合していた。

いまの学校は受験のシステムに組み込まれ、かつてあった通過儀礼の要素を喪失している。だから子供のしつけを教師に押しつける前に親がするのが当然だ、と答える者が多いけれど、その親が問題なのである。先ごろ文部省から発表された日、韓、米、英、独の五カ国の子供の意識調査によると「うそをつかない」「友だちと仲良くする」「物を大切にする」「弱い者いじめをしない」を親に注意される度合いは、日本が図抜けて低い。

親が親であれば子供も子供、という状態になってしまう。「いじめを注意した」「友だちの喧嘩をやめさせた」「軀《からだ》の不自由な人やお年寄りの手伝いをした」「悪いことをしている友だちを注意した」「困っている友だちの相談にのった」などの正義感・道徳観を問う項目でもまた日本は五カ国中で最も低かった。

さてどうするか、である。

小学校教師をしている僕の友人が言った。

「まあ、クラスの半分はもうそうしたしつけのない子供たちと言うしかないのが実情だな」

というのが答えである。戦後民主主義のはき違えもある。教師と子供は対等だと言い、あげくは学級崩壊につながるケースが少なくない。

兵役に代わるボランティア制度を

通過儀礼の機会はつくるしかない。

祭の要素を分解して示せば、集団であること、肉体の衝突による危険とその回避、共生感のある昂奮、厳粛さと死の匂い、終りがあること、などであろうか。祭の後には、これまでの自分とは別の自己と向き合っている。他者を発見しているからだ。大人になるとはそういう独立心を獲得することではないか。

こうした機会を排除させている一因は受験体制にある。偏差値的な価値観だけでなく、そもそも六・三・三制がいけない。やたらに忙しい。戦前は旧制中学が五年制で、高校二年までがひとつだった。いまの制度は途中で寸断され中学三年で一度、受験させられる。これがいらない。六・三・三制はアメリカの押しつけだが、アメリカでは進学に際して学科の成績だけでなく課外活動（ボランティアなど）の実績が問われる。

現代社会は国民国家が前提だから、民主主義的な投票制度と納税制度のほかに自分の属する社会への義務的な参加がある。永世中立国のスイスやスウェーデンでさえ兵役が義務づけられている。ドイツでは大学入学資格を得た学生は、十五カ月の兵役か老人介護などの社会奉仕のどちらかを選択する。

兵役はともかく、日本でもそれに代わる選択肢をもうけてもよいはずだ。

青年海外協力隊でアジアの貧しさの実情を知る機会ができたら、と思う。森林が荒れている。間伐材は炭焼き小屋があった時代は資源として活用されたが、現在は間引きされずに放置されている。森林保護隊をつくればよい。地震や洪水に出動する災害救助隊も必要だ。老人介護隊があってもよい。介護保険は財源不足が問題だが、高校卒業の一学年分の人口は百万人以上いる。彼らがヘルパーとなっていっせいに老人介護の現場ではたらいたら……。人生の終幕を見つめることでいまをつかむことができるかもしれない。

六・三・三制を六・五制にして、余った一年を青年海外協力隊、森林保護隊、災害救助隊、老人介護隊にふりむけたらどうだろう。もちろん選択の自由は保障する。

これらの活動の内容とそのリポートによって東大の入学資格としたらほんとうの意味での官僚＝公僕が誕生するに違いない。

教育システムに「社会貢献」を組み込む必要

2000. 3. 9

前回に通過儀礼とボランティア活動のことを書いたら反響が大きかった。

大学入学資格を得るために、あるいは大学入学資格を得たら（これはどちらでもよいが）、一年ほど義務的な社会的貢献の機会をつくろう、との提案である。

賛成の意見が多かった。わずかにあった反対意見は、強制するのはどうか、とありきたりのものだった。強制というとすぐに反撥《はんぱつ》するのは子供っぽさが抜けきれない人ではないだろうか。強制は誰だっていやだし、それが主題ではない。きっかけを与える、そのための制度的保証をする程度のことを押しつけとはき違えているだけなのだ。

＊

ロッキード事件の特捜検事を経験し退官後、ボランティア活動の組織化をめざす堀田力《ほったつとむ》・さわやか福祉財団理事長はさすがにポイントを衝《つ》いている。

ボランティア活動には前提がいる。「社会貢献とは具体的にどういうものであるのかを教える強制的な教育」が必要である。その教育とは、アメリカでは小学校から社会貢献を学ばせるように、「社会貢献は社会のいちばん基礎を担う、いわば国語のようなものなので、教えられるだけのことは教えておかなければならない」のである。

ボランティア活動は自発性にもとづいて行うもので、やりたくない人もやりたいと思う人もいてよい。だが、こうした「国語」を強制的に教えられているから、やりたくない、やりたい、と選択肢が生まれるのである。社会も理科も義務教育では強制であり、そのなかで将来、歴史家になろうとか科学者になろうと方向を選ぶのである。強制があって選択することの母体ができる。そこから自発性が誕生する。

堀田説は、きっかけを社会システムに組み込め、あとは自由、である。これでよい。はじめから自由、というのは単なる無責任にすぎない。

現在の日本では、自発性を促す仕組みができていない。国語や社会や理科と同じように社会貢献が組み込まれていない。学校教育が暗記型の詰め込み式で一方的に与えられるものを吸収する、きわめて受動的なかたちになっている。しかも利己に専念して利他へ向かわない。社会貢献を「国語」にするならば、課題の発見と解決を能動的に行なわざるを得ないだろう。

学校から塾、個室にファミコン、このサイクルにはまった運動不足の子供たち、「世界でいちばん贅沢だけれども、いちばんかわいそうな子供たち」に、本来のヒトとしての生態系を回復させてあげる手助けをするには、いまのシステムを根本的に変えるしかない。

戦後にGHQがもたらしたアメリカの民主主義教育を、文部省と日教組の双方でまったく別ものに仕立てあげたのではないかと思う。戦前の日本の教育にもよいところがあったのにそれさえも捨て去られた。

たとえばつい七、八年前、アメリカで二百万部のベストセラーとなったテリー・マクミラン『ため息つかせて』(新潮文庫)という小説では、黒人の母親と息子のこんな会話がなにげなく交わされるが、本来伝えられるはずであった民主主義教育の姿がうかがえる。

きっかけを与える

母親が息子に「アリゾナ大に行くって、二人で決めたんじゃなかった?」と言えば、息子は「まだ大学に行く心の準備ができてないって気がするんだよ、ママ。将来、何をしたいのか、まだわからないんだ」と言い返して「アップ・ウィズ・ピープル」というボランティア団体で一年間活動して、そのあとで大学へ行きたい、と述べる。

このU・W・Pでは十七歳から二十五歳の七百人の青少年が音楽やダンスの振付を勉強してから、五つの演奏グループに分かれて世界各地の老人ホームや福祉施設を訪問するのだ。だから参加者は年間八千ドルも支払うのに人気の団体で簡単には入れない。

息子は、「合格するには寝たきりの人に食事を運ぶボランティア活動をすればするほど合格の可能性が高くなる」との情報を得た。母親は「こういうことは下心があってやるものではない」と息子を叱るが、U・W・Pに入りたい一心で活動する。動機不純でもよいのだ。母親は息子の変貌ぶりに驚いた。

「(息子は) せっせとお年寄りを訪れ、ホームレスに食べ物を配る手伝いをしている。ある晩など、病院で子供たちに本を読んであげたらとても喜ばれたんだよ、ハンディキャップのある人を車椅子から下ろして風呂に連れていくのを手伝ったら、とってもすがすがしい気持ちになったよ、と何時間も興奮して語った」

ボランティア団体のU・W・Pへ入るために、別のボランティア活動をしなければならない。U・W・Pの活動をすれば大学へ入りやすくなるし、就職にも有利になる。ちょっと不良っぽかった息子は、こうしてごく自然にひとつのシステムに乗って成長していく。

『ため息つかせて』は、四人の黒人女性の日常を軽快に、体験的に描いた小説であって、いま引いたエピソードはさらりと挿入されているだけ、物語展開とはあまり関係がない。だからこそ説得力があった。

長時間保育を可能にした品川区の行政

2000. 11. 2

日本人には未来に対する漠たる不安がある、と以前に書いた（本書281ページ）。そのひとつが少子化である。

女性がはたらきながら子育てをする、そういう環境が整っていないとの不満はよく耳にする。産みたくても産めないのは保育所がうまく機能しておらず、長時間保育をしてくれるところがないからだ、と。

先日、厚生省の知人に、もう少しなんとかならないのか、とその話をしていたら、いや壁は別のところにあるんです、と言うのである。その口調から弁解ではなさそうなので、壁とはなにか、調べてみた。

＊

保育所の開所時間は短くて、はたらく女性は二重保育に悩まされてきた。たとえば七時三十分に開所して、夕方は六時に閉まってしまうと、五時きっかりに仕事を終えても、通勤に一時間以上かかれば閉所時間には間に合わない。息せき切って駈けつける人もいるが、それでも無理ならば近所の知人やベビーシッターに頼み子供を迎えに行ってもらうしかない。その後は個人にあずけるか、別の無認可保育所へ送り届けてもらうか、どちらかである。

五時きっかりの退社なんてないし、フレックスタイムを含め時間帯がうしろにずれている会社も多く、帰宅時間が夜の九時、十時はめずらしくない。夜六時の閉所は、ライフスタイルの実情には合わない。二重保育をしないかぎり、子育てをしながらはたらくことができないのである。

神奈川県大和市の駅前雑居ビルの一室で幼児虐待事件があったのは、つい半年前だった。出雲順子被告（29）が個人で始めた無認可保育所で二歳の園児が殺された事件は、傷害致死で起訴されており来月十七日に初公判が開かれる。なぜ、そんなところへあずけたのかといえば、二重保育しか方法がないからだ。核家族で共働きの両親は、もしもそこで断られたら立ち往生するほかはない弱い立場にあったので、虐待を見抜く余裕がなかった。

厚生省は二〇〇〇年度から保育時間が十一時間を超えてもサーヴィスを提供する場合には、延長時間三十分ごとに補助金を出すことにした。二時間、三時間、五時間の延長保育に対しても、「長時間延長保育促進基盤整備事業」として新たな補助金枠を設けた。二重保育よりは、同じ保育所にいたほうがよいに決まっているのだから。

児童福祉法を改正して、延長保育をしている保育所を選ぶことができるよう保護者が保育所を選択して申し込んでよいことになっていたが、さらに規制緩和が進められた。公立の保育所と私立（社会福祉法人立で公立と同じように市町村から補助金が出る）と二通りあったが、競争を促進するよう株式会社立の保育所も認めた。建物が賃貸でもよいことにしたり、調理室がなくても外部から給食を搬入できる方式を認めた。保育所の最低基準には常勤の保育士（保母さん、はこのごろは使わない。男性も加わる職場になったので）に対して非常勤（パートタイマー）の比率はどのぐらいと、こと細かく決められていたがこれも緩められた。

規制によってがんじがらめにすると長時間保育という市場ニーズに対応した競争力が育たないからである。延長保育を希望するはたらく女性が増えれば、それに応じた保育所が繁盛するのはあたりまえだろう。

ところがせっかく規制緩和しても、夜間保育をする保育所が増えない。先駆けて実施しているのは品川区で、台東区が遅れてつづいたが、東京二十三区はそれだけである。千葉、埼玉、神奈川の各県でも公立は夜間保育を実施していない。厚生省が前向きに音頭をとっているのに、どんな壁があるのか。

品川区は頑張っている

逆に、品川区ではなぜ可能だったのか、と考えればよい。品川区では区立保育所はすべて夜七時半までの十二時間保育とした。さらに夜十時までの夜間保育を区立四カ所と私立一カ所のあわせて五カ所で実施している。

増員はパートタイマーで補った。だが保育士の労働組合は、常勤職員を増やして対応しろ、と延長や夜間の保育に反対した。もっと公務員を増やせ、というのである。保育士の平均年齢は四十二歳、平均年収は約七百八十万円である。パートタイマーの時給は一千二十円だが、常勤の保育士は時給換算すると四千円になる。

小沼毅・品川区役所福祉部長は嘆息しながら語った。

「保育関係職員数は七百九十九人（うち保育士609人、栄養士、看護婦、調理師など190人）です。品川区役所の職員数は全体で三千百七十人ですから四分の一強ですよ。厚生省基準の一・五倍の職員がいるうえに、さらに保育士の増員では、完全に財政破綻です」

厚生省の知人がほのめかした壁は、共産党系の労働組合だった。彼らの配ったビラが手元にある。「〝効率〟保育は許さない」などと書き、保育所給食の外部委託に対して「アレルギーのこどもを見捨てないで」と父母の不安を煽《あお》ったりするから始末に負えない。

区役所の保育関係職員は過剰でありながら、労働組合は延長や夜間保育を認めようとしない。共産党系の自治労連の幹部は「残業のない社会をつくらなければいけない。延長保育をやれば、より残業を増やすことになる」と、浮き世離れした意見を平気で述べるのである。共産党は、決してはたらく女性の味方ではない。

品川区は、はたらく女性のニーズと共産党系の労組の言い分を並べ、明確に前者を選んだ。他の首長（区長及び市町村長）も、そろそろはっきりさせなければいけない。

共産党は働く女性の味方ではない　*2000. 11. 9*

僕の周囲には子供を育てながらはたらいている女性が多い。保育時間が短いことで辛い思いをしている。保育サーヴィスが通勤と労働の時間に対応していないのである。少子化の原因は、はたらきながら子供を育てる環境がつくられていないからだ。

なぜ公立保育園で夜間保育ができないのか、という謎が以前からあった。その原因を前回に示した。行政がいけない、のではない。保育士（保母）の労働組合に問題があり、背後にいる日本共産党の考え方に、はたらく女性を支援する思想がない、とわかってきた。

＊

住民にニーズがあればサーヴィスを提供する、それが行政のあり方である。はたらく女性たちから、保育時間の延長を求める声が寄せられると、品川区は思い切って朝七時半から夜七時半までの延長保育と夜十時までの夜間保育をはじめた。結果、労働組合との軋轢《あつれき》が生じた。こんなチラシが撒かれた。

「いま、品川区の保育行政はなにかとマスコミをにぎわしています。年末保育（'98年・公立保育園として都内初めて実施）、夜間保育（'99年・公立保育園として全国初めて実施）などに加え、今年度は延長・夜間保育の拡大、休日保育（公立保育園では都内初）、病後児保育（公立保育園では全国初）もスタートさせました。さらに、保育園給食五園の委託も強行しました」

とてもいいことをしているな、とふつうの感覚では読んでしまうのに、最後に「強行しました」とあるところがミソである。品川区立の三十七の保育園のうち五園は給食を委託にして固定費を削減させたのだが、その部分のみを否定しているのではなく、「強行」は、「都内初」とか「全国初」の先駆的で輝かしい業績にもかかっている。

このチラシは「革新品川をつくる区民の会」（2000年4月）が発行したもので、文責は「都職労品川支部」、ちなみに「『効率』保育は許さない」との見出しがついている。

行政は効率を追求してはならない、とはまた面妖ではないか。納税者が行政に効率を求めるのは当然である。サーヴィスの質の向上と効率の追求を矛盾した関係でしかとらえられない頭の構造はどのようにしてできあがってしまったのか。その詮索はさておき「品川の保育、これでいいのでしょうか？」と題されたつぎのチラシを示そう。

「品川区は延長夜間保育、休日保育、病後児保育、子育て相談、定数の枠以上の子どもを受け入れるなどの新事業を拡大する一方、四年間で百四十人の職員を減らしました。これは一園あたり四人もの削減です」

「日本共産党品川区議団」が発行した「区議会報告」（2000年6月）である。

前回でも記したが品川区の保育関係職員数は七百九十九人で、品川区全体の職員数三千百七十人の四分の一強であり、保母の平均年齢は四十二歳、年収七百八十万円とそれなりに遇されている。百四十人の職員を減らしたといっても、年当たり四十人にも満たない。退職と新規採用の手控えなどによる自然減である。保母は時給に換算すると四千円ほどになり、代わりに時給一千二十円のパートタイマーを四百人も導入して延長や夜間保育のための実質的な人員を増加させた。

さらにチラシは「アレルギーの子大丈夫?」と父母の不安を煽《あお》っている。給食を民間委託にすると牛乳アレルギーや卵アレルギーの子供たちはどうすればよいのか。「アレルギーは、わずかな量でも口に入ると、じんましんが出たり、場合によっては生命の危険につながります」と、一般論につなげるのは悪質ではないか。

不安を煽る手法はそれなりに効果があって、事情をよく知らない保護者は「父母の会」と呼ばれる集まりに参加するようになり、こうした主張を鵜呑みにしていく。共産党のオルガナイズ能力には感心してしまう。チラシをつくり、不安になった父母を「父母連」に加入させ、署名活動に誘い出し区議会にはたらきかける。品川区役所の福祉部長は自宅への電話攻勢に追い詰められ職員録への電話・住所の掲載をやめるほかなかった。

巧妙なメディア戦術

メディア対策も心得ている。取材経験の足りない記者は、受け入れやすいロジックをつくられると、もののみごとにはまってしまう。

品川区役所の保育課長が「保育園では父母の会への入会を強制していない」と説明した文書

を保護者に配ったところ、毎日新聞（都内版2000年5月9日付）は「行間に〝圧力〟が漂うような文書をなぜ行政が配るのだろうか」とか「権力を使って、活動にブレーキをかけ、骨抜きにするような手法には疑問が残る」と報じた。

読売新聞（都民版10月6日付）は品川区立中延保育園で土曜日の運動会や親子遠足を止めたことに対して「保護者の間では『新事業の導入で職員の手が足りなくなり、省力化を図ろうとしているのでは』と不信の声が広がっている」と紹介した。このあと十月九日のTBS「ニュースの森」でも中延保育園の運動会中止を批判的に取り上げた。

共産党のメディア戦術にすっかり踊らされているのだ。中延保育園と東五反田保育園で土曜日の行事を止め平日にしたのは、土曜日の登園率が四分の一となり休日に自宅で過ごす親子をわざわざ引っ張り出すのもどうかという園長の判断であり、他の三十五の保育園は現状通りだった。にもかかわらず、あたかも品川区の保育園でとんでもないことが起きている、との印象をメディアが与えてしまうのである。

ジャーナリズムのなんという無防備、底の浅さ、真相を抉《えぐ》る能力の欠如。

喪われた「社会」意識をどう回復するか

2001. 1. 18

息子がボストンから電話をかけてきた。これからニューヨークへ行く、と伝える口調がてきぱきとした早口になっている。美術が専攻でおっとりした喋《しゃべ》り方しかしない、これで生きていけるのかなあ、と心配だったので少しほっとした。

七月から一年間の予定で米国のボランティア団体「アップ・ウィズ・ピープル」に参加してミュージカルの公演をしながら世界中の福祉施設を回るはずだった。見知らぬ家にホームステイをしつつ大陸をバスで移動する。だが半年経ったところで、三十五年の歴史あるこの団体が突然に倒産、息子は放り出された。予定の期間は満たせなかったが、半年でも多少の逞《たくま》しさが備わった感じは電話の向こうから伝わってきた。

＊

集団は嫌いだけれど集団にもまれる経験は必要、というのが僕のスタンスである。全共闘世代で、よしあしはいろいろあったが、はっきりしている点はあの体験が生き抜くうえでの訓練になったことだ。大人になるための通過儀礼だったんだな、とあとでわかった。

岸和田の地車《だんじり》祭や諏訪の御柱《おんばしら》祭など、ときには死人怪我人が出るぐらい激しい肉体の衝突が男の子の成長には欠かせない。こうした伝統的な文化装置がある種の生態系として組み込まれていればよいが、大都市近郊では代わりのシステムがつくられていない。

学校教育に多くを求めるのは間違いで、むしろ崩壊しているのは放課後の時空である。路地裏や原っぱはもう復活しない、と誰もが感じている。ふつうの会話ができない引き籠もり青年や定職につかずにぶらぶらしているフリーターの急増などは、生態系が破壊された結果ともいえよう。世間にどんな会社があり、働くとはどういうことか、知る機会がうまくつくられておらず目的意識を持てないでいる。

息子の場合はまだ大学生で、全共闘や地車や御柱の存在しない環境のなかで通過儀礼をどう与えたらよいのかと考えあぐねて、代替装置をアメリカに拝借することにしたのである。

教育改革国民会議が二〇〇〇年九月二十二日に中間報告をまとめたが、「奉仕活動を全員が行うようにする」とした以下の提言に賛否両論が出た。

⑴小・中学校では二週間、高等学校では一カ月間、共同生活などによる奉仕活動を行う。⑵将来的には、一定の試験期間をおいて、満十八歳の国民すべてに一年間程度、農作業や森林の整備、高齢者介護などの奉仕活動を義務付けることを検討する。⑶奉仕活動の指導には、各業種の熟練者、青年海外協力隊の経験者、青少年活動指導者などの参加を求める。奉仕活動の具体的内容は、子どもの成長段階などに応じたものとする（その後の12月22日の最終報告では「義務付け」が消えている）。

新聞などにさまざまな声が反映されていたが、「ボランティアは強制的に奉仕させるのでなく自発性を尊重するものだ」という表面的な意見が反対論の典型だった。「奉仕」という語感に強い反撥《はんぱつ》がみられた。

先日、日本ペンクラブ理事会で「教育改革国民会議」の中間報告に対して声明を出すことになった。声明文の一部に以下の文面があった。

「奉仕活動はボランティア、すなわち自発的意思にもとづいて行われるべきことであり、法により義務づけられるべきものではない。そして十八歳の国民の一年間の奉仕活動の義務化は、教育基本法の改定と並んで、将来の徴兵制への地ならしを行うものであるという疑惑を否定することはできない」

僕は「十八歳の国民の一年間の奉仕活動の義務化」と「将来の徴兵制への地ならし」は結びつかないと思うのでその部分は削除したらどうか、と意見を述べた。だがほとんど全部の理事と僕の現状認識はまったく異なるようで、いっせいに反論されてしまい僕への賛同者はゼロだった。

少数意見ならば仕方がない。対案を示すようにしないといけない、とつけ加えるにとどめた。「十八歳の奉仕活動義務化」の代わりに、通過儀礼の装置をどうつくったらよいのか考えなくてはならない。問題は、若い人のボランティア活動を翻訳したら「奉仕」になってしまうのかどうか、である。「社会貢献」のほうがわかりやすい。さらに実習教育とか職業教育など体感できる方法論を含めた概念をつくればよいのではないか。前記の「教育改革国民会議」の提言は第一分科会で集約したものだが、第三分科会では「職業体験、職場見学、インターンシップ(就労体験)などの体験学習を積極的に推進する」という提言もある。

社会貢献と就業実習を

米国ではアップ・ウィズ・ピープルのようなNPO（非営利団体）が幾つもあるし、そればかりでなく、中学や高校のカリキュラムとして高齢者介護や職場実習がごくふつうに行われている。

こういうことだ。日本では伝統社会に仕組まれていた通過儀礼や職業訓練のシステムが高度経済成長以後に消滅したまま、代替装置がつくられなかった。伝統のないアメリカは個人主義的だからこそ共同的なシステムを工夫しながらつくらざるを得ず、またつくりつづけていかなければならないとの自覚があった。いつの間にか、個人主義（正確には日本の場合は孤人主義となし崩しの集団主義）では日本のほうが果てまで行き着いてしまったのである。

「十八歳の奉仕活動義務化」や「インターンシップ」は別々の分科会でばらばらに議論されているが、この二つはいまの若い人たちが置かれた環境をどう改善するかという意味では同じ課題なのだ。だからきちんと詰めていけば「将来の徴兵制への地ならし」などと誤解を招かないはずである。

あとがきに代えて

論文やリポートをどう書くのか。問われるのは発想である。心がけるべきは新聞に書かれているような意見、文体を意識的に避けること。まず自分なりの独自の仮説をたててみる。仮説があってはじめて素材が集まるのだ。良質な素材にのみ説得力が生まれる。

「週刊文春」で「ニュースの考古学」の連載をはじめて十年が経つ。結果的に「失われた十年」の定点観測を、いわば雨の日も風の日も一日も休まず（正確には一週も休まず）つづけてきたことになる。放っておけば怠惰になってしまう、それは僕がいちばんよく知っているので、多少の義務的な要素を自分に課すにはよい機会であったかもしれない。

十年間に書かれた五百篇近い数の時評コラムから、小論文の作成に供しやすいもの八十二篇を厳選した。さらに最新のコラムを、いまこのあとがき欄にまではみ出して掲載してもらうことにした。週刊誌の連載は時間との戦いである。新しい素材はぎりぎりまで盛り込めるならば盛り込む。ならば出版もまた、どこまで新しいものが入れられるか、その挑戦のために一篇をつけ加えるのである。

「消費マインド」っていったい何だ!? 2001. 3. 22

デフレ・スパイラルである。消費者は投資や買物を控える。消費マインドが冷えている、とテレビや新聞で報じられているが、ではいったい消費マインドとはなにか。どうしたらよいのか、僕の意見を述べさせていただく。

＊

日本国のＧＤＰ（国内総生産）は五百兆円である。うち六割の三百兆円が消費なのだ。

日本人には世界一の貯蓄がある。にもかかわらず消費者マインドが冷えているのは将来への不安のせいだ、というけれど、日本が貧乏な時代のほうがよほど不安だった。だから逆に乗り遅れまいとしてあわててマンションや一戸建てを買ったりしたのである。

戦後の復興期の日本人が欲しかったのはまず食糧だった。昭和二十年代の労働組合の要求は「正月の餅代を寄越せ」闘争であった。住宅も不足していた。着るものはツギがあたっていた。

テレビが登場したのは一九五三年（昭和28年）である。まだ街頭テレビで、アメリカのＲＣＡの受像機を使っていた。五九年に「皇太子ご成婚」のミッチーブームもあってテレビが各家庭に普及した。受像機が一台七万円もした。給料は一万円か二万円だから、かなり無理をした買物で、おかげで家電メーカーは急成長した。翌六〇年、池田内閣が「所得倍増」のスローガンを掲げ、黄金の一九六〇年代の高度経済成長がはじまるのである。

テレビというハードが売れたから日本の家電メーカーが大きくなったのではない。洗濯機や冷蔵庫や掃除機や炊飯器も売れて大きくなったのだ。テレビが供給したソフト（コンテンツ）、つまり番組とＣＭが強烈なインパクトを与えた。番組は流行をつくり、ＣＭは北海道から九州までを画一的な市場にして消費を刺激した。国民は電化生活を享受したばかりか、ミツワ石鹼も武田薬品の風邪薬も日清食品のチキンラーメンも不二家のチョコレートもサントリーのダルマも、競って買った。新しいライフスタイルを買ったのだ。

七〇年代に入ると日本の家電メーカーはアメリカ市場に逆上陸し受像機は日本製品に占拠された。つづいてモータリゼーションの時代がやってきた。東名高速が開通したのは六九年、中央高速は八二年である。性能のよい日本の車はたちまちアメリカ市場を席巻した。日米自動車戦争と呼ばれた。

八〇年代が終わるころ、日本はハイビジョンテレビを開発した。工業製品の性能を突き詰めれば、走査線が二倍のハイビジョンへと行き着く。これを欧米へ持って行って、グローバルスタンダードです、と宣言したら、どうぞ、お帰りください、と冷たくあしらわれた。その直後、バブルが崩壊して日本は第二の「敗戦」へと堕ちていった。

すでにアメリカでは八〇年代にCNNのようなニュース専門局やショッピングチャンネルが誕生していたし、ケーブル局の発達で百五十チャンネルが選択できた。双方向のインターネットの土壌はできていた。いくら画質がよくても限られたチャンネルしかないハイビジョンより無数のチャンネルのほうが欲望を刺激した。受像機というハードの売上げに対してソフト、つまり中身で人生が変わる。車もハードの売上げのみでなく、モータリゼーションがもたらした郊外の大型店や外食レストランにより新しい消費が生み出された。

九〇年代にはテレビと車のつぎ、パソコンや携帯電話が登場するが、ハードが先行してライフスタイル全体を商品化するまでには至っていない。

ハードでなくソフトの消費へ

消費の低迷は、不安のせいではなく、欲望の表出がへたになったためである。おカネの使い方がいっこうに上手にならない。モノは買った。けれどゴルフやカラオケ以外での豊かな時間を過ごすため、楽しむためにどれほどのおカネを使ったか。冠婚葬祭を除いて、夫婦がおしゃれして出かける機会がどれほどあるのか、と考えてみればよい。お台場にカジノを、と以前に書いたが、カジノを禁止している先進国はひとつもない。そろそろパチンコ店でなく、ドレスアップしていくカジノぐらい登場してもよい時期になった。

モノは手に入った。これからはおカネの所有ではなく、使うことで価値をつくる時代なのである。物語消費をあらためて考え直してみたい。

三百兆円のうち、ほんとうに生活に必要な消費は二百兆円程度で、あとの百兆円は物語としての消費だから、増やすとしたらその部分なのだ。

たとえば性能的にはトヨタの二百万円の車で充分でも、金額が二倍のＢＭＷの車に乗ったら急に自信が出てきた、というモテない男がいたとしよう。彼にとっては余分な二百万円が物語にあたる。中東からタンカーで運び、コンビナートで精製したガソリンがリッター当たり百円なのに、ただの涌き水が、六甲だの南アルプスだのと産地を表示するとコンビニで二百円で売れる。これも物語消費である。

だがBMWや天然水ぐらいの程度では、所詮はモノに付随した浅い物語でしかない。個性的な世界、といえば聞こえがよいが閉じている。そうではない、ソーシャルに拡がりのある空間のためのソフトが不足しているのだ。

赤提灯にしろ銀座のクラブにしろ、結局はコミュニケーションを金銭で解決している。もっと余裕の、開かれたナイトライフがあればよい。そうでなければ百兆円の部分は膨みようがない。ちょっとしたパーティでも、本の話題から政治や経済、最近の芸術やファッションまで幅広い教養を前提とした会話が自然に要求される社交生活……。

ナイトライフに新しい物語の空間が誕生したら、消費マインドも上向く。

――小論文は大きなテーマも小さなテーマも一定の枠内に収めなければならない。少ない字数で表現する仕事も、そうでない長篇の仕事と併せてこなすことで活きてくるのだ。できるならば文芸としては『ピカレスク　太宰治伝』（小学館）、調査報道としては『日本国の研究』（文春文庫）を併読されんことを。

二〇〇一年三月　　　　西麻布の仕事場にて　　　猪瀬直樹

猪瀬直樹（いのせ なおき）

1946年、長野県生まれ。作家活動のほかテレビのコメンテイター、メールマガジン「日本国の研究　不安との訣別／再生のカルテ」編集長を務める。慶應大学でジャーナリズム論を講義中。国際日本文化研究センター及び東京大学大学院客員教授、政府税調委員、日本ペンクラブ・言論表現委員長。主著に『ミカドの肖像』『日本国の研究』『ペルソナ 三島由紀夫伝』『マガジン青春譜』『ピカレスク　太宰治伝』など。

文春新書

165

小論文《しょうろんぶん》の書《か》き方《かた》

平成13年4月20日　第1刷発行
平成15年9月25日　第7刷発行

著　者　猪瀬直樹
発行者　浅見雅男
発行所　株式会社　文藝春秋

〒102-8008　東京都千代田区紀尾井町3-23
電話 (03) 3265-1211 (代表)

印刷所　理想社
付物印刷　大日本印刷
製本所　大口製本

定価はカバーに表示してあります。
万一、落丁・乱丁の場合は送料小社負担でお取替え致します。

ISBN4-16-660165-2

文春新書９月の新刊

安間文彦
睡眠時無呼吸症候群
たかが居眠りと侮ってはいけません。本当は怖ろしい睡眠時無呼吸症候群の実態や治療法を専門医が分りやすく解説。中年男性必読！

336

有森 隆
日本企業モラルハザード史
日本経済奇跡の発展の陰には、無能で無責任な経営者や怪しげな勢力がうごめいていた。バブル崩壊のあとも彼らの姿は消えていない
337

中村 裕
やつあたり俳句入門
たった十七文字の世界がなぜこんなに面白いのか。芭蕉、子規、虚子たちの人間くさい謎にビックリしながら俳句を作りたくなる一冊
338

井上哲男 編著
毛髪の話
男性の毛髪の最盛期は十七〜二十歳。それ以後も健やかな髪を長く保つ知識を、毛根のしくみから育毛剤まで専門家が詳しく解説する
339

白須英子
イスラーム世界の女性たち
シバの女王から現代のサウジの奔放なプリンセスまで、「コーランか、然らずんば剣か」の世界を彼女たちはいかに生きてきたのか？

340

文藝春秋刊